古典文獻研究輯刊

三三編

潘美月・杜潔祥 主編

第28冊

《純常子枝語》校證（第三冊）

陳開林 著

國家圖書館出版品預行編目資料

《純常子枝語》校證（第三冊）／陳開林 著 -- 初版 -- 新北市：
花木蘭文化事業有限公司，2021〔民 110〕
目 2+228 面；19×26 公分
（古典文獻研究輯刊 三三編；第 28 冊）
ISBN 978-986-518-644-9（精裝）
1. 純常子枝語 2. 雜文 3. 研究考訂
011.08 110012106

ISBN-978-986-518-644-9
9789865186449

古典文獻研究輯刊
三三編 第二八冊 ISBN：978-986-518-644-9

《純常子枝語》校證（第三冊）

作 者 陳開林
主 編 潘美月、杜潔祥
總 編 輯 杜潔祥
副總編輯 楊嘉樂
編 輯 許郁翎、張雅淋、潘玟靜 美術編輯 陳逸婷
出 版 花木蘭文化事業有限公司
發 行 人 高小娟
聯絡地址 235 新北市中和區中安街七二號十三樓
電話：02-2923-1455／傳真：02-2923-1452
網 址 http://www.huamulan.tw 信箱 service@huamulans.com
印 刷 普羅文化出版廣告事業
初 版 2021 年 9 月
全書字數 1046345 字
定 價 三三編 36 冊（精裝）台幣 90,000 元

《純常子枝語》校證
（第三冊）

陳開林 著

目次

卷十五〔註1〕

姜紹書《韻石齋筆談》言「明之文臣雖入內閣，未晉公孤，不敢繫玉。至尚書之加銜一品，乃異數也。南都擁立，自輔臣及尚書、都御史，無不加保傅銜。武弁濫恩尤多。董孟禮曰：賜玉乃從來重典，文臣尤關氣運，倘滿八條，則天下亂矣。未半年，播遷版蕩，果驗其言。孟禮蓋聞之乃翁玄宰先生云」。〔註2〕國朝武臣之得文階，亦出異數。而甲午春日，武臣乃多得尚書宮保銜者，未幾亦遂有倭人之亂。甚矣，恩賞之不可僭濫也！〔註3〕

王符《潛夫論・務本篇》云〔註4〕：「今賦頌之徒，苟為饒辯屈蹇之辭，競陳誣罔無然之事，以索見怪於世。愚夫戇士從而奇之，此悖孩童之思而長不誠之言者也。」其持論雖過激，而教學者不可不知。〔註5〕

《潛夫論・卜列篇》云〔註6〕：「有妄傳姓於五音，設五宅之符第。」又《論衡・詰術篇》云〔註7〕：「五音之家，用口調姓名及字，用姓定其名，用

〔註1〕按：稿本乙封題「純常子枝語　第十四冊」。

〔註2〕清・姜紹書《韻石齋筆談》卷下《文臣玉帶》：

明之文臣雖入內閣，未晉公孤，不敢繫玉。至於尚書之加銜一品，乃異數也。宏光元年，自輔臣以及六部尚書、都御史，無不加保傅銜者。其武弁之濫恩尤多。余與董孟禮祖和待漏朝房，見腰間之白盈於御路。孟禮謂余曰：「賜玉乃從來重典，大臣尤關氣運。倘滿八條，則天下亂矣。」未及半年，播遷版蕩，果驗其言。孟禮蓋聞之乃翁元宰先生云。

〔註3〕眉批：「掌故。」

〔註4〕見漢・王符《潛夫論》卷一《務本第二》。

〔註5〕眉批：「諸子。」

〔註6〕見《潛夫論》卷六《卜列第二十五》。

〔註7〕見《論衡》卷二十五《詰術篇》。

名正其字。口有張歙，聲有內外，以定五音宮商之實。」又云：「《圖宅術》曰：『宅有八術，以六甲之名數而第之，第定名立，宮商殊別，宅有五音，姓有五聲。』」按：五音之術，至宋猶行。然二王生漢末，已譏其誣妄矣。王符稱京房為先師，京房吹律定姓，而符不信五音，尤有識也。〔註 8〕

嬉戲之事，如彈棊、蹴踘之類，皆失其傳。惟圍棋則尚仍古法，但增十七道為十九道而已。《淮南子·泰族訓》云〔註 9〕：「行棊者或食兩而路窮，或予踦而取勝。」「食兩」者，得敵兩子。「予踦」者，棄一子予敵也。今術猶然。〔註 10〕

《鹽鐵論·疾貪篇》云〔註 11〕：「《春秋》刺譏，不及庶人。」此西漢《春秋》經說，即「禮不下庶人」之義。韓宣子稱《春秋》為周禮，此亦其一端也。〔註 12〕「禮不下庶人」者，言上不深責以禮也。《晏子春秋·內篇·諫下》云〔註 13〕：「君子無禮，是庶人也。庶人無禮，是禽獸也。」是庶人亦有當習之禮矣。《韓詩外傳》卷五云：「王者之政，賢能不待知而舉，不肖不待須臾而廢。公卿大夫之子孫，行絕禮義，則歸之庶人。庶人之子孫，積學文，正身行，能禮儀，則歸之士大夫。」蓋士民之分，以禮義為主，非人主以私意得而升降之也。《白虎通·五刑篇》云〔註 14〕：「『刑不上大夫』者，據禮，無大夫刑。或曰撻笞之刑也。『禮不及庶人』者，謂酬酢之禮也。」又曰：「『刑不上大夫』，何尊大夫。『禮不下庶人』，欲勉民使至於士。」〔註 15〕

又《險固篇》〔註 16〕引傳曰：「諸侯之有關梁，庶人之有爵祿，非升平之興，蓋自戰國始也。」漢時庶人賜爵，蓋用戰國舊制。

喬松年《蘿藦亭劄記》云〔註 17〕：「『未見君子，寺人之令』〔註 18〕，固

〔註 8〕眉批：「術數。」

〔註 9〕見《淮南子·泰族訓第二十》。

〔註 10〕眉批：「藝術」、「另錄」。

〔註 11〕見《鹽鐵論》卷六《疾貪第三十三》。

〔註 12〕按：此下部分，稿本原別為一條，在「喬松年」一條下。眉批：「經義。接前一條。」

〔註 13〕見《晏子春秋·內篇·問上第三·景公登射思得勇力與之圖國晏子諫第二十五》。

〔註 14〕見《白虎通德論》卷八《五刑》。

〔註 15〕眉批：「經義。春秋。」

〔註 16〕見《鹽鐵論》卷九《險固第五十》。

〔註 17〕見喬松年《蘿藦亭箚記》卷一。（續修四庫全書第 1159 冊）

〔註 18〕見《國風·秦風·車鄰》。

誇美之詞，然足見開國之始，便用奄人，宜終致趙高之禍。」按《呂覽・當賞篇》〔註19〕：「秦小主夫人用奄變，群臣不說，自匿百姓，鬱怨非上。」奄變禍秦，不始於趙高矣。〔註20〕

《荀子・勸學篇》〔註21〕：「禮樂法而不說，《詩》、《書》故而不切，《春秋》約而不速，方其人之習。君子之說，則尊以徧矣，周於世矣。」此言禮樂有大法而不能說人，《詩》、《書》有故事而不切今世，《春秋》義隱約而不能速曉，皆方於其人之習。「方」與「妨」通，言方則不周不徧也。「習」字句絕。楊倞《注》以「當」釋「方」，郝懿行《補正》又讀「方」為「旁」為「傍」，並非。〔註22〕

《不苟篇》〔註23〕：「入乎耳，出乎口。」楊《注》：「未詳所明之義。」愚按：凡聽言必先出口而後入耳，此言入耳而後出口，故為說之難持者也。「或曰即山出口」〔註24〕云云，亦非。〔註25〕

「喜則輕而翾」〔註26〕，楊《注》：「翾，小飛也。或曰與懁同。」《說文》：「懁，急也。」愚按：「翾」與「儇」通。《詩・齊風》，毛《傳》云：「儇，利也。」《非相篇》：「鄉曲之儇子。」〔註27〕楊《注》云：「與『喜而翾』義同，輕薄巧慧之子也。」於義較長。《呂覽・士容論》〔註28〕：「其狀朖然不儇。」高誘《注》云：「不儇給巧偽。」亦以儇為輕也。〔註29〕

《非十二子篇》〔註30〕敘仲尼、子弓云：「告之以大古，教之以至順。」案：孔子刪書，斷自唐虞。與宰我論五帝德，而戒其告人，是不欲以大古告人也。荀子所言，蓋近於老子之說，故《非十二子》而於老氏、楊朱無譏也。

〔註19〕見《呂氏春秋》第二十四卷《不苟論第四・當賞》。
〔註20〕眉批：「考證」、「《史記》『小主』即出子」。
〔註21〕見《荀子・勸學篇第一》。
〔註22〕眉批：「諸子。」
〔註23〕見《不苟篇第三》。另，《荀子・勸學篇第一》：「小人之學也，入乎耳，出乎口。」楊《注》：「所謂今之學者，為人道聽途說也。」
〔註24〕係楊《注》。
〔註25〕眉批：「又。」
〔註26〕見《不苟篇第三》。
〔註27〕見《非相篇第五》。
〔註28〕見《呂氏春秋》第二十六卷《士容論第六・士容》。
〔註29〕眉批：「又。」
〔註30〕見《非十二子篇第六》。

「故多言而類聖人也。」〔註 31〕案：類亦法也。楊《注》:「類於禮義」，誤。〔註 32〕

《儒效篇》〔註 33〕:「出三日而五災至。」案:「五」、「三」二字疑當互易。

「夫又惡有不可焉遂選馬以進。」〔註 34〕案:「焉」，語助辭，當屬下句讀。

《王制篇》〔註 35〕:「庶人駭政，則莫若惠之。」楊《注》:「惠，恩惠也。」按：恩惠即下文「興孝悌，收孤寡，補貧窮」之類。郝懿行釋惠為順，謂「以不治治之」〔註 36〕，非是。

「偃然案兵無動。」〔註 37〕郝懿行《補注》曰:「荀書多用安、案，為語助。唯『案兵』之『案』與按同。按，抑也，止也。」余按：此文當作「案然偃兵無動」，傳寫者互易耳。下文「案然修仁義」是其例。又《呂氏春秋・蕩兵篇》曰〔註 38〕:「古聖王有義兵而無偃兵」，是「偃兵」二字之證。郝說未諦。

「我今將頓頓然，曰〔註 39〕日相親愛也。」〔註 40〕案:「頓頓」猶肫肫也。

《富國篇》〔註 41〕:「是天下之事也。」案:「天下之事」猶言天下所有事。下文「不足非天下之公患」，文義正相似。王懷祖云「當作天之事」〔註 42〕，誤。

〔註 31〕見《非十二子篇第六》。按：此語又見《大略篇第二十七》。

〔註 32〕按：此條下稿本有「《仲尼篇》『能耐任』之『耐』字是『而』字之誤；『能而不耐任』，『耐』字誤衍。或兩『能』字原文皆作『耐』，後人臆改致有此誤」一條，眉批:「案：王棟和較確，此條刪去。」

〔註 33〕見《儒效篇第八》。

〔註 34〕見《儒效篇第八》。

〔註 35〕見《王制篇第九》。

〔註 36〕見《荀子補注》卷上《王制篇》。

〔註 37〕見《王制篇第九》。

〔註 38〕見《呂氏春秋》第七卷《孟秋紀第七》。

〔註 39〕「曰」,《荀子》作「日」。

〔註 40〕見《王制篇第九》。

〔註 41〕見《富國篇第十》。

〔註 42〕見王念孫《讀書雜志・荀子第三・天下之事》。

《王霸篇》〔註 43〕:「是由好聲色而恬無耳目。」俞蔭甫《平議》曰〔註 44〕:「『恬』當作『婮』。《詩》:『有靦面目。』毛《傳》曰:『靦，婮也。』《爾雅》:『靦，婮也。』李巡、孫炎注並曰人面婮然。是婮然為人面之貌。」余案:婮為人面之貌，何得引為無耳目之貌？俞說甚難而實非也。《富國篇》云:「輕非譽而恬失民。」楊《注》並以安訓之。此「恬無耳目」,「恬」字與「好」字對舉，即下文「恬愉無患難」之意，不必改字。

《議兵篇》〔註 45〕:「隴種東籠。」　案:「隴種」即籠東也。古人文變而義不變，即可連用。屈原《卜居》「突梯滑稽」，宋玉《風賦》、楊雄賦「柴傂參差」、「被麗披離」皆此類。余曾撰《雙聲譬況字考》詳言之。

「凡在大王將率末事也。」〔註 46〕　案:此言要在大王，「王」字句絕。《晏子・雜篇》盆成適曰「凡在君耳」，與此文義正同。近人或連九字為句，誤。〔註 47〕

「中試則復其戶。」〔註 48〕　案:「中試」即中式也。〔註 49〕

「事至無悔而止矣，成不可必也。」〔註 50〕　案:此言盡其在己而不能必其成功，文義甚明。楊《注》云:「謂成功忘其警備」，說固繚繳。盧召弓校注，以「成不可必也」五字為起下之詞，亦非。〔註 51〕

「殷之服民。」〔註 52〕　案:服民，既服之民也。不服者為頑民。其服者即謂之服民矣。近人或謂當作民服者，非是。〔註 53〕

〔註 43〕見《王霸篇第十一》。

〔註 44〕清・俞樾《諸子平議》卷十三《荀子二》:

是猶好聲色而恬無耳目也。〔《王霸》。〕

樾謹按:「恬」當作「婮」字之誤也。《爾雅・釋言》:「靦，婮也。」《釋文》引李巡、孫炎注，並曰人面婮然也。是婮然為人面之貌。故《詩・何人斯篇》「有靦面目」，毛《傳》曰:「靦，婮也」;鄭《箋》曰:「婮然有面目。」是其義也。「婮無耳目」，猶言婮然無耳目。學者多見「恬」，少見「婮」，因誤「婮」為「恬」，楊《注》即訓為安然，失之矣。

〔註 45〕見《議兵篇第十五》。

〔註 46〕見《議兵篇第十五》。

〔註 47〕眉批:「又。」

〔註 48〕見《議兵篇第十五》。

〔註 49〕眉批:「又。」

〔註 50〕見《議兵篇第十五》。

〔註 51〕眉批:「又。」

〔註 52〕見《議兵篇第十五》。

〔註 53〕眉批:「又。」

「不留眾。」〔註 54〕 此謂不留兵戍守之也。楊《注》云：「不久留暴露於外」，非是。〔註 55〕

「凡在於軍將率末事也。」〔註 56〕楊《注》云：「荀卿前對趙孝成王有此言語，故引以答之。」 案：楊所見本，「軍」當作「君」。盧校「軍」改「君」，是。

「楚人鮫革犀兕以為甲，鞈如金石。」〔註 57〕 案：楊《注》：「鞈，堅貌。」王懷祖曰〔註 58〕：「鞈訓堅貌，諸書未有明文。」《〈文選．曲水詩序〉注》〔註 59〕引《荀子》，正作「堅」。《御覽．兵部八十七》同。〔註 60〕與楊本異。余按：「鞈」，《說文》訓「防扞〔註 61〕也」，蓋亦禦敵之具，當屬上句讀。「如金石」上楊本誤奪「堅」字耳。又「鞈」字或是「鞫」字之訛。末篇「冠鞫帶劍」〔註 62〕，楊注「鞫與冑同」，是也。

《彊國篇》〔註 63〕：「無僇乎族黨。」楊《注》云：「夫先祖有寵錫則子孫揚其功，族黨遭刑戮則後世蒙其恥」云云。 案：『僇』字當是『繆』字之誤。「繆」與「穆」通。言子發不受寵錫，無以和穆其族黨，而抑卑其後世也。《注》太迂曲。

《天論篇》〔註 64〕：「所志於天者，已其見象之可以期者矣。所志於地者，已其見宜之可以息者矣。所志於四時者，已其見數之可以事者矣。所志於陰陽者，已其見知之可以治者矣。」

王懷祖《讀書雜志》以「已其」為「以其」〔註 65〕，余謂不然。「已其」皆當作「其已」，文法小變耳。上文云「大巧在所不為，大智在所不慮」，故此

〔註 54〕見《議兵篇第十五》。
〔註 55〕眉批：「又。」
〔註 56〕見《議兵篇第十五》。
〔註 57〕見《議兵篇第十五》。
〔註 58〕見《讀書雜志．荀子第五．鞈》。
〔註 59〕見《文選》卷四十六。
〔註 60〕見《太平御覽》卷第三百五十六《兵部八十七》。
〔註 61〕「扞」，《說文解字》作「汗」。
〔註 62〕見《議兵篇第十五》。
〔註 63〕見《彊國篇第十六》。
〔註 64〕見《天論篇第十七》。
〔註 65〕《讀書雜志．荀子第五》：

所志於陰陽者已其見知之可以治者矣。

「已」與「以」同。

言「所志於天者」，其已見之垂象者也；「所志於地者」，其已見之土宜者也；「所志於四時者」，其已見之定數者也；「所志於陰陽者」，其已見之和順者也。「知」作「和」者，是志即「志慮」之「志」，楊釋作「記識」，誤。

「則是雖並世起無傷也。」〔註 66〕　案：「世」字涉上文而衍。下文「無一至者」，正與「並起」相對成義。楊《注》謂「一世之中並起」，誤。〔註 67〕

《正論篇》〔註 68〕：「彼王者之制也。」「制」當作「至」。上文「湯武至天下之善禁令者也」，下文「是王者之至也」，並作「至」，是其證。此獨作「制」者，涉上文「不受制」，下文「制械用」而誤。〔註 69〕

「將以為有益於人，則與無益於人也。」〔註 70〕　案：「與」字當在「則」字上，讀平聲。《禮論篇》：「將由夫愚陋淫邪之人與，則彼朝死而夕忘之；將由夫修飾之君子與，則三年之喪二十五月而畢」，是其例。楊《注》讀為「預」，俞蔭甫讀為「舉」，皆非。〔註 71〕

《禮論篇》〔註 72〕：「持手而食者。」楊《注》：「持其手而食，謂農工食力也。」　案：正文及《注》「持」字皆「恃」字之誤。〔註 73〕

「須而不功。」〔註 74〕　案：「功」與「工」通。

「刻死而附生謂之墨，刻生而附死謂之惑殺，生而送死謂之賊。」〔註 75〕楊《注》：「墨，墨子之法。惑，謂惑亂過禮。殉葬殺人，與賊同也。」王懷祖曰〔註 76〕：「墨與惑、賊對文，則墨非墨子之謂。《樂論》云：『其養生無度，其送死瘠墨。』以『瘠墨』連文，則墨非墨子明矣。」　案：此篇皆言墨子薄葬至辱之道，而下文以儒者折之。此「墨」字必指墨子，楊《注》不誤。且「墨」字無瘠薄之訓，蓋當時皆知薄葬為墨道，故荀子以惑、賊並舉，正所以深詆之。王懷祖每以後世文法繩古人，其得者固多，其失者亦未易僂指數矣。

〔註 66〕見《天論篇第十七》。
〔註 67〕眉批：「又。」
〔註 68〕見《正論篇第十八》。
〔註 69〕眉批：「又。」
〔註 70〕見《正論篇第十八》。
〔註 71〕眉批：「又。」
〔註 72〕見《禮論篇第十九》。
〔註 73〕眉批：「又。」
〔註 74〕見《禮論篇第十九》。
〔註 75〕見《禮論篇第十九》。
〔註 76〕見《讀書雜志・荀子第六・謂之墨》。

《樂論篇》〔註 77〕:「美善相樂。」　案:宋本如此。元刻作「莫善於樂」。王懷祖曰〔註 78〕:「『美善相樂』承上五句而言,此『樂』字讀喜樂之樂。下文『君子樂得其道,小人樂得其欲』云云,皆承此樂字而言。若改為『莫善於樂』,則仍讀禮樂之樂,與上下文不相應矣。《樂記》亦云『故樂行而倫清,耳目聰明,血氣和平,移風易俗,天下皆寧』,此下若繼之曰『莫善於樂』,尚成文理乎?仍當依宋本為是。」余按:此節以「清」、「成」、「明」、「平」、「寧」五字為韻,若贅「美善相樂」一語,亦復成何文理?且下文「君子樂得其道」云云,自承「樂者樂也」而言,與此句何涉?此處自當從元本作「莫善於樂」。古人詞緟意復,似此者多。《禮記》中似此文法,尤未易悉數。懷祖必以宋本為然,所謂甚難而實非也。

《解蔽篇》〔註 79〕:「經緯天地而材官萬物,制割大理而宇宙裏矣。」楊注:「『裏』當為『理』,『材』或為『裁』。」　案:楊《注》:「『材』或為『裁』。」在「裏」字下,則非上文「材官之材」。疑《荀子》本文作「而裏材宇宙」,轉寫奪誤耳。〔註 80〕

「以贊稽之,萬物可兼知也。」〔註 81〕　案:「贊」當讀如《論語》「鑽之彌堅」之「鑽」。楊《注》:「贊,助也」,誤。〔註 82〕

「故道經曰:人心之危,道心之微。」〔註 83〕　案:道經,黃帝書也。詳見余所撰《黃帝政教考》。〔註 84〕

「則不足以決庶理矣。」〔註 85〕　案:「庶理」,宋本作「麤理」,是。上文言槃水,「微風亂之,則不可得大形之正」〔註 86〕。此言心,「小物引之,則不足以決麤理」。蓋大形尚不得,則無論小形;麤理尚不決,則遑言精理。微與大,小與麤,亦相對成義,文法極精。盧召弓校注乃從元刻作「庶理」,

〔註 77〕見《樂論篇第二十》。
〔註 78〕見《讀書雜志・荀子第六・美善相樂》。
〔註 79〕見《解蔽篇第二十一》。
〔註 80〕眉批:「又。」
〔註 81〕見《解蔽篇第二十一》。
〔註 82〕眉批:「又。」
〔註 83〕見《解蔽篇第二十一》。
〔註 84〕眉批:「又。」
〔註 85〕見《解蔽篇第二十一》。
〔註 86〕《荀子・解蔽篇》:「故人心譬如槃水,正錯而勿動,則湛濁在下而清明在上,則足以見鬚眉而察理矣。微風過之,湛濁動乎下,清明亂於上,則不可以得大形之正也。」

失之。〔註87〕

《正名篇》〔註88〕:「後王之成名。」又云:「是後王之成名也。」　案:《荀子》一書言後王者,皆不知所指。或曰謂周之文、武,然《王制篇》、《儒效篇》並云「道不過三代,法不貳後王」,以「後王」與「三代」並稱,則非文、武可知。此篇云:「後王之成名,刑名從商,爵名從周,文名從禮」,則荀子所謂後王,尤與周無涉。楊注《正名篇》云:「後之王者」;其注《非相篇》云:「後王,近時之王也。言近世明王之法,則是聖王之跡」。荀子以近世之明王,自成、康以來,未有可稱者。錢辛楣《養新錄》卷十八云〔註89〕:「七國僭號,名雖王,實諸侯也。孰可以當後王之名?」若論後之王者,則荀子何能知其成名?是楊《注》亦非也。《非相篇》云:「彼後王者,天下之君也。」荀卿之時,二周藐焉,六國爭雄,孰為天下之君哉?又云:「欲觀千歲,則數今日。」而荀子書每以亂今與治古對稱,果尚有足法之王哉?蓋荀子之意,欲採六國見行之法,為後王立一代之制。故《非相篇》又云:「欲知上世,則審周道。欲知周道,則審其人所貴君子。」《正名篇》曰:「若有王者起,必將有循於舊名,有作於新名。」劉端臨云〔註90〕:「『其人』,荀卿自謂。『所貴君子』,其人之所宗仰,若仲尼、子弓也。」余亦謂「正名」二字本之《論語》。其言有王者起作新名,即謂後王之成名。是荀子法後王之說,蓋即以《春秋》當新王之意,與孟子「有王者起,必來取法」〔註91〕意正不殊。惟其不卑時君所行,故不免以平原、信陵與伊尹、比干同稱,而於秦之風俗吏治皆有所取,此史公所以有近己議卑之誚耳〔註92〕。〔註93〕

「五官簿之而不知,心徵之而無說,則人莫不然謂之不知,此所緣而以同異也。然後隨而命之。」〔註94〕　案:此節言五官能簿物類而不能知,心能征知而不能說,則人所同然,與不知等。此五官、心知所緣而為同異,不能不為分別,然後隨命以名。文義甚明,楊《注》及各家所說,均不得

〔註87〕眉批:「又。」
〔註88〕見《正名篇第二十二》。
〔註89〕見《十駕齋養新錄》卷十八《法後王》。
〔註90〕清・王先謙《荀子集解》卷三《非相篇第五》引。
〔註91〕見《孟子・滕文公章句上》。
〔註92〕《史記》卷一十五《六國年表》:「傳曰『法後王』,何也?以其近己而俗變相類,議卑而易行也。」
〔註93〕眉批:「又。」
〔註94〕見《正名篇第二十二》。

其解。〔註 95〕

「物有同狀而異所者。」〔註 96〕楊《注》謂「若兩馬同狀，各在一處之類也」。　案：《注》當言兩馬俱白而各有一身。此「所」字指同狀之物言。佛家能所之所字，譯語者本此。〔註 97〕

《君子篇》〔註 98〕：「刑罰怒罪。」　案：「怒」當作「過」。〔註 99〕

「備而不矜，一自善也，謂之聖。」〔註 100〕　案：「一自善」文不可通。蓋「自」字隸或作「百」，離而為二，遂誤衍「一」字矣。〔註 101〕

《成相篇》〔註 102〕：「主忌苟勝。」　案：「忌」、「苟」二字誤易。言「主苟忌勝而群臣莫諫則必逢災」，如殷受、隋煬之類是也。〔註 103〕

「請布基慎聖人。」〔註 104〕　顧千里曰：「『人』字不入韻，疑有誤。」俞蔭甫疑「當作慎聽之」〔註 105〕。余案：下文「請牧基，賢者思」，則布基而順聖人，牧基而思賢者，文正相儷，非有誤字也。「人」字或用合韻，或竟不入韻，不必以後人文法繩之也。〔註 106〕

「宗其賢良，辨其殃孽。」〔註 107〕　案：此句應十一字，乃僅八字。顧澗薲疑尚少三字。余謂此變調以作結，非有脫誤也。下文「道古賢聖基必張」，「託於成相以喻意」，亦正是此例。〔註 108〕

《賦篇》〔註 109〕：「百姓待之而後寧泰。」楊《注》：「『寧泰』當為『泰寧』。」　案：「泰」字誤衍。下文「百姓待之而後寧也」，亦無「泰」字可證。〔註 110〕

〔註 95〕眉批：「又。」
〔註 96〕見《正名篇第二十二》。
〔註 97〕眉批：「又。」
〔註 98〕見《君子篇第二十四》。
〔註 99〕眉批：「又。」
〔註 100〕見《君子篇第二十四》。
〔註 101〕眉批：「又。」
〔註 102〕見《成相篇》第二十五。
〔註 103〕眉批：「又。」
〔註 104〕見《成相篇》第二十五。
〔註 105〕見《諸子平議》卷十五《荀子四・請布基慎聖人》。
〔註 106〕眉批：「又」、「此條在前」。
〔註 107〕見《成相篇》第二十五。
〔註 108〕眉批：「又。」
〔註 109〕見《賦篇第二十六》。
〔註 110〕眉批：「又。」

《大略篇》〔註111〕：「孟子三見宣王，不言事。門人曰：『曷為三遇齊王而不言事？』孟子曰：『我先攻其邪心。』」　案：《荀子・非十二子》有孟子其言，《性惡》亦顯攻孟子性善之說，而此條獨記孟子之善，余考其全書用孟子之說者甚多，蓋門徑雖殊，而同出儒家，故有不能不相襲者也。〔註112〕

「大哉死乎，君子息焉，小人休焉。」〔註113〕　郝懿行曰：「休、息一耳，此別言之，猶《檀弓》言『君子曰終，小人曰死』之意。」余按：郝說未諦。「休」當作「伏」字之誤也。《晏子春秋・內篇・諫上》〔註114〕：「晏子曰：『上帝以人之死為善，仁者息焉，不仁者伏焉。』」《列子・天瑞篇》〔註115〕引晏子曰：「善哉！古之有死也，仁者息焉，不仁者伏焉。」《外篇》曰〔註116〕：「夫古之有死也，令後世賢者得之以息，不肖者得之以伏。」「伏」即「伏辜」之「伏」。曰息、曰伏，正所以別君子小人，與《檀弓》之例不殊也。《列子・天瑞篇》正作「小人伏焉」，是其證。《禮記・月令》：「無休於都。」《呂氏春秋・孟夏紀》作「無伏於都」。是「休」、「伏」二字形近易誤之證。〔註117〕

「氐羌之虜也。」〔註118〕　案：《呂覽・義賞篇》云〔註119〕：「氐羌之民其虜也。」文義較備。〔註120〕

「正君漸於香酒。」〔註121〕　案：香酒，甘酒也。《呂氏春秋・仲冬紀》〔註122〕：「水泉必香。」高誘《注》：「香，美也。水泉善則酒美也。」是香酒之義。楊《注》：「其所漸染如香之於酒。」義太迂曲。或楊所見本「於」作

另，此條下稿本有「『人屬所利，飛鳥所害。』楊《注》：『飛鳥則害而食之。』案：此言蠶絲可作羅網，故為害於飛鳥。楊《注》似誤」一條，有刪除標識。

〔註111〕見《大略篇第二十七》。

〔註112〕眉批：「又。」

〔註113〕見《大略篇第二十七》。

〔註114〕見《晏子春秋・內篇・諫上第一・景公遊公阜一日有三過言晏子諫第十八》。

〔註115〕見《列子》卷一《天瑞第一》。

〔註116〕見《晏子春秋・外篇・重而異者第七・景公置酒泰山四望而泣晏子諫第二》。

〔註117〕眉批：「又。」
按：此條稿本在「《堯問篇》」一條後，眉批：「列『氐羌之虜』一條上。」

〔註118〕見《大略篇第二十七》。

〔註119〕見《呂氏春秋》第十四卷《孝行覽第二》。

〔註120〕眉批：「又。」
稿本原作「虜即夷虜之虜。『虜』，《注》謂「見俘掠」，非」，後刪改為今語。

〔註121〕見《大略篇第二十七》。

〔註122〕見《呂氏春秋》第十一卷。

「如」。〔註 123〕

「三王既已定法度、制禮樂而傳之，有不用而改自作，何以異於變易牙之和，更師曠之律。無三王之法，天下不待亡，國不待死。」〔註 124〕 案：此節與荀子法後王義正相反。蓋此篇弟子雜記之詞，多儒家之舊說，非荀子之新義也。〔註 125〕

《宥坐篇》〔註 126〕：「綦三年而百姓往。」 案：「往」，王也。百姓往則王道成。不必依《韓詩外傳》及《說苑》改作從「風」字。

「老無以教之。」〔註 127〕 案：「之」當作「人」。楊《注》云：「無才藝以教人。」是所見本未誤。

《法行篇》〔註 128〕：「怨天者無識。」 案：「識」通作「志」。〔註 129〕

《堯問篇》〔註 130〕：「是其所以淺也。」楊《注》：「淺，近。」 案：荀子書每以「淺」與「博」對。《呂氏春秋．先己篇》〔註 131〕：「吾地不淺。」高注：「淺，褊。」此言不廣接士則聞見褊狹不博也。楊《注》稍迂。

《晏子春秋．內篇．諫上》〔註 132〕：「君欲飲酒七日七夜。」王懷祖《雜志》曰：「『欲』字蓋誤衍。」〔註 133〕 案：「欲」字上當奪「從」字。《諫上篇》「從欲而輕誅」，《諫下篇》「從君之欲，不足以持國」，是其證。「從欲」即縱慾也。〔註 134〕

「寡人不足以有約也。」〔註 135〕 案：「約」當作「為」，草書形似而譌。〔註 136〕

〔註 123〕眉批：「又。」
〔註 124〕見《大略篇第二十七》。
〔註 125〕眉批：「又。」
〔註 126〕見《宥坐篇第二十八》。
〔註 127〕見《宥坐篇第二十八》。
〔註 128〕見《法行篇第三十》。
〔註 129〕眉批：「又。」
〔註 130〕見《堯問篇第三十二》。
〔註 131〕見《呂氏春秋》第三卷《季春紀第三》。
〔註 132〕見《晏子春秋．內篇．諫上第一．景公飲酒七日不納弦章之言晏子諫第四》。
〔註 133〕《讀書雜志．晏子春秋第一》：「念孫案：『飲酒』上不當有『欲』字，蓋即『飲』字之誤而衍者。上文『景公飲酒，七日七夜不止』，無『欲』字。」
〔註 134〕眉批：「諸子。」
〔註 135〕見《晏子春秋．內篇．諫上第一．景公飲酒不恤天災致能歌者晏子諫第五》。
〔註 136〕眉批：「又。」

「梁丘據扃入歌人虞。」〔註 137〕 盧召弓曰：「『扃』字疑衍。」案：扃，密也。《呂覽·君守篇》〔註 138〕：「扃而又閉，天之用密。」是「扃」字之義。〔註 139〕

「雖不去彗，星將自亡。」〔註 140〕 按：「星」當作「彗」。下文「何暇在彗」，亦無「星」字。

「昔者從夫子而遊公阜。」〔註 141〕 「昔者」當作「昔吾」。〔註 142〕

《內篇·諫下》：「凍水洗我若之何，太上靡散我若之何。」孫淵如曰：「『太上』，尊辭。『散』，《藝文類聚》作『弊』，是『洗』、『弊』為韻。」余按：「洗」、「弊」不得為韻。此文當作「太上散我若之何」，「靡」字涉下文「太上之靡散」而衍。「太上散」猶《老子》言「樸散」也。洗、散，古韻互叶。

「如虎之室，如蛇之穴。」〔註 143〕 如，往也。〔註 144〕

「公苦請釋之。」〔註 145〕 案：「苦」當作「曰」，涉下文而誤。〔註 146〕

「以誰與圖霸哉？」〔註 147〕 「以」字誤衍。〔註 148〕

「君欲節於身而勿高，使人高之而勿罪也。」〔註 149〕 案：兩「而」字皆通作「如」。《公羊傳》〔註 150〕：「如勿與而已矣。」「如」即「勿如」，是其義。《左氏傳》宋襄公泓之戰〔註 151〕，「則如勿傷，則如服焉」。二「如」字亦作「勿如」解。〔註 152〕

《內篇·問上》〔註 153〕：「其晏子可謂廉矣。」 案：當作「其晏子之謂

〔註 137〕見《晏子春秋·內篇·諫上第一·景公夜聽新樂而不朝晏子諫第六》。
〔註 138〕見《呂氏春秋》第十七卷《審分覽第五》。
〔註 139〕眉批：「又。」
〔註 140〕見《晏子春秋·內篇·諫上第一·景公遊公阜一日有三過言晏子諫第十八》。
〔註 141〕見《晏子春秋·內篇·諫上第一·景公遊公阜一日有三過言晏子諫第十八》。
〔註 142〕眉批：「又。」
〔註 143〕見《晏子春秋·內篇·諫下第二·景公獵逢蛇虎以為不祥晏子諫第十》。
〔註 144〕眉批：「又。」
〔註 145〕見《晏子春秋·內篇·諫下第二·景公為履飾以金玉晏子諫第十三》。
〔註 146〕眉批：「又。」
〔註 147〕見《晏子春秋·內篇·諫下第二·景公自矜冠裳遊處之貴晏子諫第十五》。
〔註 148〕眉批：「又。」
〔註 149〕見《晏子春秋·內篇·諫下第二·景公登路寢臺不終不悅晏子諫第十八》。
〔註 150〕見《公羊傳·隱公元年》。
〔註 151〕見《左傳·僖公二十二年》。
〔註 152〕眉批：「又」、「檢查」。
〔註 153〕見《晏子春秋·內篇·問上第三·莊公問威當世服天下時耶晏子對以行也第一》。

矣」。〔註 154〕

「然則何若？敓曰。」〔註 155〕　案：「敓」當作「對」。〔註 156〕

「止海食之獻。」〔註 157〕　《說苑．君道篇》曰〔註 158〕：「海人入魚，景公以五十乘賜弦章。」蓋即海食之獻。又案：《文選》王元長《三月三日曲水詩序》〔註 159〕：「侮食來王。」李善《注》曰：「古本作晦食。《周書》曰：『東越侮食。』」此文「海食」，或「晦食」、「侮食」之異文。則是地名，故與「公阜」對舉矣。〔註 160〕

「晏子對曰：『賢而隱，庸為賢乎？』」　按：《荀子》曰：「太公誅華仕。」〔註 161〕《韓子》曰〔註 162〕：「太公封於齊東海，有居士狂矞、華仕昆弟二人，不臣天子，不友諸侯，太公執而殺之。」是齊不容隱士，晏子謂隱則非賢，猶太公之家法也。《內篇．問下》以傲世樂業為狂惑〔註 163〕，以退處山谷為非義

〔註 154〕眉批：「又。」

〔註 155〕見《晏子春秋．內篇．問上第三．莊公問威當世服天下時耶晏子對以行也第一》。

〔註 156〕清．洪頤煊《讀書叢錄》卷十三《敓曰》：

《內篇．問上第五》：「敓曰：『請卑辭重幣以說於諸侯。』」頤煊案：第十九：「晏子敓曰：『有難不死，出亡不送。』」第二十八：「晏子敓曰：『臣雖不知，必務報君以德。』」《說文》：「敓，彊取也。《周書》曰：『敓攘矯虔。』從攴兌聲。」此假借作「對」字，是古字之僅存者。

〔註 157〕見《晏子春秋．內篇．問上第三．景公問欲令祝史求福晏子病以常辭罪而無求第十》。

〔註 158〕見《說苑》卷一。

〔註 159〕見《文選》卷四十六。

〔註 160〕眉批：「又。」

〔註 161〕見《宥坐篇第二十八》。

〔註 162〕見《宥坐篇第二十八》楊倞《注》。原見《韓非子》卷十三《外儲說右上第三十四》。

〔註 163〕《晏子春秋．內篇．問下第四．叔向問傲世樂業能行道乎晏子對以狂惑也第二十五》：

叔向問晏子曰：「進不能事上，退不能為家，傲世樂業，枯槁為名，不疑其所守者，可謂能行其道乎？」晏子對曰：「嬰聞古之能行道者，世可以正則正，不可以正則曲。其正也，不失上下之倫；其曲也，不失仁義之理。道用，與世樂業；不用，有所依歸。不以傲上華世，不以枯槁為名。故道者，世之所以治，而身之所以安也。今以不事上為道，以不顧家為行，以枯槁為名，世行之則亂，身行之則危。且天之與地，而上下有衰矣；明王始立，而居國為制矣；政教錯，而民行有倫矣。今以不事上為道，反天地之衰矣；以不顧家為行，倍先聖之道矣；以枯槁為名，則世塞政教之途矣。有明上，可以為下；遭亂世，不可以治亂。說若道，謂之惑，行若道，謂之狂。惑者狂者，木石之樸也，而道義未戴焉。」

〔註 164〕，皆斯意也。〔註 165〕

「肅於罪誅。」〔註 166〕　肅，疾也。〔註 167〕

《內篇．問下》〔註 168〕：「體貴側賤。」　「側」通作「厠」。〔註 169〕

「下無諱言，官無怨治。」〔註 170〕　案：此文疑當作「官無諱言，下無怨治。」《老子》曰〔註 171〕：「國多忌諱而民彌貧。」「諱言」自當指在官者言之。又下文「晏子對吳王曰：『民無怨治。』」「怨治」自當屬在下者言之。傳者誤易耳。《雜篇》〔註 172〕有「民無諱言」語，對「君上好善」言之，蓋臣名通稱也。

「利通不能，窮業不成。」〔註 173〕　「窮業」當作「業窮」。〔註 174〕

「行精而不以明污，齊尚而不以遺罷。」〔註 175〕　案：「精」當作「清」。「齊尚」二字有誤。〔註 176〕

「何若則可謂榮矣。」〔註 177〕　「何若」上誤奪「人」字，當據標題增。〔註 178〕

〔註 164〕《晏子春秋．內篇．問下第四．曾子問不諫上不顧民以成行義者晏子對以何以成也第二十八》：
曾子問晏子曰：「古者嘗有上不諫上，下不顧民，退處山谷，以成行義者也？」晏子對曰：「察其身無能也，而託乎不欲諫上，謂之誕意也。上惛亂，德義不行，而邪辟朋黨，賢人不用，士亦不易其行，而從邪以求進，故有隱有不隱。其行法，士也，迺夫議上，則不取也。夫上不諫上，下不顧民，退處山谷，嬰不識其何以為成行義者也。」

〔註 165〕眉批：「又。」

〔註 166〕見《晏子春秋．內篇．問上第三景公問古者離散其民如何晏子對以今聞公令如寇讎第二十五》。

〔註 167〕眉批：「又。」

〔註 168〕見《晏子春秋．內篇．問下第四景公問為臣之道晏子對以九節第五》。

〔註 169〕眉批：「又。」

〔註 170〕見《晏子春秋．內篇．問下第四．景公問國何如則謂安晏子對以內安政外歸義第八》。

〔註 171〕《老子》：「天下多忌諱而民彌貧。」

〔註 172〕見《晏子春秋．內篇．雜上第五景公慙刖跪之辱不朝晏子稱直請賞之第十一》。

〔註 173〕見《晏子春秋．內篇．問下第四．叔向問事君徒處之義奚如晏子對以大賢無擇第二十》。

〔註 174〕眉批：「又。」

〔註 175〕見《晏子春秋．內篇．問下第四．叔向問君子之大義何若晏子對以尊賢退不肖第二十四》。

〔註 176〕眉批：「又。」

〔註 177〕見《晏子春秋．內篇．問下第四．叔向問人何若則榮晏子對以事君親忠孝第二十六》。

〔註 178〕眉批：「又。」

「先其難乎而後幸得之。」〔註 179〕　「乎」字誤衍。「幸」字涉上文而衍。〔註 180〕

《內篇‧雜上》〔註 181〕：「已哉已哉！寡人不能說也。爾何來為？」孫淵如曰：「『已』、『說』、『來』為韻。」按：當以「哉」、「來」為韻，孫說誤。淵如於韻學甚疎，茲不悉正之也。

「諸侯得微有故乎？國家得微有事乎？」〔註 182〕　案：微，猶無也。下文司馬穰苴語同。〔註 183〕

「中有丹書。」〔註 184〕　按：丹書蓋即印刻，所謂朱文也。〔註 185〕

「然吾失此，何之有也。」〔註 186〕孫淵如曰：「未詳。」余案：「有」字誤衍。晏子之意，謂吾失此齊，將何往邪？蓋傷不得見賢之甚。下節載晏子出犇，北郭騷殺身以明其賢，正於此文相接。〔註 187〕

「故嬰非特食餽之長也。」〔註 188〕　「特」字誤衍。〔註 189〕

《內篇‧雜下》：「然而以今之夕者，周之建國。」〔註 190〕　案：「以」字當在「周之建國」上。〔註 191〕

「夕者曹與二日鬪。」〔註 192〕　「夕者」即「昔者」也。〔註 193〕

〔註 179〕見《晏子春秋‧內篇‧問下第四‧叔向問人何以可保身晏子對以不要幸第二十七》。

〔註 180〕眉批：「又。」

按：此條下稿本有「『曾子問晏子。』《荀子‧大略篇》：『曾子行，晏子從於郊。』楊倞《注》：『晏子先於孔子，曾子之父猶為孔子弟子。此云送曾子，豈好事者為之歟？』《說苑》：『曾子從孔子於齊，齊景公以下卿禮聘曾子』」一條，有刪除標識，眉批：「此條別有考證。」

〔註 181〕見《晏子春秋‧內篇‧雜上第五‧莊公不悅晏子晏子坐地訟公而歸第一》。

〔註 182〕見《晏子春秋‧內篇‧雜上第五‧景公夜從晏子飲晏子稱不敢與第十二》。

〔註 183〕眉批：「又。」

〔註 184〕見《晏子春秋‧內篇‧雜上第五‧景公遊紀得金中書晏子因以諷之第十九》。

〔註 185〕眉批：「又。」

〔註 186〕見《晏子春秋‧內篇‧雜上第五‧泯子午見晏子晏子恨不盡其意第二十六》。

〔註 187〕眉批：「又。」

〔註 188〕見《晏子春秋‧內篇‧雜下第六‧高糾治晏子家不得其俗廼逐之第二十九》。

〔註 189〕眉批：「又。」

〔註 190〕見《晏子春秋‧內篇‧雜下第六‧景公成賦寢而師開言室夕晏子辨其所以然第五》。

〔註 191〕眉批：「又。」

〔註 192〕見《晏子春秋‧內篇‧雜下第六‧景公病水曹與日鬪晏子教占曹者以對第六》。

〔註 193〕眉批：「又。」

「夜者，公瞢二日與公鬭，不勝。」〔註 194〕　案：「公鬭」二字誤易。〔註 195〕

「不然，臣非不知也。」〔註 196〕　《說苑》〔註 197〕無上「不」字，是。〔註 198〕

「是時也，公繁於刑。」〔註 199〕　案：今本晏子多羼入左氏傳文。如此節敘事引《詩》，尤與全書不合，亦可謂不去葛龔者矣。〔註 200〕

「隱而顯，近而結。」　「結」當為「遠」字之誤也。「顯」、「遠」為韻。「近而遠」，言雖近而不暱。孫淵如云：「近而結於君」親，失之。〔註 201〕

「毋變爾俗。」〔註 202〕　俗，習也。〔註 203〕

《外篇》〔註 204〕：「入則求君之嗜欲能順之，公怨良臣則具其往失而益之。」　案：能，猶而也。具，數也。益，附益也。〔註 205〕

「此難得其知也。」〔註 206〕　「其」當作「而」。《群書治要》正作「而」。〔註 207〕誤衍「其難」二字。〔註 208〕

「故晏子歸備載。」〔註 209〕　「故」字誤衍。〔註 210〕

〔註 194〕見《晏子春秋·內篇·雜下第六·景公病水瞢與日鬭晏子教占瞢者以對第六》。
〔註 195〕眉批：「又。」
〔註 196〕見《晏子春秋·內篇·雜下第六·楚王饗晏子進橘置削晏子不剖而食第十一》。
〔註 197〕見《說苑》卷十二《奉使》。
〔註 198〕眉批：「又。」
〔註 199〕見《晏子春秋·內篇·雜下第六·景公欲更晏子宅晏子辭以近市得求諷公省刑第二十一》。
〔註 200〕眉批：「又。」
〔註 201〕眉批：「又。」
〔註 202〕見《晏子春秋·外篇·重而異者第七·晏子病將死妻問所欲言云毋變爾俗第二十九》。
〔註 203〕眉批：「又。」
〔註 204〕見《晏子春秋·外篇·重而異者第七·景公問治國之患晏子對以佞人讒夫在君側第十四》。
〔註 205〕眉批：「又。」
〔註 206〕見《晏子春秋·外篇·重而異者第七·景公問治國之患晏子對以佞人讒夫在君側第十四》。
〔註 207〕見唐·魏徵《群書治要》卷第三十三。
〔註 208〕眉批：「又。」
〔註 209〕見《晏子春秋·外篇·重而異者第七·有獻書譖晏子退畊而國不治復召晏子第二十二》。
〔註 210〕眉批：「又。」

「不可以道眾而馴百姓。」〔註211〕　「馴」通作「訓」。〔註212〕

「趨翔之節。」〔註213〕　「趨翔」即「趨蹌」也。《呂覽·尊師篇》〔註214〕：「疾趨翔。」畢沅曰：「『翔』與『蹌』同。」〔註215〕

「湯有弒其君，桀有亡其兄。」〔註216〕　二「有」字涉上文而衍。〔註217〕

「家不貧則不愠朋友，所識有良隣則日見君子。」〔註218〕　案：此節皆有韻之文。此二句「友」、「子」為韻，「所識」二字疑衍文。或「識」字係「居」字之誤。〔註219〕

「合色寡人也。」〔註220〕　「合」通作「盍」，〔註221〕語助辭。《莊子·列禦寇篇》〔註222〕：「闔胡嘗視其良？」《釋文》云：「闔，語助也。」是其證。〔註223〕俞蔭甫《平議》〔註224〕以「合」字為「否」字之誤，非是。〔註225〕

劉向《敘錄》：「晏子，名嬰，謚平仲，萊人。萊者，今東萊地也。」《世說·言語門》〔註226〕，《注》引劉向《別錄》曰：「晏平仲，名嬰，東萊夷維人。」與此略異。李石《續博物志》卷八云〔註227〕：「劉向敘《晏子春秋》稱古冶子曰：『吾嘗濟於河，黿銜左驂以入砥柱之流，吾從而殺之。』」〔註228〕

〔註211〕見《晏子春秋·外篇·不合經術者第八·仲尼見景公景公欲封之晏子以為不可第一》。

〔註212〕眉批：「又。」

〔註213〕見《晏子春秋·外篇·不合經術者第八·仲尼見景公景公欲封之晏子以為不可第一》。

〔註214〕見《呂氏春秋》第四卷《孟夏紀第四》。

〔註215〕眉批：「又。」

〔註216〕見《晏子春秋·外篇·不合經術者第八·景公問有臣有兄弟而強足恃乎晏子對不足恃第七》。

〔註217〕眉批：「又。」

〔註218〕見《晏子春秋·外篇·不合經術者第八·景公遊牛山少樂請晏子一願第八》。

〔註219〕眉批：「又。」

〔註220〕見《晏子春秋·外篇·不合經術者第八·景公欲誅羽人晏子以為法不宜殺第十二》。

〔註221〕旁側補「言合股色寡人也」，刻本未錄。

〔註222〕見《莊子·雜篇·列禦寇第三十二》。

〔註223〕按：「莊子」至此乃天頭插補文字，此前尚有「合與可一聲□蓋怒詞也，讀為□」，刻本未錄。

〔註224〕見《諸子平議》卷七。

〔註225〕眉批：「又。」

〔註226〕見《世說新語·言語第二》。

〔註227〕按：《水經注》卷四已載此。

〔註228〕眉批：「又。」

《孫子・火攻篇》曰:「戰勝攻取而不修其功者,凶,命曰費留。」按:《晏子・外篇》曰〔註 229〕:「久喪道哀費日。」又曰〔註 230〕:「繁登降之禮,制規矩之節,行表綴之數以教民,以為煩人留日。」又曰〔註 231〕:「揚干戚鍾鼓竽瑟以勸眾,以為費財留工。」《戰國・宋策》曰:「徐其攻而留其口。」此「費留」二字之證。杜牧之曰:「留滯費耗。」賈林曰:「費留,惜費也。」均不得其解。

《呂氏春秋・重己篇》〔註 232〕:「是聾者之養嬰兒也,方雷而窺之於堂。」　案:「窺」當為「實」字之誤也。《貴當篇》〔註 233〕「窺赤肉而烏鵲聚」,「窺」亦當為「實」,與下文「貍處堂而眾鼠散,衰絰陳而民知喪,竽瑟陳而民知樂」三句一例,皆謂物在此而喻在彼也。高注:「窺,見也」,於義稍隔。〔註 234〕

《貴生篇》〔註 235〕:「迫生為下。」　案:迫生言被迫逼而猶生也。《注》謂「促欲得生」,非是。〔註 236〕

《情慾篇》〔註 237〕:「九竅寥寥,曲失其宜。」《注》:「九竅皆寥寥然虛,曲,過其適,以害其性也。」　案:曲有並義。「曲失其宜」言並失其宜也。《荀子・禮論篇》〔註 238〕:「乳母,飲食之者也。慈母,衣被之者也。君,曲

〔註 229〕見《晏子春秋・外篇・不合經術者第八・仲尼見景公景公欲封之晏子以為不可第一》。

〔註 230〕見《晏子春秋・外篇・不合經術者第八・景公上路寢聞哭聲問梁丘據晏子對第二》。

〔註 231〕見《晏子春秋・外篇・不合經術者第八・景公上路寢聞哭聲問梁丘據晏子對第二》。

〔註 232〕見《呂氏春秋》第一卷《孟春紀第一》。

〔註 233〕見《呂氏春秋》第二十四卷《不苟論第四》。

〔註 234〕眉批:「諸子。」
按:此條下,稿本刪「醜不若黃帝」一條,不錄。
又刪「『墨者有鉅子腹䵍居秦。』高誘《注》:『鉅,姓。子,通稱。腹䵍,字也。』畢沅《校注》:『鉅子猶鉅儒鉅公之稱,腹乃其姓耳。』《莊子・天下篇》:『鉅以鉅子為聖人。』『鉅』,向、崔本作『鉅』。向云:『墨家號其道理成者為鉅子,若儒家之碩儒。』余按:向秀之說未知所出,未可據以易高氏也。且此篇下文云:『鉅子可謂公矣。』若以鉅子為通稱,是尚成文理乎?」
眉批:「以《上德篇》證之,向說是也。」

〔註 235〕見《呂氏春秋》第二卷《仲春紀第二》。

〔註 236〕眉批:「又。」

〔註 237〕見《呂氏春秋》第二卷《仲春紀第二》。

〔註 238〕見《禮論篇第十九》。

備之者也。」曲亦並也。《注》誤《易・繫辭》「曲成萬物而不遺」，曲亦當訓並。〔註 239〕

《功名篇》〔註 240〕：「大熱在上，民清是走。」　案：「清」當作「清」。《莊子・人間世》〔註 241〕：「爨無欲清之人。」陸氏《釋文》云：「清，七性反。字宜從冫 。從氵 者，假借也。」〔註 242〕

《盡數篇》〔註 243〕：「因長而養之。」畢沅云：「舊校：『養』一作『善』。案：此段用韻，『善』字非也。」余案：「精氣之來也」以下五句，皆承上文而言。上文「集於羽鳥與為飛揚」，此則曰「因輕而揚之」。上文「集於走獸與為流行」，此則曰「因走而行之」，上文「集於珠玉與為精朗」，此則曰「因美而良之」，良即朗也。上文「集於樹木與為茂長」，此乃曰「因長而養之」。是以「長」屬樹木言，而「養」字別為一義，於文不順。原文當作「因善而長之」。以樹木為善，猶以珠玉為美也，寫者誤易。後者以韻求之，遂改為「養」耳。下文「因智而明之」，承上文「集於聖人與為夐明」。數句正是一例。〔註 244〕

「百節虞歡。」〔註 245〕　案：「虞」通作「娛」。《慎人篇》〔註 246〕：「許由虞乎潁陽。」《注》：「虞，樂也。」是其義。又《忠廉篇》〔註 247〕：「利不足以虞其意矣。」「虞」亦通作「娛」。《注》：「虞，回也。」非是。〔註 248〕

《論人篇》〔註 249〕：「中情潔白，不可量也。」　「量」疑「涅」字之誤。〔註 250〕

《圜道篇》〔註 251〕：「以言不刑蹇。」　按：「刑」與「形」通，言形無常處，故不蹇難也。《莊子・秋水篇》〔註 252〕：「無拘而志，與天道蹇」，是其

〔註 239〕眉批：「又。」
〔註 240〕見《呂氏春秋》第二卷《仲春紀第二》。
〔註 241〕見《莊子・內篇・人間世第四》。
〔註 242〕眉批：「又。」
〔註 243〕見《呂氏春秋》第三卷《季春紀第三》。
〔註 244〕眉批：「又。」
〔註 245〕見《呂氏春秋》第三卷《季春紀第三》。
〔註 246〕見《呂氏春秋》第十四卷《孝行覽第二》。
〔註 247〕見《呂氏春秋》第十一卷《仲冬紀第十一》。
〔註 248〕眉批：「又。」
〔註 249〕見《呂氏春秋》第三卷《季春紀第三》。
〔註 250〕眉批：「又。」
〔註 251〕見《呂氏春秋》第三卷《季春紀第三》。
〔註 252〕見《莊子・外篇・秋水第十七》。

義。《注》云：「無刑法，故蹇難」，誤。〔註 253〕

《誣徒篇》〔註 254〕：「若晏陰。」　案：此句上下文皆四字為句，此句當闕一字。〔註 255〕

「於師慍。」〔註 256〕高《注》云：「慍，怒也。不能別是非，故怨於師。」　案：原文當作「慍於師」，與下二句一例。高所見本尚未誤。

《用眾篇》〔註 257〕：「凡君之所以立乎眾也。」　「乎」字係「者」字之誤。〔註 258〕

「楚、魏之王辭言不說。」〔註 259〕《注》云：「不以言辭為說。」　案：《注》意未明。此言孟賁雖將為患，而邊境不患者，一人之勇也。楚、魏之王但辭言【之間】〔註 260〕有不悅，而齊之境內已修備、兵士已修用者，楚、魏之王得之眾也。說、悅古字通。〔註 261〕

《大樂篇》〔註 262〕：「天地車輪，終則復始，極則復反。」　案：此古說地圓地動之證。〔註 263〕

「彊為之謂之太一。」〔註 264〕　案：「為」亦「謂」也，文變耳。畢校云：「『彊為之』下疑脫『名』字」，非是。〔註 265〕

「先聖擇兩法一。」〔註 266〕　案：「擇」通作「釋」。釋，捨也。〔註 267〕

「為聖人，故知一則明，明兩則狂。」　畢校云：「疑當疊『知一』二字。」余按：此文當作「為聖人知一，一則明，兩則狂」。寫者誤「一」字重文為「明」字重文耳。〔註 268〕

〔註 253〕眉批：「又。」
〔註 254〕見《呂氏春秋》第四卷《孟夏紀第四》。
〔註 255〕眉批：「又。」
〔註 256〕見《呂氏春秋》第四卷《孟夏紀第四》。
〔註 257〕見《呂氏春秋》第四卷《孟夏紀第四》。
〔註 258〕眉批：「又。」
〔註 259〕見《呂氏春秋》第四卷《孟夏紀第四》。
〔註 260〕【】內文字據稿本補。
〔註 261〕眉批：「又。」
〔註 262〕見《呂氏春秋》第五卷《仲夏紀第五》。
〔註 263〕眉批：「又。」
〔註 264〕見《呂氏春秋》第五卷《仲夏紀第五》。
〔註 265〕眉批：「又。」
〔註 266〕見《呂氏春秋》第五卷《仲夏紀第五》。
〔註 267〕眉批：「又。」
〔註 268〕眉批：「又。」

《侈樂篇》〔註 269〕：「制乎嗜欲無窮。」　「制乎」二字涉上文而衍。〔註 270〕

《適音篇》〔註 271〕：「以生全則壽長矣。」　「以」字誤衍。〔註 272〕

「衷音之適也。」　「衷音」即中音。〔註 273〕

《古樂篇》〔註 274〕：「空竅厚均者。」　「空竅」即孔竅。〔註 275〕

「降通漻水。」〔註 276〕高《注》云：「降，大。漻，流。」　案：「通」字涉上文而衍。高所見本尚不誤。〔註 277〕

《蕩兵篇》〔註 278〕：「有巨有微而已矣。」　巨、微，猶言大、小。高《注》云：「巨，犆略。微，要妙。」未當。

《懷寵篇》〔註 279〕：「而士民黔首。」高《注》：「一命為士民。」　案：既言「民」，又言「黔首」，猶《荀子》屢言「天下之人百姓」〔註 280〕，古人自有此緟覆文字。《注》強為之說，非是。下文「故兵入於敵則民知所庇矣，黔首知不免矣」，亦以「民」與「黔首」並舉，此例甚多。

「得民虜奉而題歸之。」〔註 281〕　案：「歸」字俗書作「皈」，故誤衍「題」字矣。〔註 282〕

「憂恨冒疾。」〔註 283〕　「冒疾」猶媢嫉也。〔註 284〕

《論威篇》〔註 285〕：「窅窅乎冥冥。」　案：「乎」字衍。《呂覽》似此句法甚多。畢校云：「衍一『窅』字」，非也。《肇論》卷五「冥冥窅窅」，即

〔註 269〕見《呂氏春秋》第五卷《仲夏紀第五》。
〔註 270〕眉批：「又。」
〔註 271〕見《呂氏春秋》第五卷《仲夏紀第五》。
〔註 272〕眉批：「又。」
〔註 273〕眉批：「又。」
〔註 274〕見《呂氏春秋》第五卷《仲夏紀第五》。「均」，《呂氏春秋》作「鈞」。
〔註 275〕眉批：「又。」
〔註 276〕見《呂氏春秋》第五卷《仲夏紀第五》。
〔註 277〕眉批：「又。」
〔註 278〕見《呂氏春秋》第七卷《孟秋紀第七》。
〔註 279〕見《呂氏春秋》第七卷《孟秋紀第七》。
〔註 280〕僅見《荀子》卷七《王霸篇第十一》。
〔註 281〕見《呂氏春秋》第七卷《孟秋紀第七》。
〔註 282〕眉批：「又。」
〔註 283〕見《呂氏春秋》第七卷《孟秋紀第七》。
〔註 284〕眉批：「又。」
〔註 285〕見《呂氏春秋》第八卷《仲秋紀第八》。

用此語。〔註 286〕

「以塗投塗則陷。」〔註 287〕　塗，泥也。《適威篇》〔註 288〕：「若璽之於塗也」，與此「塗」字義同。〔註 289〕

《決勝篇》〔註 290〕：「神則能不可勝也。」　「能」字涉注文而衍。〔註 291〕

《愛士篇》〔註 292〕：「此《詩》之所謂曰『君君子則正，以行其德；君小人則寬，以盡其力』者也。」高《注》曰：「此逸詩也。」　案：群書引《詩》，未有稱「所謂曰」者，且數語亦不類《詩》。詳繹此文，當再疊一「君」字，以「《詩》之所謂曰君」為句。《秦風·終南》「其君也哉」，為美穆公之詩，故此書引獲晉惠公事而證之，曰「此詩之所稱曰君」也。「君君子則正，以行其德」二語即解「君」字之義，或即古《終南》詩傳，或《呂覽》引申之詞，不可詳矣。〔註 293〕

《順民篇》〔註 294〕：「遂大圍王宮。」　「大」字涉上文而衍。〔註 295〕

《節喪篇》〔註 296〕：「所愛所重，而以生者之所甚欲。」　案：「生者所甚欲」謂珠玉國寶之類。高《注》：「甚欲，欲厚葬也」，非是。〔註 297〕

《異寶篇》〔註 298〕：「為我死王則封汝。」　畢沅曰：「『為』字衍。」余案：為猶若也。《長見篇》〔註 299〕：「為不能聽。」《御覽》〔註 300〕引作「若」。是二字通用。〔註 301〕

〔註 286〕眉批：「又。」
〔註 287〕見《呂氏春秋》第八卷《仲秋紀第八》。
〔註 288〕見《呂氏春秋》第十九卷《離俗覽第七》。
〔註 289〕眉批：「又。」
〔註 290〕見《呂氏春秋》第八卷《仲秋紀第八》。
〔註 291〕眉批：「又。」
〔註 292〕見《呂氏春秋》第八卷《仲秋紀第八》。「小人」，《呂氏春秋》作「賤人」。
〔註 293〕眉批：「又。」
〔註 294〕見《呂氏春秋》第八卷《仲秋紀第八》。
〔註 295〕眉批：「又。」
〔註 296〕見《呂氏春秋》第十卷《孟冬紀第十》。
〔註 297〕眉批：「又。」
〔註 298〕見《呂氏春秋》第十卷《孟冬紀第十》。
〔註 299〕見《呂氏春秋》第十一卷《仲冬紀第十一》。
〔註 300〕見《太平御覽》卷第四百四十四《人事部八十五》、卷第六百三十二《治道部十三》。
〔註 301〕眉批：「又。」
另，稿本此條原列「至忠篇」一條後，眉批：「此條列《至忠篇》前。」

《至忠篇》〔註 302〕:「申公子培其忠也，可謂穆行矣。穆行之意，人知之不為勸，人不知不為沮。」 案:「穆」通作「繆」。子培奪王隨兕，犯暴不敬之名，所謂繆行也。高注:「穆，美也」，非是。〔註 303〕

《介立篇》〔註 304〕:「今晉文公出亡。」 「今」猶昔也。〔註 305〕

《序意篇》〔註 306〕:「三者皆私設精。」 「設」當作「役」。〔註 307〕

《有始覽》〔註 308〕:「南方曰巨風。」 按:「巨」當作「豈」字，斷爛耳。豈、凱同音，通假字。〔註 309〕

《應同篇》〔註 310〕:「天為者時，而不助農於下。」 「農」，勉也。〔註 311〕

《務本篇》〔註 312〕:「嘗試觀上古記。」高《注》云:「上古記，上世古書也。」案:正文及《注》，「古」字並誤衍。《貴公篇》云〔註 313〕:「嘗試觀於上志。」《注》云:「上志，古記也。」《務大篇》同此。〔註 314〕《注》亦當云「上記，上世古書也。」且此篇述三王之事，於秦亦不得為上古也。〔註 315〕

《諭大篇》〔註 316〕:「空中之無澤陂也，井中之無大魚也。」 案:「空」，孔也，言一孔之中不能容澤陂也。或曰「空」字蓋「穴」字之誤。《不二篇》〔註 317〕「如出乎一穴。」舊校云:「『穴』一作『空』。」是其證。〔註 318〕

《義賞篇》〔註 319〕:「且成而賊民。」 「且」，將也。〔註 320〕

〔註 302〕見《呂氏春秋》第十一卷《仲冬紀第十一》。
〔註 303〕眉批:「又。」
〔註 304〕見《呂氏春秋》第十二卷《季冬紀第十二》。
〔註 305〕眉批:「又。」
〔註 306〕見《呂氏春秋》第十二卷《季冬紀第十二》。
〔註 307〕眉批:「又。」
〔註 308〕見《呂氏春秋》第十三卷《有始覽第一》。
〔註 309〕眉批:「又。」
〔註 310〕見《呂氏春秋》第十三卷《有始覽第一》。
〔註 311〕眉批:「又。」
〔註 312〕見《呂氏春秋》第十三卷《有始覽第一》。
〔註 313〕見《呂氏春秋》第一卷《孟春紀第一》。
〔註 314〕見《呂氏春秋》第二十六卷《士容論第六》。
〔註 315〕眉批:「又。」
〔註 316〕見《呂氏春秋》第十三卷《有始覽第一》。
〔註 317〕見《呂氏春秋》第十七卷《審分覽第五》。
〔註 318〕眉批:「又。」
〔註 319〕見《呂氏春秋》第十四卷《孝行覽第二》。
〔註 320〕眉批:「又。」

《長攻篇》〔註 321〕:「遇時雨天地也。」　以上文例之,「地」字誤衍。〔註 322〕

《遇合篇》〔註 323〕:「嫫母執乎黃帝。」　「執」通作「埶」。〔註 324〕

《慎大覽》〔註 325〕:「紛紛分分,其情難得。」　案:「分分」猶「紛紛」也。文變而義不變,古人文字此例甚多。《注》以「分分」為「恐恨」,則「其情易得矣」,非是。〔註 326〕

《下賢篇》〔註 327〕:「神覆宇宙而無望。」　案:「望」當作「對」,與「宗」、「窮」、「終」為韻,篆文相近而誤。高《注》云:「無望,無界畔也。」「望」亦「封」字之誤。王伯申《讀書雜志》以「望」字為「埒」字之誤〔註 328〕,非是。〔註 329〕

《貴因篇》〔註 330〕:「取不能其主,有以其惡告王。」　「取」當作「既」字之誤。「有」讀為「又」。〔註 331〕

《察今篇》〔註 332〕末云:「荊國之為政,有似於此。」　案:此篇所言,大旨與荀子法後王之說相近,疑即荀子之遺言,故專就楚國立說,所以說春申也。〔註 333〕

《觀世篇》〔註 334〕:「得士則無此之患,此周之所封四百餘,服國八百餘,今無存者矣。」　畢校:「『此』疑『比』。」案:「此」字不誤。《悔過篇》云:「寡人不用蹇叔之謀,以至於此患。此繆公非欲敗於殽也,智不至也。」文義正同。「此」有故義。《察今篇》〔註 335〕:「此任物亦必悖矣」,亦言「故

〔註 321〕見《呂氏春秋》第十四卷《孝行覽第二》。
〔註 322〕眉批:「又。」
〔註 323〕見《呂氏春秋》第十四卷《孝行覽第二》。
〔註 324〕眉批:「又。」
〔註 325〕見《呂氏春秋》第十五卷《慎大覽第三》。
〔註 326〕眉批:「又。」
〔註 327〕見《呂氏春秋》第十五卷《慎大覽第三》。
〔註 328〕見《讀書雜志》餘編上《無望》。
〔註 329〕眉批:「又。」
〔註 330〕見《呂氏春秋》第十五卷《慎大覽第三》。
〔註 331〕眉批:「又。」
〔註 332〕見《呂氏春秋》第十五卷《慎大覽第三》。
〔註 333〕眉批:「又。」
〔註 334〕見《呂氏春秋》第十六卷《先職覽第四》。
〔註 335〕見《呂氏春秋》第十五卷《慎大覽第三》。

任物亦必悖也」。〔註 336〕

《樂成篇》〔註 337〕：「投之無戾」、「投之無郵」。《注》：「郵與尤同，言投棄孔子無罪尤也。」 案：殺夫子者無罪，藉夫子者不禁，此窮於陳、蔡之時耳。若是時，孔子方用於魯，民豈能投之而無罪尤乎？《注》說非也。「無戾」、「無郵」，疑皆指人跡罕到之地，與《詩》〔註 338〕「投畀有北」、「投畀有昊」句法正同，皆怨毒呪詛之詞。〔註 339〕

《正名篇》〔註 340〕：「是刑名異充而聲實易謂也。」 「刑」與「形」通。「聲實易謂」當作「聲謂易實」。上文言「賢者之實，不肖者之充」，《注》：「充亦實也。」「聲謂易實」，猶言名不稱實，與篇目正相應。〔註 341〕

《君守篇》〔註 342〕：「至精無象，而萬物以化。」 案：「象」當作「為」。俗「象」字作「爲」，與「為」字形近，故致誤。此文以「為」與「化」韻，與上句以「形」韻「成」，下句以「事」韻「能」一例。

《知度篇》〔註 343〕：「襄子何為？任人則賢者畢力。」 按：「何」當作「可」。為、謂通用。「畢力」下當有「矣」字。〔註 344〕

《審應篇》〔註 345〕：「田詘之對，昭王固非曰『我知聖也』，耳問曰『先生其聖乎』。」 「知」字誤衍。「耳」當作「而」。〔註 346〕

「趙惠王謂公孫龍曰：『寡人事偃兵十餘年矣。』」〔註 347〕 案：春秋之宋，戰國之趙，皆有息兵之意。公孫龍曰：「偃兵之意，兼愛天下之心也。」〔註 348〕故公孫龍說燕昭王以偃兵，昭王亦善之。《應言篇》。〔註 349〕徐無鬼見

〔註 336〕眉批：「又。」
〔註 337〕見《呂氏春秋》第十六卷《先職覽第四》。
〔註 338〕見《詩經・小雅・巷伯》。
〔註 339〕眉批：「又。」
〔註 340〕見《呂氏春秋》第十六卷《先職覽第四》。
〔註 341〕眉批：「又。」
〔註 342〕見《呂氏春秋》第十七卷《審分覽第五》。
〔註 343〕見《呂氏春秋》第十七卷《審分覽第五》。
〔註 344〕眉批：「又。」
〔註 345〕見《呂氏春秋》第十八卷《審應覽第六》。
〔註 346〕眉批：「又。」
〔註 347〕見《呂氏春秋》第十八卷《審應覽第六》。
〔註 348〕見《呂氏春秋》第十八卷《審應覽第六》。
〔註 349〕《呂氏春秋》第十八卷《審應覽第六・應言》：

公孫龍說燕昭王以偃兵。昭王曰：「甚善。寡人願與客計之。」公孫龍曰：「竊意大王之弗為也。」王曰：「何故？」公孫龍曰：「日者大王欲破齊，諸

魏武侯，武侯亦言偃兵。《莊子》。〔註 350〕余謂以兼愛為名，其說可以劫持天下。然學者以此為教則可，國家以此為政則必不行。是以凡爭戰之世，必有是說，而未足以消除劫運也。〔註 351〕

《淫辭篇》〔註 352〕：「空雄之遇，秦、趙相與約。約曰：『自今以來，秦之所欲為，趙助之；趙之所欲為，秦助之。』」　案：此和約之始。呂氏已謂之淫辭矣。〔註 353〕

「前乎輿謣。」〔註 354〕　案：「乎」與「呼」通。〔註 355〕

《離俗篇》〔註 356〕：「募水。」《注》云：「音千伯之伯。」畢沅云：「募無伯音。」　案：千伯即阡陌。募、陌，雙聲字。《漢書．地理志》：「開阡陌。」顏《注》云：「伯音莫白反。」是其證。〔註 357〕

天下之士，其欲破齊者，大王盡養之；知齊之險阻要塞君臣之際者，大王盡養之；雖知而弗欲破者，大王猶若弗養；其卒果破齊以為功。今大王曰『我甚取偃兵』。諸侯之士，在大王之本朝者，盡善用兵者也，臣是以知大王之弗為也。」王無以應。

〔註 350〕《莊子．雜篇．徐無鬼第二十四》：
徐無鬼見武侯，武侯曰：「先生居山林，食芧栗，厭蔥韭，以賓寡人，久矣夫！今老邪？其欲干酒肉之味邪？其寡人亦有社稷之福邪？」徐無鬼曰：「無鬼生於貧賤，未嘗敢飲食君之酒肉，將來勞君也。」君曰：「何哉！奚勞寡人？」曰：「勞君之神與形。」武侯曰：「何謂邪？」徐無鬼曰：「天地之養也一，登高不可以為長，居下不可以為短。君獨為萬乘之主，以苦一國之民，以養耳目鼻口，夫神者不自許也。夫神者，好和而惡奸。夫奸，病也，故勞之。唯君所病之，何也？」武侯曰：「欲見先生久矣！吾欲愛民而為義偃兵，其可乎？」徐無鬼曰：「不可。愛民，害民之始也；為義偃兵，造兵之本也。君自此為之，則殆不成。凡成美，惡器也；君雖為仁義，幾且偽哉！形固造形，成固有伐，變固外戰。君亦必無盛鶴列於麗譙之間。無徒驥於錙壇之宮，無藏逆於得！無以巧勝人，無以謀勝人，無以戰勝人。夫殺人之士民，兼人之土地，以養吾私與吾神者，其戰不知孰善？勝之惡乎在？君若勿已矣！修胸中之誠，以應天地之情而勿攖。夫民死已脫矣，君將惡乎用夫偃兵哉！」

〔註 351〕眉批：「又」、「宋鈃以禁攻寢兵，強□天下。〔《莊子．天下篇》。〕」

〔註 352〕見《呂氏春秋》第十八卷《審應覽第六》。

〔註 353〕眉批：「又。」

〔註 354〕見《呂氏春秋》第十八卷《審應覽第六》。

〔註 355〕眉批：「又。」

〔註 356〕見《呂氏春秋》第十九卷《離俗覽第七》。

〔註 357〕眉批：「又。」

「有可以加乎？」〔註 358〕 「有」讀為「又」。「可」與「何」通。〔註 359〕

《高義篇》〔註 360〕：「是以義翟也。義翟何必越？」 《墨子》作「是我以義糶也」〔註 361〕，誤。當從《呂覽》。「義」讀如《尚書》「鴟義」之「義」。後世以養子為義子，即此意。〔註 362〕

《用民篇》〔註 363〕：「古昔多由布衣定一世者矣。」 此言伊尹、太公之屬。《注》曰：「終一人之身為世」，非是。〔註 364〕

《適威篇》〔註 365〕：「民進則欲其賞，退則畏其罪，知其能力之不足也，則以為繼矣。以為繼知，畢校云：「此二句疑當作『則難以為繼矣。難以為繼』。脫兩『難』字。下『知』字衍。」則上又從而罪之。」高《注》：「罪之，罪其為也。」 案：「為」通作「偽」。高《注》不誤，畢說非是。「繼知」當作「繼之」。《莊子・則陽篇》〔註 366〕：「民知力竭，則以偽繼之。」與此文義正合。〔註 367〕

《貴信篇》〔註 368〕末：「物固不可全也。」 案：此篇以貴信標題，既許管仲前失後得，更不必慨其不全。疑此本《舉難篇》起句，脫爛在此耳。「物固不可全也，以全舉人固難，物之情也」，文義正相銜接，下文「由此觀之，物豈可全哉」，亦與此句呼應。《呂覽》「一曰」、「二曰」等字，皆後人所加，非原文，此其證也。

《恃君篇》〔註 369〕：「自上世以來，天下亡國多矣，而君道不廢者，天下之利也。」 今天下民主之國，亦有總統，即所謂「君道不廢」。〔註 370〕

〔註 358〕見《呂氏春秋》第十九卷《離俗覽第七》。
〔註 359〕眉批：「又。」
〔註 360〕見《呂氏春秋》第十九卷《離俗覽第七》。
〔註 361〕見《墨子》卷十三《魯問第四十九》。
〔註 362〕眉批：「又。」
〔註 363〕見《呂氏春秋》第十九卷《離俗覽第七》。
〔註 364〕眉批：「又。」
〔註 365〕見《呂氏春秋》第十九卷《離俗覽第七》。
〔註 366〕見《莊子・雜篇・則陽第二十五》。
〔註 367〕眉批：「又。」
〔註 368〕見《呂氏春秋》第十九卷《離俗覽第七》。
〔註 369〕見《呂氏春秋》第二十卷《恃君覽第八》。
〔註 370〕眉批：「又。」

「君道何如？利而物利章。」〔註 371〕　「物」當作「勿」。與《貴公篇》〔註 372〕「利而勿利」句同。「章」字誤衍。下文云：「德衰世亂，然後天子利天下」，正與此句相應。

《長利篇》〔註 373〕：「臣而今而後知吾先君周公之不若太公望封之知也。」　案：「封」字涉下文而衍。

《知分篇》〔註 374〕：「子嘗見兩蛟繞船，能兩活者乎？」　案：「能兩活者乎」當作「而能活者乎」。

「此皆天之容物理也，而不得不然之數。」〔註 375〕　案：「理」、「數」二字詮義甚塙。

《達鬱篇》〔註 376〕：「君可以出矣。」　「出」當為「止」，形近而誤。

「孰當可而鏡。」〔註 377〕　「可而鏡」猶言「可以鏡」。〔註 378〕

《行論篇》〔註 379〕：「齊國以虛也。」《注》：「虛，弱也。」　案：「虛」通作「墟」，《注》誤。〔註 380〕

《觀表篇》〔註 381〕：「聖人則不可以飄矣，眾人則無道至焉。」　案：「不」字誤衍。「聖人則可以飄」，猶列子所謂「御風而行」也。〔註 382〕

《愛類篇》〔註 383〕：「匡章曰：『公取之代乎？其不與？』」《注》：「言公取石以代子頭乎？其不與邪？」　按：《審為篇》：「君將攫之乎？亡其不與？」「亡其不與」，畢校云：「音否歟。」此處「不與」，亦當音「否歟」。高《注》誤也。〔註 384〕

〔註 371〕見《呂氏春秋》第二十卷《恃君覽第八》。
〔註 372〕見《呂氏春秋》第一卷《孟春紀第一》。
〔註 373〕見《呂氏春秋》第二十卷《恃君覽第八》。
〔註 374〕見《呂氏春秋》第二十卷《恃君覽第八》。
〔註 375〕見《呂氏春秋》第二十卷《恃君覽第八》。
〔註 376〕見《呂氏春秋》第二十卷《恃君覽第八》。
〔註 377〕見《呂氏春秋》第二十卷《恃君覽第八》。
〔註 378〕眉批：「又。」
〔註 379〕見《呂氏春秋》第二十卷《恃君覽第八》。
〔註 380〕眉批：「又。」
〔註 381〕見《呂氏春秋》第二十卷《恃君覽第八》。
〔註 382〕眉批：「又。」
〔註 383〕見《呂氏春秋》第二十一卷《開春論第一》。
〔註 384〕眉批：「又。」

《慎行篇》〔註 385〕:「於是豯崔氏之子。」「豯」讀如「謠詠」之「詠」。〔註 386〕

《疑似篇》〔註 387〕:「墨子見岐道而哭之。」 按:各書皆以此為楊朱事,是楊、墨之所同也。〔註 388〕

「禱於王路。」〔註 389〕 「禱」當作「幬」。〔註 390〕

《貴直論》〔註 391〕:「臣少而好事。」 「事」當作「直」。高《注》云:「王胡不能用意之好直」,是所見本尚未誤。〔註 392〕

《過理篇》〔註 393〕:「剖孕婦而觀其化。」高《注》:「視其胞裏。」畢校云:「『裏』當作『褁』,亦疑是『裹』字。」 案:「裏」即《詩》〔註 394〕「不離於裏」之「裏」。《注》非誤字,畢說非是。〔註 395〕

《贊能篇》〔註 396〕:「舜得臯陶而舜受之。」 「舜受」當作「堯授」。「授」字《注》尚不誤,言得聖人則得天下也,以上下文證之可見。〔註 397〕

《自知篇》〔註 398〕:「鍾況然有音。」 案:「況」與「皇」古字通。〔註 399〕

《別類篇》〔註 400〕:「物固不必,安可推也?」 案:此文亦當作「物固不必,可推知也」,與上文「類固不必,可推知也句」同例。高《注》亦從而誤。〔註 401〕

〔註 385〕見《呂氏春秋》第二十二卷《慎行論第二》。
〔註 386〕眉批:「又。」
〔註 387〕見《呂氏春秋》第二十二卷《慎行論第二》。
〔註 388〕眉批:「又。」
〔註 389〕見《呂氏春秋》第二十二卷《慎行論第二》。
〔註 390〕眉批:「又。」
〔註 391〕見《呂氏春秋》第二十三卷《貴直論第三》。
〔註 392〕眉批:「又。」
〔註 393〕見《呂氏春秋》第二十三卷《貴直論第三》。
〔註 394〕見《詩經·小雅·小弁》。
〔註 395〕眉批:「又。」
〔註 396〕見《呂氏春秋》第二十四卷《不苟論第四》。
〔註 397〕眉批:「又。」
〔註 398〕見《呂氏春秋》第二十四卷《不苟論第四》。
〔註 399〕眉批:「又。」
〔註 400〕見《呂氏春秋》第二十五卷《似順論第五》。
〔註 401〕眉批:「又。」

《有度篇》〔註402〕:「客有問季子。」高《注》:「季子，戶季子，堯時諸侯也。」　案:高《注》未知所本。《呂覽》三引季子之說〔註403〕，季子當是戰國學者，著書而呂氏引之。《莊子·則陽篇》〔註404〕:「季真之莫為，接子之或使。」季真或即季子。〔註405〕

「清有餘也。」〔註406〕　案:「清」亦當為「凊」。〔註407〕

《士容論》〔註408〕:「狼執固橫敢而不可辱害。」　「敢」字涉注文而衍。〔註409〕

《辯土篇》〔註410〕:「實其為畝也。」　「實」當作「寔」。「寔」與「是」通。〔註411〕

《審時篇》〔註412〕:「多粃而不滿。」　「滿」當為「盈」，與「芳」、「香」、「衡」、「長」為韻，漢人避諱改耳。〔註413〕

「如此者不飴。」〔註414〕畢校云:「《御覽》八百四十二作『餲』。」　案:作「餲」者，「餳」之誤字也。「餳」與「飴」至今通用。〔註415〕

《論語》〔註416〕:「君子之道，孰先傳焉？孰後倦焉？」各家注說皆牽強。愚按:當於「先」、「後」二字略豆，言君子之道何者宜先則傳焉，何者宜後則暫息而不傳焉。「傳」、「倦」為韻，故特用「倦」字。文義甚明，無煩強解。〔註417〕

〔註402〕見《呂氏春秋》第二十五卷《似順論第五》。
〔註403〕《呂氏春秋》第十三卷《有始覽第一·諭大》、第二十五卷《似順論第五·有度》。
〔註404〕見《莊子·雜篇·則陽第二十五》。
〔註405〕眉批:「又。」
〔註406〕見《呂氏春秋》第二十五卷《似順論第五》。
〔註407〕眉批:「又。」
〔註408〕見《呂氏春秋》第二十六卷《士容論第六》。
〔註409〕眉批:「又。」
〔註410〕見《呂氏春秋》第二十六卷《士容論第六》。
〔註411〕眉批:「又。」
〔註412〕見《呂氏春秋》第二十六卷《士容論第六》。
〔註413〕眉批:「又。」
〔註414〕見《呂氏春秋》第二十六卷《士容論第六》。
〔註415〕眉批:「又。」
〔註416〕見《論語·子張第十九》。
〔註417〕眉批:「經義。論語。」

《莊子・逍遙遊》〔註 418〕：「而宋榮子猶然笑之。」　《韓非子・顯學篇》〔註 419〕：「宋榮子之議，設不鬭爭。」蓋即此人。〔註 420〕

「猶時女也。」〔註 421〕　「時」，是也。「也」與「邪」通。言猶是汝所聞邪。〔註 422〕

「往見四子藐姑射之山，汾水之陽。」〔註 423〕　案：此節成玄英《疏》云：「馬彪將四子為齧缺，便未達於遠理；劉璋推汾水於射山，更迷惑於近事。」注《莊子》者有劉璋，當考。〔註 424〕

《齊物論》〔註 425〕：「物無非彼，物無非是。自彼則不見，自知則知之。故曰彼出於是，是亦因彼。彼是方生之說也。」　案：此節「是」字皆作「此」字解，文義甚明。郭象《注》誤以為是非之是，故說多繚繞也。〔註 426〕

「是亦彼也，彼亦是也。彼亦一是非，此亦一是非。果且有彼是乎哉？果且無彼是乎哉？彼是莫得其偶，謂之道樞。」〔註 427〕　此節「彼」與「是」對文，「是」皆「此」也。惟「此亦一是非」句變文，以避下文「是非」之「是」。果無彼此，故無對于天下，是道之中樞矣。郭《注》唯「彼是相對」四字得之，餘皆誤解。〔註 428〕

「不知其與是類乎？其與是不類乎？」〔註 429〕　「是」亦「此」也，故下文云「與彼無以異」。〔註 430〕

《人間世》〔註 431〕：「是以人惡有其美也。」　案：郭《注》云：「彼將謂回欲毀人以自成。」是讀「惡」為如字，與上文「仁暴義」合。陸德明《音

〔註 418〕見《莊子・內篇・逍遙遊第一》。
〔註 419〕見《韓非子》卷十九《顯學第五十》。
〔註 420〕眉批：「諸子。」
〔註 421〕見《莊子・內篇・逍遙遊第一》。
〔註 422〕眉批：「又。」
〔註 423〕見《莊子・內篇・逍遙遊第一》。
〔註 424〕眉批：「又」、「崔豹《古今注》『烏孫國青田核』一條有劉璋」、「劉璋或劉瓛之譌」。
〔註 425〕見《莊子・內篇・齊物論第二》。
〔註 426〕眉批：「又。」
〔註 427〕見《莊子・內篇・齊物論第二》。
〔註 428〕眉批：「又。」
〔註 429〕見《莊子・內篇・齊物論第二》。
〔註 430〕眉批：「又。」
〔註 431〕見《莊子・內篇・人間世第四》。

義》云：「惡有，烏路反」，非是。〔註 432〕

「是皆修其身以下傴拊人之民。」〔註 433〕　「下」字涉下文而衍。〔註 434〕

《大宗師》〔註 435〕：「忘身不真，非役人也。」郭《注》曰：「自失其性而矯以從物，受役多矣，安能役人？」　案：「忘身」者，蓋忠爾忘身之類。「役人」，猶言臣僕也。下文舉狐不偕至申徒狄八人可見。《注》似誤會。〔註 436〕

「孔子曰：『彼遊方之外者也，而丘遊方之內者也，外內不相及。』」〔註 437〕　案：此節《論語》「道不同，不相為謀」〔註 438〕之意。「方」者，地道。方以內，則人間世之道也。〔註 439〕

《應帝王》〔註 440〕：「因以為弟靡，因以為波流。」　案：「弟靡」與「波流」對文。「弟」不當讀如「頹」，當如字讀。「弟靡」者，若弟之從兄也。《天地篇》〔註 441〕：「豈兄堯、舜之教民，溟涬然弟之哉？」「弟」字義與此合。「弟靡」、「波流」，皆隨所見而後動，故不知其誰何也。「波流」，崔本作「波隨」。是「蛇」、「何」、「靡」、「隨」古韻同部也。〔註 442〕

《駢拇篇》〔註 443〕：「故此皆多駢旁枝之道。」　案：「多駢旁枝」當作「多旁駢枝」。「旁」與「方」通，即上文所謂「多方駢枝於五藏之情」是也。〔註 444〕

《胠篋篇》〔註 445〕：「解垢。」　疑即「邂逅」之異文。〔註 446〕

〔註 432〕眉批：「又。」
〔註 433〕見《莊子・內篇・人間世第四》。
〔註 434〕眉批：「又。」
〔註 435〕見《莊子・內篇・大宗師第六》。
〔註 436〕眉批：「又。」
〔註 437〕見《莊子・內篇・大宗師第六》。
〔註 438〕見《論語・衛靈公第十五》。
〔註 439〕眉批：「又。」
〔註 440〕見《莊子・內篇・應帝王第七》。
〔註 441〕見《莊子・外篇・天地第十二》。
〔註 442〕眉批：「又」、「按：弟，一本作第，徒回切，音頹。是讀作頹者不誤也。文君所見，蓋別一本」。
〔註 443〕見《莊子・外篇・駢拇第八》。
〔註 444〕眉批：「又。」
〔註 445〕見《莊子・外篇・胠篋第十》。
〔註 446〕眉批：「又。」

《在宥篇》〔註 447〕：「說禮邪？是相於技也。說樂邪？是相於淫也。說聖邪？是相於藝也。說智邪？是相於疵也。」　四「相」字皆當作「扫」，形近而誤。「扫」與「汨」通。〔註 448〕

《天地篇》〔註 449〕：「猶螳蜋之怒臂以當車軼，則必不勝任矣。」《釋文》：「軼音轍」。　案：陸音未知所本，疑當於「車」字句絕，「軼」字自為一句。郭《注》云：「雖無阿私，而不足以勝矯詐之任。」正以矯詐比車之軼，其讀法當如此也。〔註 450〕

「豈兄堯、舜之教民，溟涬然弟之哉？」〔註 451〕　案：兄弟有先後之義。《呂氏春秋・辯土篇》云〔註 452〕：「先生者美米，後生者為粃，是故其耨也，長其兄而去其弟。」又云：「不知稼者去其兄而養其弟。」高《注》云：「殺其大者，養其小者。」《吳語》云〔註 453〕：「君若無卑天子，以干其不祥，而曰吳公，孤敢不順從君命長弟！許諾。」韋《注》云：「長，先也。弟，後也。」《意林》卷五引《唐子》曰：「或問齊桓晉文優劣，唐子答曰：『論功則桓兄而文弟，論德則文兄而桓弟。』」其用兄、弟字，正與此文意同。郭象《注》：「不肯多謝堯舜而推之為兄」，極合莊生本旨。元嘉本「兄」作「足」。近人孫仲容《札迻》又讀兄為況，以弟為夷，並非是。〔註 454〕

《繕性篇》〔註 455〕：「繕性於俗，俗學以求復其初。」　誤疊一「俗」字。《注》強為之說，非是。〔註 456〕

《秋水篇》〔註 457〕：「一虛一滿。」　按：「滿」當作「盈」，與「生」、「成」、「形」為韻，漢人避諱改字。〔註 458〕

〔註 447〕見《莊子・外篇・在宥第十一》。
〔註 448〕眉批：「又。」
〔註 449〕見《莊子・外篇・天地第十二》。
〔註 450〕尾批：「又。」
〔註 451〕見《莊子・外篇・天地第十二》。
〔註 452〕見《呂氏春秋》第二十六卷《士容論第六》。
〔註 453〕見《國語韋氏解》卷十九。
〔註 454〕眉批：「又。」
〔註 455〕見《莊子・外篇・繕性第十六》。
〔註 456〕眉批：「又」、「按：今所見本正少一『俗』字，與文說相合」。
〔註 457〕見《莊子・外篇・秋水第十七》。
〔註 458〕眉批：「又。」

「我諱窮久矣。」〔註459〕 「諱」,「違」之叚借字。「違窮」即求通也。〔註460〕

《外物篇》〔註461〕:「物之有知者恃息,其不殷,非天之罪。天之穿之,日夜無降,人則顧塞其竇。」 案:下三句皆承「恃息」言。殷,盛也。言息不盛,非天之咎。天日夜穿之,與人相通,而人自塞其竇也。郭《注》未得其解。〔註462〕

《達生篇》〔註463〕:「不外從。」 「從」當作「徙」字之誤。郭《注》:「無所變從。」「從」亦「徙」之誤也。〔註464〕

《山木篇》〔註465〕:「周將處夫材與不材之間,似之而非也。」 案:《呂氏春秋·必己篇》〔註466〕:「周將處於材與不材之間。材不材之間,似之而非也。」文義較備。此處疑奪一句。〔註467〕

「居得行而不名處。」〔註468〕 「處」字涉注文而衍。〔註469〕

《知北遊篇》〔註470〕:「故棄予而死。句。已矣夫。句。子無所發予之狂言而死矣夫。」 「予之狂言」當作「子之狂言」。下文「弇堈曰:『猶知藏其狂言而死』」,正指老龍而言。〔註471〕

《徐無鬼篇》〔註472〕:「唯種也不知其身之所以愁。」 此句上當有闕文,言句踐滅吳之後,種不知愁其身也。〔註473〕

〔註459〕見《莊子·外篇·秋水第十七》。
〔註460〕眉批:「又。」
〔註461〕見《莊子·雜篇·外物第二十六》。
〔註462〕眉批:「又」、「此一條列《則陽篇》後」。
〔註463〕見《莊子·外篇·達生第十九》。
〔註464〕眉批:「又。」
〔註465〕見《莊子·外篇·山木第二十》。
〔註466〕見《呂氏春秋》第十四卷《孝行覽第二》。
〔註467〕眉批:「又」、「按:余所見本多『材與不材之間』一句」。
〔註468〕見《莊子·外篇·山木第二十》。
〔註469〕眉批:「又。」
〔註470〕見《莊子·外篇·知北遊第二十二》。
〔註471〕眉批:「又。」
〔註472〕見《莊子·雜篇·徐無鬼第二十四》。
〔註473〕眉批:「又」、「按:余所見本,此句之上有『唯種也能知亡之所以存』一句,蓋得種知存而不知愁,文意決取完足。文君校本殆已脫去上句矣」。

《則陽篇》〔註 474〕：「佞人正德。」　「佞」通作「仁」。〔註 475〕

「雖使邱陵草木之緡。」〔註 476〕　案：「緡」當讀如「岷」，言山林草莽之民一無所知者，入舊國舊都者猶十人而九為之暢然，況見見聞聞之士乎！郭《注》：「緡，合也。」司馬彪云：「盛也。」似皆未得其解。又案：「暢然」疑是「惕然」之誤。〔註 477〕

「除日無歲。」〔註 478〕　「歲」者，日之所積。除日則無歲矣。《注》云：「無始無生，則歲月之計除」，非是。〔註 479〕

「而何以為存。」〔註 480〕　「為存」當作「存為」，言不必存問之也。〔註 481〕

「此則所謂然與然乎？」〔註 482〕郭《注》：「自謂然者，天下未之然也。」案：「然與」下脫「未」字，郭所見本尚不誤。〔註 483〕

《寓言篇》〔註 484〕：「奚稍問也。」　今俗語云「何消問」、「何消說」，「消」即「稍」之音轉。〔註 485〕

《列禦寇篇》〔註 486〕：「陰陽食之。」　「食」通作「蝕」。〔註 487〕

陸元恪《毛詩草木疏・椒聊之實》條云〔註 488〕：「椒聊，聊語助也。」《螽斯》一條釋「螽」字，不釋「斯」字，〔註 489〕蓋亦以「斯」字為語助也。

〔註 474〕見《莊子・雜篇・則陽第二十五》。
〔註 475〕眉批：「又。」
〔註 476〕見《莊子・雜篇・則陽第二十五》。
〔註 477〕眉批：「又。」
〔註 478〕見《莊子・雜篇・則陽第二十五》。
〔註 479〕眉批：「又。」
〔註 480〕見《莊子・雜篇・則陽第二十五》。
〔註 481〕眉批：「又。」
〔註 482〕見《莊子・雜篇・則陽第二十五》。
〔註 483〕眉批：「又。」
〔註 484〕見《莊子・雜篇・寓言第二十七》。
〔註 485〕眉批：「又」、「《外物篇》一條在《寓言篇》前」。
〔註 486〕見《莊子・雜篇・列禦寇第三十二》。
〔註 487〕眉批：「又。」
按：此條下稿本有「《天下篇》：『天下多得一察焉以自好。』　一察，一端之察也。下文『耳目鼻口皆有所明不能相通』即一察之義。郭《注》於『一』字句絕，非是」一條，眉批：「王氏□書□志說與此同，刪去。」
〔註 488〕見唐・陸璣《毛詩草木鳥獸蟲魚疏》卷上。
〔註 489〕眉批：「經義。詩」、「檢查」。
另，《毛詩草木鳥獸蟲魚疏》卷下《螽斯》：

袁文《甕牖閒評》尚知此例。〔註 490〕

又元恪書於司馬相如、楊雄、劉歆、樊光、許慎、張奐皆直稱其名，獨於鄭君稱康成而不名，是元恪固鄭學也。其書兼採三家，亦鄭之學派。又《中谷有蓷》一條云〔註 491〕：「舊說及魏博士濟陰周元明皆云菴藺。」魏人未有二名，元明亦必其字。元恪尊之如此，疑周博士固康成之弟子而元恪之本師矣。〔註 492〕

墨子嘗學儒術，見《淮南·要略論》。既而非儒。王肅幼習鄭學，《〈周禮·媒氏〉正義》引王肅論曰：「吾幼為鄭學。」既而攻鄭。程、朱皆由禪學入手，而闢佛尤深。顏、李皆由道學入門，而譏宋最切。本末異同之故，在當人或不自知，然皆可云「獅子身上蟲，自食獅子身上肉」者也。謝程山、張楊園皆初學王學，既而尊朱以辟王。昌黎所言「不叛去」〔註 493〕者，正不易得也。〔註 494〕

《慎子·民雜篇》：「無能取去焉。」　按：「能」字涉上文而衍。〔註 495〕

「人君苟任臣而勿自躬。」　「自」字衍。《君人篇》：「大君任法而弗躬。」句法與此同。〔註 496〕

《德立篇》：「疑則動，兩動兩則爭。」　按：當則疑則動，兩則爭。故下文云「雜則相傷」，「動兩」二字不當復出。〔註 497〕

《爾雅》曰：「蟲，蜙蝑也。」揚雄云：「舂黍也。」幽州人謂之舂箕。舂箕即舂黍，蝗類也。長而青，長角長股，青色黑斑。其股似玳瑁文。五月中以兩股相槎作聲，聞數十步。

〔註 490〕宋·袁文《甕牖閒評》卷一：

《春秋》書螽只曰螽，《詩》以「螽斯」名篇，猶是借本詩之二字，其間往往有如此者，豈可云言若螽斯！斯乃是助辭，與「菀彼柳斯」、「蓼彼蕭斯」之「斯」同。此序《詩》者之失也，遂使後世竟以鸒為鸒斯而不悟。如揚子雲《法言》云「頻頻之黨，甚於鸒斯」者，皆《詩序》有以啟之爾。又《法言》「於鸒斯」，「斯」字復添一「鳥」字，不知何義，遂使《唐韻》斯字門復添一「**鷥**」字，云「此鸒**鷥**之**鷥**」。若「斯」字可添一鳥，則「柳斯」、「蕭斯」當復添何字？殊可笑也。只恐是後人誤添爾。若子雲自作此字，則當時問者又何以從其奇字耶！

〔註 491〕見《毛詩草木鳥獸蟲魚疏》卷上。

〔註 492〕眉批：「又。」

〔註 493〕見韓愈《昌黎先生文集》卷十八《與孟尚書書》。

〔註 494〕眉批：「論學。」

〔註 495〕眉批：「諸子。」

〔註 496〕眉批：「又。」

〔註 497〕眉批：「又。」

按：此條下稿本有「子墨子游荊耕柱子於楚。王引之云：『耕柱子上不當有

《說苑・君道篇》〔註 498〕:「尹文曰:大道容眾,大德容下,聖人寡為,而天下理矣。《書》曰:『睿作聖。』」 按:原文「睿」當作「容」,故引以證「容眾」、「容下」,後人依今本《尚書》妄改。〔註 499〕

「諫者勿振以威。」〔註 500〕 「振」通作「震」。〔註 501〕

《臣術篇》〔註 502〕:「伊尹曰:『三公之事常在於道,九卿之事常在於德,大夫之事常在於仁,列士之事常在於義。』」 按:此以道、德、仁、義為公、卿、大夫、士相去之序,即《老子》「失道而后德,失德而後仁,失仁而後義」之說,此道家《伊尹書》之遺言也。〔註 503〕

《建本篇》〔註 504〕:「魏武侯問元年於吳子,吳子對曰:『言國君必慎始也。』『慎始奈何?』曰:『正之。』」 按:吳起傳《春秋》,此其遺說之僅存者。〔註 505〕

「周公謂伯禽曰:『有商子者,賢人也。』」〔註 506〕 商子蓋即商高。〔註 507〕

「日以自虞。」〔註 508〕 「虞」通作「娛」。〔註 509〕

「此聖人之德教,儒者受之傳之,以教誨於後世。」〔註 510〕 按:聖人設教,不名為儒。至受而傳之者,皆老師宿德之人,人舉稱之為儒。由是遂目三皇五帝以來相傳之聖道為儒教,此由後目前之失也。子政此言,最有分寸。余別有《釋儒》一篇詳之。〔註 511〕

荊字。』余按:「荊」字句絕。「於楚」猶言在楚也。「於」或「處」字之誤。故下文云『耕柱子處楚無益矣』」一條,有刪除標識。

〔註 498〕見《說苑》卷一。

〔註 499〕眉批:「諸子。」

〔註 500〕見《說苑》卷一《君道篇》。

〔註 501〕眉批:「又。」

〔註 502〕見《說苑》卷二。

〔註 503〕眉批:「又。」

〔註 504〕見《說苑》卷三。

〔註 505〕眉批:「又。」

〔註 506〕見《說苑》卷三《建本》。

〔註 507〕眉批:「又。」

〔註 508〕見《說苑》卷三《建本》。

〔註 509〕眉批:「又。」

〔註 510〕見《說苑》卷三《建本》。

〔註 511〕眉批:「又。」

《立節篇》〔註 512〕：「別君而異友，斯汝也。」　按：「斯汝也」猶言是汝耶。〔註 513〕

《貴德篇》〔註 514〕：「符里鄧析。」　按：符里即管仲所誅之付里乙，見《荀子·□□〔註 515〕篇》。本書《指武篇》云〔註 516〕：「管仲誅史附里。」《金樓子·雜記篇》云〔註 517〕：「管仲誅史符。」〔註 518〕

「筦仲上車曰：『嗟茲乎！』」〔註 519〕　按：茲亦歎辭。《戰國·秦策》〔註 520〕：「平原令見諸公，必為之言曰：『嗟嗞乎！司空馬。』」又《詩》之「子兮子兮」〔註 521〕，「子」字與「茲」字義亦同。〔註 522〕

「隱公貪利而身自漁。」〔註 523〕　按：此言「自漁」，則《春秋》書「觀漁」〔註 524〕者，為君諱也。《左氏傳》〔註 525〕：「陳魚而觀之」，蓋亦因魯史之舊文。〔註 526〕

《復恩篇》〔註 527〕：「命汝無得從，敢從何也？」　「汝」字當在「得從」下。〔註 528〕

「子夏曰：『《春秋》者，記君不君、臣不臣、父不父、子不子者也。此非一日之事也，有漸以至焉。』」〔註 529〕　《韓非子·外儲說》〔註 530〕：「子夏曰：『《春秋》之記臣殺君、子殺父者，以十數矣，皆非一日之積也，有漸而至

〔註 512〕見《說苑》卷四。
〔註 513〕眉批：「又。」
〔註 514〕見《說苑》卷五。
〔註 515〕「□□」，稿本為兩空格。按：出況《荀子·宥坐篇第二十八》。
〔註 516〕見《說苑》卷十五。
〔註 517〕見《金樓子》卷六《雜記篇十三上》。
〔註 518〕眉批：「又。」
〔註 519〕見《說苑》卷五《貴德》。
〔註 520〕見宋·鮑彪《戰國策注》卷六《趙·幽王》。文氏作《秦策》誤。
〔註 521〕見《詩經·唐風·綢繆》。
〔註 522〕眉批：「又。」
〔註 523〕見《說苑》卷五《貴德》。
〔註 524〕《春秋·隱公》：「五年春，公矢魚於棠。」《史記》卷三十三《魯周公世家第三》：「隱公五年，觀漁於棠。」
〔註 525〕見《左傳·隱公五年》。
〔註 526〕眉批：「又。」
〔註 527〕見《說苑》卷六。
〔註 528〕眉批：「又。」
〔註 529〕見《說苑》卷六《復恩》。
〔註 530〕見《韓非子》卷十三《外儲說右上第三十四》。

矣。』」與此略同。《緯書》言夫子作《春秋》，游、夏莫能贊一辭。是子夏固傳《春秋》之學者。其言「非一日之事」，亦本之《易・繫》，此聖門經學大義之僅存者也。《韓非》又引子夏曰：「善持勢者，蚤絕奸之萌。」〔註 531〕

《政理篇》〔註 532〕：「楊朱見梁王，言治天下如運諸掌。」　按：楊朱之說，《列子》所引外，僅見此條。〔註 533〕

「《春秋》曰：『四民均，則王道興而百姓寧。所謂四民者，士、農、工、商也。』」〔註 534〕　按：此或《春秋》家之舊說，而子政述之。〔註 535〕

《正諫篇》〔註 536〕：「昔陳靈公不聽泄冶之諫而殺之。曹羈三諫曹君，不聽而去。《春秋》序義雖俱賢，而曹羈合禮。」　此《春秋》家之舊說。序義，蓋推《春秋》之義而說之也。賢泄冶，與《左傳》義異。〔註 537〕曹羈事，亦不見於《三傳》。〔註 538〕

「蕭何、王陵聞之，曰：『聖主能奉先世之業而以成功名者，其惟荊文王乎！』」〔註 539〕　此述蕭何、王陵之言，不知出於何書。然據此，則知漢興諸臣亦頗通傳記也。〔註 540〕

「寡人以天子大夫之賜。」〔註 541〕　「天」字誤衍。〔註 542〕

〔註 531〕見《韓非子》卷十三《外儲說右上第三十四》。

〔註 532〕見《說苑》卷七。又見《列子》卷七《楊朱第七》。

〔註 533〕眉批：「又。」

〔註 534〕見《說苑》卷七。

〔註 535〕眉批：「又。」

〔註 536〕見《說苑》卷九。

〔註 537〕《左傳・宣公九年》：

陳靈公與孔寧、儀行父通於夏姬，皆衷其衵服，以戲於朝。泄冶諫曰：「公卿宣淫，民無効焉！且聞不令，君其納之。」公曰：「吾能改矣。」公告二子，二子請殺之，公弗禁，遂殺泄冶。孔子曰：「《詩》云：『民之多辟，無自立辟。』其泄冶之謂乎。」

〔註 538〕眉批：「又。」

另，《公羊傳・莊公二十四年》：

冬，戎侵曹，曹羈出奔陳。

曹羈者何？曹大夫也。曹無大夫，此何以書？賢也。何賢乎曹羈？戎將侵曹，曹羈諫曰：「戎眾以無義，君請勿自敵也。」曹伯曰：「不可。」三諫，不從，遂去之，故君子以為得君臣之義也。

〔註 539〕見《說苑》卷九《正諫》。

〔註 540〕眉批：「又。」

〔註 541〕見《說苑》卷九《正諫》。

〔註 542〕眉批：「又。」

《敬慎篇》〔註 543〕：「帝辛之時，爵生烏，工人占之。武丁之時，桑穀生於朝，工人占之。」　按：「巫」字從工。殷之巫稱工人，蓋即巫之本字矣。〔註 544〕

「修身正行，不可以不慎。嗜欲使行虧，讒諛亂正心，眾口使意回，憂患生於所忽，禍起於細微，污辱難湔灑，敗事不可後追。不深念遠慮，後悔當幾何。」〔註 545〕　按：此節似古箴銘。以「虧」、「微」、「追」、「幾」為韻。「幾何」當作「何幾」。〔註 546〕

「成迴學於子路三年，回恭敬不已。」〔註 547〕　按：此子路弟子僅見於傳記者。學於子路而恭敬，則夫子修己以敬之教，子路固聞斯行之矣。〔註 548〕

《善說篇》〔註 549〕：「臣聞周氏之嚳。」　「嚳」即「嬖」之假借字。〔註 550〕

「不若身材高妙，適遭暴亂，無道之士，妄加不道之理焉。」〔註 551〕　按：「不若」猶言否則若也。下文三「不若」並同。「士」當作「世」字之誤。〔註 552〕

「孟嘗君涕浪汗。」〔註 553〕　按：唐人詩多用「淚闌干」、「語闌干」，即浪汗之轉音。〔註 554〕

「倉庾盈而不虛。」〔註 555〕　此「盈」字原文亦當作「滿」。〔註 556〕

《奉使篇》〔註 557〕：「蔡使師強，王堅使於楚。楚王聞之，曰：『人名多

另，此語又見《晏子春秋·內篇·雜上第五·景公慙刖跪之辱不朝晏子稱直請賞之第十一》、《太平御覽》卷四百五十五《人事部九十六》，均有「天」字。

〔註 543〕見《說苑》卷十。

〔註 544〕眉批：「又。」

〔註 545〕見《說苑》卷十《敬慎》。

〔註 546〕眉批：「又。」

〔註 547〕見《說苑》卷十《敬慎》。

〔註 548〕眉批：「又。」

〔註 549〕見《說苑》卷十一。

〔註 550〕眉批：「又。」

〔註 551〕見《說苑》卷十一《善說》。

〔註 552〕眉批：「又。」

〔註 553〕見《說苑》卷十一《善說》。

〔註 554〕眉批：「又。」

〔註 555〕見《說苑》卷十一《善說》。

〔註 556〕眉批：「又。」

〔註 557〕見《說苑》卷十二。

章章者，獨為師強、王堅乎？趣見之，無以次。』視其人狀，疑其名，而醜其聲。」　《韓非子·外儲說》載〔註 558〕:「衛君入朝，周行人問其號，對曰：『諸侯闢疆。』周行人卻之曰:『諸侯不得與天子同號。』衛君乃自更，曰：『諸侯燬』。而後內之。」是朝聘之時，稱名甚重也。惟強堅無不美之義，蓋當時《老子》之書盛行。其戒強章云:「人之生也柔弱，其死也堅強」；又云：「堅強者死之徒。」此言「王堅」、「師強」，則王夷師熠之類矣。故楚王大怒而伐之也。〔註 559〕

《至公篇》〔註 560〕:「帝堯貴為天子，富有天下，得舜而傳之，不私其子孫。孔子曰:『惟天為大，惟堯則之。』《易》曰:『無首，吉。』」　按：此亦以《易·乾》卦為堯舜禪位之卦。何妥諸人之義，實本之子政也。

「孔子為魯司寇，聽獄必師斷。敦敦然皆立，然後君子進曰:『某子以為何若？』某子以為云云。又曰:『某子以為何若？』某子曰云云。辯矣，然後君子幾當從某子云云乎。」〔註 561〕　按：此孔子折獄之法，後世所當遵而行之者也。「辯」與「徧」通。「幾」，庶幾也。〔註 562〕

《說叢篇》〔註 563〕:「愚者行間而益固。」　「間」當作「闇」。〔註 564〕

「秦信同姓以王，至其衰也，非易同姓也，而身死國亡。故王者之治天下，在於行法，不在於信同姓。」〔註 565〕　案：秦信同姓，於史無徵。是時漢祚將移，王氏執政，子政以宗室上疏，屢陳親親之言，此條必非其意。蓋法家之舊說，而子政雜採之者也。〔註 566〕

《雜言篇》〔註 567〕:「庸知而不遇之於是。」　當作「而庸知吾不遇之於是」。〔註 568〕

〔註 558〕見《韓非子》卷十四《外儲說右第三十五》。
〔註 559〕眉批:「又。」
〔註 560〕見《說苑》卷十四。
〔註 561〕見《說苑》卷十四《至公》。
〔註 562〕眉批:「又。」
〔註 563〕見《說苑》卷十六。
〔註 564〕眉批:「又。」
〔註 565〕見《說苑》卷十六《說叢》。
〔註 566〕眉批:「又。」
〔註 567〕見《說苑》卷十七。
〔註 568〕眉批:「又。」

「國家不治，而後孝子生焉。」〔註 569〕　「孝子」當作「忠孝」。〔註 570〕

《辨物篇》〔註 571〕：「春秋乃正天下之位，徵陰陽之失。直責逆者不避其難，是亦《春秋》之不畏彊禦也。故劫嚴社而不為驚靈，出天王而不為不尊上，辭蒯聵之命不為不聽其父，絕文姜之屬而不為不愛其母。其義之盡耶！其義之盡耶！」　按：子政說《春秋》大義如此，此《穀梁》家之古義也。〔註 572〕

《修文篇》〔註 573〕：「知天道者冠鉥。」　「鉥」通作「鷸」。〔註 574〕

《反質篇》〔註 575〕：「墨子曰：『殷之盤庚，大其先王之室，而改遷於殷，茅茨不翦，采椽不斲，以變天下之視。當此之時，文采之帛，將安所施？』」　按：此文盤庚遷殷為變法而設。荀悅《申鑒・時事篇》曰〔註 576〕：「盤庚遷殷，革奢即約，化而裁之，與時消息，眾寡盈虛，不常厥道，尚知貴敦古今之法也。」是其證。故周人屢言復盤庚之政矣。〔註 577〕

「魯人身善織屨，至欲無窮，得乎？」〔註 578〕　按：《說苑》每篇之首一節，皆似小序。至《修文》、《反質》兩篇，則原本《春秋》，極意禮樂，兼採儒、墨、管、晏，以救時變，乃子政生平所欲設施也。至於留意楹書，寄情倮葬，難行者道，終窮者身，然後追窘著書，述古昔，告來學，千載之下，猶見其心。故卒章云：「遊無用之國，欲無窮，得乎？」其致慨已深，非有冀於當時之執政也。〔註 579〕

《戰國・秦策》〔註 580〕：「秦王曰：『善。』乃必之也。」　「必」當為「止」。〔註 581〕

「韓、楚必相御也。」〔註 582〕　按：「御」猶逆也，迕也。言韓、楚必不

〔註 569〕見《說苑》卷十七。
〔註 570〕眉批：「又。」
〔註 571〕見《說苑》卷十八。
〔註 572〕眉批：「又。」
〔註 573〕見《說苑》卷十九。
〔註 574〕眉批：「又。」
〔註 575〕見《說苑》卷二十。
〔註 576〕見《申鑒》卷二。
〔註 577〕眉批：「又。」
〔註 578〕見《說苑》卷二十《反質》。
〔註 579〕眉批：「又。」
〔註 580〕見漢・高誘《戰國策注》卷三《秦一》。
〔註 581〕眉批：「諸子。」
〔註 582〕見《戰國策注》卷四《秦二》。

能相順。高《注》:「猶相瞰望也」,非是。〔註 583〕

「頓弱曰:『臣之意不參拜,王能使臣無拜,即可矣。不,即不見也。』秦王許之。」〔註 584〕　按:戰國時處士積重,故雖始皇之威,尚能容不拜之士。後世君權積重,惟崇釋之世,沙門得不拜耳。此亦士氣所以不振也。〔註 585〕

「王之威亦憚矣。」〔註 586〕　「憚」當係「燀」字之誤。〔註 587〕

「《詩》云:『靡不有初,鮮克有終。』《易》曰:『狐濡其尾。』」〔註 588〕　按:上文稱黃歇遊學博聞,故其言能引《詩》、《易》。荀卿依之,蓋猶學術之相近也。〔註 589〕

《齊策》〔註 590〕:「必表裏河而東攻齊。」　「表裏河」猶言夾河也。〔註 591〕

「一人曰:『訾!天下之主有侵君者。』」〔註 592〕　「訾」,語辭。〔註 593〕

「則郤車而載耳。」〔註 594〕　「郤」即《老子》「郤走馬以糞」之「郤」。言退車而載耳。凡唐以前用「郤」字,皆有退反之意。〔註 595〕

「顏斶曰;『《易傳》不云乎?居上位未得其實,以喜其為名者,必以驕奢為行。據慢驕奢,則凶從之。』」〔註 596〕　此戰國以前之《易傳》,蓋真商瞿以後之微言。「居上位」云云,蓋釋上爻之辭也。「據」通作「踞」。〔註 597〕

〔註 583〕眉批:「又。」
〔註 584〕見《戰國策注》卷六《秦四》。
〔註 585〕眉批:「又。」
〔註 586〕見《戰國策注》卷六《秦四》。
〔註 587〕眉批:「又。」
〔註 588〕見《戰國策注》卷六《秦四》。
〔註 589〕眉批:「又。」
〔註 590〕見《戰國策注》卷八《齊一》。
〔註 591〕眉批:「又。」
另,此條上稿本有「《齊策》:『足下豈如令眾而合二國之後哉?　如猶宜也。令一作全,非是」一條。眉批:「為作宜字解,秦漢書史有之,可檢一二作證。」文本及眉批均有刪除標識。
〔註 592〕見《戰國策注》卷十《齊三》。
〔註 593〕眉批:「又。」
〔註 594〕見《戰國策注》卷十《齊三》。
〔註 595〕眉批:「又。」
〔註 596〕見《戰國策注》卷十一《齊四》。
〔註 597〕眉批:「又。」

「世無東郭俊盧氏之狗。」〔註 598〕黃校：「『俊』，一作『逡』。」 按：前淳于髡以韓子盧為疾犬，東郭逡為狡兔，則東郭逡不得為狗名。此三字疑有誤。〔註 599〕

「於陵子仲尚存乎？是其為人，上不臣於王，下不治於家，中不索交諸侯。此率民而出於無用者，何為至今不殺乎？」〔註 600〕 按：齊自太公誅狂矞、華仕後，不容隱士。《晏子》一書亦再三詆之。趙威後習其國事，故所言如是，非於陵子果有可殺之罪也。〔註 601〕

《楚策》〔註 602〕：「鄭、魏者，楚之耎國。」 「耎」當作「需」。「需」與「懦」通。《秦策》〔註 603〕：「甘茂曰：『其健者來使，則王勿聽。其需弱者來使，則王必聽之。』」「需」亦「懦」字也。〔註 604〕

「陳軫，夏人也，習於三晉之事。」 此稱中原為夏，蓋猶沿《春秋》諸夏之稱。〔註 605〕

「莫敖大心撫其御之手，顧而大息曰：『嗟乎子乎！』」〔註 606〕 按：「子」通作「茲」。《說苑・貴德篇》〔註 607〕：「管仲曰：『嗟茲乎！』」《秦策》〔註 608〕：「平原令曰：『嗟嗞乎！』」皆與此同。〔註 609〕

「楚使新造盩棼冒勃蘇。」〔註 610〕黃丕烈校曰：「吳氏正曰：『新造盩似言始搆難，今降戾之云。當有譌舛，或在吳字下。』」 按：新造盩當是官名，猶大良造之類。〔註 611〕

「虞卿謂春申君曰：『臣聞之《春秋》，於安思危，危則慮危。』」〔註 612〕

〔註 598〕見《戰國策注》卷十一《齊四》。
〔註 599〕眉批：「又。」
〔註 600〕見《戰國策注》卷十一《齊四》。
〔註 601〕眉批：「又。」
〔註 602〕見《戰國策注》卷十四《楚一》。
〔註 603〕見《戰國策注》卷四《秦二》。
〔註 604〕眉批：「又。」
〔註 605〕眉批：「又。」
〔註 606〕見《戰國策注》卷十四《楚一》。
〔註 607〕見《說苑》卷五。
〔註 608〕見《戰國策注》卷七《秦五》。
〔註 609〕眉批：「又。」
〔註 610〕見《戰國策注》卷十四《楚一》。
〔註 611〕眉批：「又。」
〔註 612〕見《戰國策注》卷十七《楚四》。

按：《春秋》，當時傳記之名，非必《春秋經》之古師說也。〔註 613〕

《趙策》〔註 614〕：「借衣者被之。」「被」通作「破」，言披裂之不愛惜也。〔註 615〕

「不識三國之愛秦而憎懷耶？忘其憎懷而愛秦耶？」〔註 616〕黃校云：「『忘』，鮑本作『亡』。」按：作「亡」者是。亡讀為無，此抑揚之辭，漢以前書多有之。〔註 617〕

「趙武靈王曰：『儒者一師而禮異。』」〔註 618〕按：禮家之說，各有異同，蓋在秦、漢以前，讀《三禮》者當知此意。〔註 619〕

「《書》曰：『去邪無疑，任賢無貳。』」〔註 620〕此趙靈王引《書》，未必出自《尚書》。戰國時人引《詩》，亦多不類《三百篇》。凡此類者，未可據為逸詩、逸書也。〔註 621〕

「田單問趙奢」至「單不至也」。〔註 622〕此篇知戰國之時利在用眾。今各國額兵，多者至四百萬，少亦十數萬，而中國之兵無萬人可用者，蹈常習故，甚矣其危也！〔註 623〕

「五國復堅而賓之。」〔註 624〕「賓」與「擯」通。《魏策》「其次賓秦」〔註 625〕同。〔註 626〕

《魏策》〔註 627〕：「白骨疑象。」此言「疑象」，齒也。以人骨偽象齒，至今有之。〔註 628〕

〔註 613〕眉批：「又。」
〔註 614〕見《戰國策注》卷十八《趙一》。
〔註 615〕眉批：「又。」
〔註 616〕見《戰國策注》卷十九《趙二》。
〔註 617〕眉批：「又。」
〔註 618〕見《戰國策注》卷十九《趙二》。
〔註 619〕眉批：「又。」
〔註 620〕見《戰國策注》卷十九《趙二》。
〔註 621〕眉批：「又。」
〔註 622〕見《戰國策注》卷二十《趙三》。
〔註 623〕眉批：「又。」
〔註 624〕見《戰國策注》卷二十一《趙四》。
〔註 625〕見《戰國策注》卷二十三《魏二》。
〔註 626〕眉批：「又。」
〔註 627〕見《戰國策注》卷二十二《魏一》。
〔註 628〕眉批：「又。」

「願臣畜而朝。」〔註629〕 「畜」當作「妾」，形近而誤。〔註630〕

「魏謂趙王曰：『晉人伐虢，反而取虞，故《春秋》書之，以罪虞公。』」〔註631〕 按：魏文侯重經術，故魏有《孝經》、《春秋》之學。〔註632〕

「衣焦不申。」〔註633〕 「焦」即今之「皺」字。焦、皺雙聲。

《韓策》〔註634〕：「乃儆公仲之行。」 「儆」猶「戒」也。

「史疾為韓使楚，楚王問曰：『客何方所循？』按：「循」當作「脩」。曰：『治列子圉寇之言。』曰：『何貴？』曰：『貴正。』」〔註635〕 案：今《列子》書無貴正之說，知非周時古書也。

「所以不者」〔註636〕，此句法與《論語》「予所不者」正同。知《論語》讀「不」為「否」者非是。

「足下皆自覆之君也。」〔註637〕 「皆」字誤衍。〔註638〕

「濟西不役，所以備趙也。河北不師，所以備燕也。」〔註639〕 此蘇代言齊事。然即此可見戰國之兵制。蓋凡邊境之守臣，皆得自專矣。〔註640〕

「或曰：禹授益而以啟為吏，及老而以啟為不足任天下，傳之益也。啟與支黨攻益而奪之。」〔註641〕 按：戰國時言三代事，皆任意比傅，以成其說。《汲冢瑣語》記太甲攻伊尹，亦此類也。《韓非・外儲說》以此為潘壽語。〔註642〕

「其次長賓之秦。」〔註643〕 「秦」字誤衍。〔註644〕

〔註629〕見《戰國策注》卷二十三《魏二》。
〔註630〕眉批：「又。」
〔註631〕見《戰國策注》卷二十四《魏三》。
〔註632〕眉批：「又。」
〔註633〕見《戰國策注》卷二十五《魏四》。
〔註634〕見《戰國策注》卷二十六《韓一》。
〔註635〕見《戰國策注》卷二十七《韓二》。
〔註636〕見《戰國策注》卷二十八《韓三》。
〔註637〕見《戰國策注》卷二十九《燕一》。
〔註638〕眉批：「又。」
〔註639〕見《戰國策注》卷二十九《燕一》。
〔註640〕眉批：「又」、「蘇代云：『齊之及五也，至於虛北地行其兵』」。
〔註641〕見《戰國策注》卷二十九《燕一》。
〔註642〕眉批：「又。」
見《韓非子》卷十四《外儲說右第三十五》。
〔註643〕見《戰國策注》卷二十九《燕一》。
〔註644〕眉批：「又。」

「陽虎之難，孔子逃於衛。」〔註 645〕　《國策》稱孔子者僅見。〔註 646〕

《宋策》〔註 647〕：「謂大尹曰：『君日長矣，自知政則公無事。』高誘《注》：「大尹，宋卿也。言宋王年日長大，自能制法布政，則大尹無復專政之事。」公不如令楚賀君之孝，則君不奪太后之事矣，則公常用宋矣。」《注》：「太后，尹母也，與后共為政。太后不見奪政，則大尹亦不見廢也。」　按：《韓非子・說林下》以此為白圭謂宋令尹之說。〔註 648〕孝何必賀？令楚賀者，乃以楚脅其主也。《韓非子・亡徵篇》曰〔註 649〕：「不為人主之孝而慕匹夫之孝，不顧社稷之利而聽主母之令，女子用國，刑餘用事者，可亡也。」此之謂也。〔註 650〕

《中山策》〔註 651〕：「齊謂燕、趙曰：『寡人羞與中山並為王。』」　「中山與燕、趙為王，齊閉關不通中山之使。」　按：魏欲帝秦而魯連卻之，犀首立中山為王而齊羞之。蓋當時使命往來，所重在此。必列國許諾，而後名位乃定。今時五洲用此法也。〔註 652〕

李淳風《乙巳占》卷三引未央《太一飛符九宮分野》。又云〔註 653〕：「未央不知何許人也。漢孝安時為千乘都尉，長於陰陽氣數之術。元初二年，上書言太乙九宮事。御有詔詰問，未央各以理對，制示太史，下章蘭臺石室，賜未央金百斤，增位二等，拜為宏農太守。」按：未央書，《隋志》不箸錄。未姓尤希，《元和姓纂》所不載。〔註 654〕

《孝經》：「自天子至於庶人，孝無終始。」唐明皇《注》云：「始於天子，終於庶人。」余按：「孝無終始」，「終始」二字承《開宗明義章》「始於事親，終於立身」而言。《大學》云：「事有終始。」此言「孝無終始」，蓋惟孝之事，始終如一，知所以修身，即知所以事親也。《注》說非是。〔註 655〕

〔註 645〕見《戰國策注》卷三十《燕二》。

〔註 646〕眉批：「又。」

〔註 647〕見《戰國策注》卷三十二《宋衛》。

〔註 648〕《韓非子》卷八《說林下第二十三》：

白圭謂宋令尹曰：「君長自知政，公無事矣。今君少主也而務名，不如令荊賀君之孝也，則君不奪公位而大敬重公，則公常用宋矣。」

〔註 649〕見《韓非子》卷五《亡徵第十五》。

〔註 650〕眉批：「又。」

〔註 651〕見《戰國策注》卷三十三《中山》。

〔註 652〕眉批：「又。」

〔註 653〕見《乙巳占》卷三《分野第十五》。

〔註 654〕眉批：「術數」、「氏族」。

〔註 655〕眉批：「經義。孝經。」

楊雄《太玄・斂》〔註 656〕：「次六：閔而緜」，即「緡蠻」之異文，故其測曰「閔緜不戒，不識微也」。言不能聞鳥聲而戒，是不識微而知著。司馬溫公從宋、陸、範本，作「之戒」，似未得其解，當從王本。〔註 657〕

《廓》〔註 658〕：「次五，測曰：天門大開，德不能滿堂也。」溫公《注》曰：「二宋、陸、王測無『堂』字，今從範本。」按：楊子雲避漢諱，每以「滿」代「盈」字。此「滿」字亦當讀「盈」，與上文「生」、「營」，下文「平」為韻。不必加「堂」字始協韻也。範本似誤。惟《玄攡篇》「斗一南而萬物盈」，與「生」字為韻，疑原文亦當作「滿」。〔註 659〕

《老子》曰：「一生二，二生三，三生萬物。」此《太玄》之所本。故書中用《老子》之說為多。如《銳》〔註 660〕之次二曰「迷腹達目」，次八曰「迷目達腹」，此用《老子》「為腹不為目」之說也。《沈》〔註 661〕之次三「沈於美」，測曰「沈於美，作聾盲也」，此用《老子》「五音令人耳聾，五色令人目盲」之說也。司馬溫公《注》亦云：「《夷》之次三『嬰兒於號，三日不嗄』，測曰『中心和也』〔註 662〕，此用《老子》『赤子終日號而不嗄，和之至』之說也。」其他用其意者尤夥。蓋略用曆法，歸本道家，是其大旨。惟辭賦、小學是其所長，故後人獵其華辭，此書遂不可廢矣。〔註 663〕

〔註 656〕見揚雄《太玄經》卷三。
〔註 657〕眉批：「諸子。」
〔註 658〕見《太玄經》卷四。
〔註 659〕眉批：「又。」
〔註 660〕見《太玄經》卷二。
〔註 661〕見《太玄經》卷五。
〔註 662〕眉批：「『《夷》之次三』一條在『《沈》之次三』一條先。」
〔註 663〕眉批：「又。」

卷十六〔註1〕

《韓非子・難言篇》〔註2〕:「田明辜射。」舊注:「非罪為辜,射而殺之。」　按:「辜」當讀如「疈辜」之「辜」。「射」與「磔」古多通用。舊注所說殆非是。

《主道篇》〔註3〕:「保吾所以往而稽同之。」　按:「稽」亦「同」也。此鄭注《堯典》之所本。〔註4〕

《有度篇》〔註5〕:「小臣奉祿養交。」　「奉祿」猶言「持祿」。〔註6〕

「清暖寒。」〔註7〕　「清」當作「凊」。〔註8〕

「先王之法曰:『臣毋或作威,毋或作利,從王之指;毋或作惡,從王之路。』」〔註9〕　按:此即《鴻範》之文。戰國之時學術放紛,所引詩書,任意增損改易,以便其說,未可以此為經典之異文也。範之訓法,故韓非曰「先王之法」。〔註10〕

〔註1〕按:稿本題「純常子枝語」。稿本乙封題「純常子枝語　第十五冊」。
〔註2〕見《韓非子》卷一《難言第三》。
〔註3〕見《韓非子》卷一《主道第五》。
〔註4〕眉批:「又。」
〔註5〕見《韓非子》卷二《有度第六》。
〔註6〕眉批:「又。」
〔註7〕見《韓非子》卷二《有度第六》。
〔註8〕眉批:「又。」
〔註9〕見《韓非子》卷二《有度第六》。
〔註10〕眉批:「又。」

《二柄篇》〔註 11〕:「昔者韓昭侯」至「甚於寒」。 戰國之時,人君亦有通學術者。蓋魏文侯儒家,趙武靈王兵家,韓昭侯法家,故其遺風皆被一國。趙多名將,魏聘孟子,而韓非亦染昭侯之遺習者也。

《揚權篇》〔註 12〕:「不見其采,下故素正。」 按:「正」當為「止」。「采」、「止」韻。〔註 13〕

「形名參同,上下和調也。」〔註 14〕 此以「同」、「調」葉韻。與《小雅》〔註 15〕及《楚辭》〔註 16〕同。〔註 17〕

「若天若地,是謂累解。」〔註 18〕 「累解」當作「解累」。「地」、「累」韻。「解累」者,言不為萬物所累也。〔註 19〕

《十過篇》〔註 20〕:「豎刁自獖。」《注》:「虧勢也。」 按:「獖」當作「豶」。《易·大畜》:「六五:豶豕之牙。」《釋文》引劉云:「豕,去勢也。」是其義。〔註 21〕

「疇騎二千。」〔註 22〕 按:春秋時無騎戰,豈秦穆以近邊之地,先用之耶?或韓非追論,不得其事實耶?俟考。〔註 23〕

《亡徵篇》〔註 24〕:「種類不壽。」 「種類」猶言「族姓」。〔註 25〕

《備內篇》〔註 26〕:「《桃左春秋》曰:『人主之疾死者不能處半。』」 桃左,蓋人姓名。〔註 27〕

〔註 11〕見《韓非子》卷二《二柄第七》。
〔註 12〕見《韓非子》卷二《揚權第八》。
〔註 13〕眉批:「又。」
〔註 14〕見《韓非子》卷二《揚權第八》。
〔註 15〕《小雅·車攻》:「決拾既佽,弓矢既調。射夫既同,助我舉柴。」
〔註 16〕《離騷》:「曰勉升降以上下兮,求矩矱之所同。湯禹嚴而求合兮,摯咎繇而能調。」
〔註 17〕眉批:「又。」
〔註 18〕見《韓非子》卷二《揚權第八》。
〔註 19〕眉批:「又。」
〔註 20〕見《韓非子》卷三《十過第十》。
〔註 21〕眉批:「又。」
〔註 22〕見《韓非子》卷三《十過第十》。
〔註 23〕眉批:「又。」
〔註 24〕見《韓非子》卷五《亡徵第十五》。
〔註 25〕眉批:「又。」
〔註 26〕見《韓非子》卷五《備內第十七》。
〔註 27〕眉批:「又。」

《飾邪篇》〔註 28〕:「昔者舜使吏決鴻水，先令有功，而舜殺之。」 此法家記舜之事。〔註 29〕

《解老篇》〔註 30〕:「不德則在有德。」 按:「在」猶「在宥」也。〔註 31〕

「人希見生象也，而得死象之骨，案其圖以想其生也。故諸人之所以意想者，皆謂之象也。」〔註 32〕 按：既不見象，何以得其骨？疑當時百越通市，象齒之用，遍於中國矣。〔註 33〕

《喻老篇》〔註 34〕:「司命之所屬。」 此亦以人生死為有司命者也。〔註 35〕

「王壽因焚其書而儛之。」〔註 36〕 「儛」字俟考。〔註 37〕

《說林篇》〔註 38〕:「慧子曰。」 「慧子」蓋「惠子」之誤。〔註 39〕

「公孫弘斷發而為越王騎，公孫喜使人絕之曰:『吾不與子為昆弟矣。』」〔註 40〕 此惡其效越人翦髮也。越於春秋、戰國尚斷髮文身，不冠帶，各書多載之。〔註 41〕

「雨十日夜星。」〔註 42〕 「星」與「暒」通。〔註 43〕

《守道篇》〔註 44〕:「孫、吳之略廢。」 此以孫、吳並稱之始。〔註 45〕

〔註 28〕見《韓非子》卷五《飾邪第十九》。
〔註 29〕眉批:「又。」
〔註 30〕見《韓非子》卷六《解老第二十》。
〔註 31〕眉批:「又。」
〔註 32〕見《韓非子》卷六《解老第二十》。
〔註 33〕眉批:「又。」
〔註 34〕見《韓非子》卷七《喻老第二十一》。
〔註 35〕眉批:「又。」
〔註 36〕見《韓非子》卷七《喻老第二十一》。
〔註 37〕眉批:「又。」
〔註 38〕見《韓非子》卷七《說林上第二十二》。
〔註 39〕眉批:「又」、「按：湖北書局刻本作『惠子曰』」。
〔註 40〕見《韓非子》卷八《說林下第二十三》。
〔註 41〕眉批:「又。」
〔註 42〕見《韓非子》卷八《說林下第二十三》。
〔註 43〕眉批:「又。」
〔註 44〕見《韓非子》卷八《守道第二十六》。
〔註 45〕眉批:「又。」

《用人篇》〔註46〕:「因攢而縫。」　「攢」即「鑽」字。〔註47〕

「罪生甲，禍歸乙。」〔註48〕　後世設為甲乙之名本此。〔註49〕

《內儲說》〔註50〕:「深智一物。」　「智」當作「知」。〔註51〕

「一曰殷之法，棄灰於公道者，斷其手。」〔註52〕　此韓非兼採兩說。殷法之嚴，或不至是。法家附會之辭，不足信。〔註53〕

「齊王問於文子。」〔註54〕　此文子蓋即老子弟子。〔註55〕

「越王問於大夫文種。」〔註56〕　按：周秦各書皆稱大夫種，惟此稱大夫文種。〔註57〕

「宋崇門之巷人服喪而毀甚瘠，上以為慈愛於親，舉以為官師。」〔註58〕　當時蓋已有舉孝之典矣。〔註59〕

「古之人難正言，故託之於魚。」〔註60〕　此讀古書之法。〔註61〕

「魏有老儒。」〔註62〕　按：此魏尚存儒術之證。〔註63〕

「堂下得無微有疾臣者乎？」〔註64〕　按:「微」亦無也。疑上「無」字後人妄加。〔註65〕

「文王資費仲而遊於紂之旁。」〔註66〕　《外儲說》又記費仲說誅文王，

〔註46〕見《韓非子》卷八《用人第二十七》。

〔註47〕眉批:「又。」

〔註48〕見《韓非子》卷八《用人第二十七》。

〔註49〕眉批:「又。」

〔註50〕見《韓非子》卷九《內儲說上·七術第三十》。

〔註51〕眉批:「又。」

〔註52〕見《韓非子》卷九《內儲說上·七術第三十》。

〔註53〕眉批:「又。」

〔註54〕見《韓非子》卷九《內儲說上·七術第三十》。

〔註55〕眉批:「又。」

〔註56〕見《韓非子》卷九《內儲說上·七術第三十》。

〔註57〕眉批:「又。」

〔註58〕見《韓非子》卷九《內儲說上·七術第三十》。

〔註59〕眉批:「又。」

〔註60〕見《韓非子》卷十《內儲說下·六微第三十一》。

〔註61〕眉批:「又。」

〔註62〕見《韓非子》卷十《內儲說下·六微第三十一》。

〔註63〕眉批:「又。」

〔註64〕見《韓非子》卷十《內儲說下·六微第三十一》。

〔註65〕眉批:「又。」

〔註66〕見《韓非子》卷十《內儲說下·六微第三十一》。

三說不用。〔註 67〕蓋當時雜說，多不足信。〔註 68〕

「五年而能亡越。」〔註 69〕　「能」與「而」通。疑「而」字後人妄加。〔註 70〕

《外儲說》〔註 71〕：「李惠宋墨。」　李非謂老子。《呂氏春秋》三引李子之說，當即其人。〔註 72〕

「有處女子之色。」〔註 73〕　「女」字誤衍。〔註 74〕

「慕仁義而弱亂者，三晉也。不慕而治強者，秦也。」〔註 75〕　此以三晉為「慕仁義」，蓋荀子至趙，孟子至魏，固非若秦之禁儒術也。〔註 76〕

「錐刀遺道，三日可反。」〔註 77〕　「錐刀」蓋即錢刀。〔註 78〕

「齊宣王問儒者博乎」至「故不鼓也」。〔註 79〕　戰國時儒說之僅存者。匡倩蓋七十子之傳派也。　又按：《論語》〔註 80〕：「子弋不射宿。」又云〔註 81〕：博弈猶賢。又「取瑟而歌」〔註 82〕。而匡倩皆言不為，蓋藉以明上下之義，言固各有當也。〔註 83〕

〔註 67〕《韓非子》卷十二《外儲說左第三十三》：
費仲說紂曰：「西伯昌賢，百姓悅之，諸侯附焉，不可不誅，不誅必為殷患。」紂曰：「子言，義主，何可誅？」費仲曰：「冠雖穿弊，必戴於頭；履雖五采，必踐之於地。今西伯昌，人臣也，修義而人向之，卒為天下患，其必昌乎！人人不以其賢為其主，非可不誅也。且主而誅臣，焉有過？」紂曰：「夫仁義者，上所以勸下也。今昌好仁義，誅之不可。」三說不用，故亡。

〔註 68〕眉批：「又。」

〔註 69〕見《韓非子》卷十《內儲說下・六微第三十一》。

〔註 70〕眉批：「又。」

〔註 71〕見《韓非子》卷十一《外儲說左上第三十二》。

〔註 72〕眉批：「又。」

〔註 73〕見《韓非子》卷十一《外儲說左上第三十二》。

〔註 74〕眉批：「又。」

〔註 75〕見《韓非子》卷十一《外儲說左上第三十二》。

〔註 76〕眉批：「又。」

〔註 77〕見《韓非子》卷十一《外儲說左上第三十二》。

〔註 78〕眉批：「又。」

〔註 79〕見《韓非子》卷十二《外儲說左第三十三》。

〔註 80〕見《論語・述而第七》。

〔註 81〕《論語・陽貨第十七》：「子曰：『飽食終日，無所用心，難矣哉！不有博弈者乎？為之猶賢乎已！』」

〔註 82〕見《論語・陽貨第十七》。

〔註 83〕眉批：「又。」

「鄭長者聞之曰。」〔註 84〕　《漢・藝文志》有鄭長者書，當即此人。

「田連、成竅，天下善鼓琴者也。」〔註 85〕　《列子》言成連鼓琴，〔註 86〕與此相似。

「方吾子曰：『吾聞之古禮』」〔註 87〕云云。　方吾子，俟考。〔註 88〕

《難篇》。〔註 89〕　按：此篇雜取古事以為難，《論衡》之先聲也。〔註 90〕

「師曠曰：『啞。是非君人之言也。』」〔註 91〕　按：《孟子》曰〔註 92〕：「惡是何言也？」「啞」、「惡」，通假字。〔註 93〕

「《霄略》曰。」〔註 94〕　「《霄略》有過譽。」〔註 95〕　《霄略》，俟考。〔註 96〕

「蹇叔處於而於亡。」〔註 97〕　「於」即《左傳》「邘〔註 98〕、晉、應、韓之於」，其事俟考。〔註 99〕

「李兌當作「克」。治中山。或曰：李子設辭曰。」〔註 100〕　此稱李克為

〔註 84〕見《韓非子》卷十三《外儲說右上第三十四》。

〔註 85〕見《韓非子》卷十四《外儲說右第三十五》。

〔註 86〕《列子》未見此語。

《太平御覽》卷五百七十八《樂部十六・琴中》：

《樂府解題》曰：《水仙操》，伯牙學琴於成連先生，三年不成，至於精神寂寞，情之專一，尚未能也。成連云：「吾師方子春，今在東海中，能移人情。」乃與伯牙俱往。至蓬萊山，留宿伯牙曰：「子居習之，吾將迎師。」剌船而去，旬時不返。伯牙近望無人，但聞海水洞滑崩澌之聲，山林窅寞，群鳥悲號，愴然而歎曰：「先生將移我情。」乃援琴而歌，曲終，成連回，剌船，迎之而還。伯牙遂為天下妙矣。

〔註 87〕見《韓非子》卷十四《外儲說右第三十五》。

〔註 88〕眉批：「又。」

〔註 89〕《韓非子》卷十五《難一》、《難二》，卷十六《難三》、《難四》。

〔註 90〕眉批：「又。」

〔註 91〕見《韓非子》卷十五《難一》。

〔註 92〕一見《孟子・公孫丑上》，兩見《公孫丑下》。

〔註 93〕眉批：「又。」

〔註 94〕見《韓非子》卷十五《難一》。

〔註 95〕見《韓非子》卷十五《難一》。

〔註 96〕眉批：「又。」

〔註 97〕見《韓非子》卷十五《難二第三十七》。

〔註 98〕「邘」，底本作「刊」，據《左傳・僖公二十四年》、稿本改。

〔註 99〕眉批：「又。」

〔註 100〕見《韓非子》卷十五《難二第三十七》。

李子。《呂覽》所引，豈即李克書耶？〔註 101〕

「明於權計，審於地形、舟車、機械之利，用力少，致功大，則入多。」〔註 102〕 戰國時，已重機械，故能「用力少，致功大」。〔註 103〕

「太上、下智有之。」〔註 104〕 「智」，《老子》作「知」。

「燕王噲賢子之而非孫卿。」〔註 105〕 韓非為荀卿弟子，惟此處一及之。〔註 106〕

「法莫如顯，而術不欲見。」〔註 107〕 此難《管子》之言。〔註 108〕蓋管、商法家，而韓非則所貴在術矣。〔註 109〕

《難勢篇》〔註 110〕：「慎子曰」至「而勢位足以任賢者也。」 今本《慎子》無此文。〔註 111〕

《問辯篇》〔註 112〕：「亂世則不然。主上有令，而民以文學非之。」 此法家所以惡民之有學也。〔註 113〕

《定法篇》〔註 114〕：「申不害言術而公孫鞅為法，皆帝王之具。」 按：韓非所言，術多於法，申子之所傳也。〔註 115〕

〔註 101〕眉批：「又。」
〔註 102〕見《韓非子》卷十五《難二第三十七》。
〔註 103〕眉批：「又。」
〔註 104〕見《韓非子》卷十六《難三》。
〔註 105〕見《韓非子》卷十六《難三》。
〔註 106〕眉批：「又。」
〔註 107〕見《韓非子》卷十六《難三》。
〔註 108〕《韓非子》卷十六《難三》：

或曰：管仲之所謂「言室滿室，言堂滿堂」者，非特謂遊戲飲食之言也，必謂大物也。人主之大物，非法則術也。法者，編著之圖籍，設之於官府，而布之於百姓者也。術者，藏之於胸中，以偶眾端而潛御群臣者也。故法莫如顯，而術不欲見。是以明主言法，則境內卑賤莫不聞知也，不獨滿於堂。用術，則親愛近習莫之得聞也，不得滿室。而《管子》猶曰言於室滿室，言於堂滿堂，非法術之言也。

〔註 109〕眉批：「又。」
〔註 110〕見《韓非子》卷十七《難勢第四十》。
〔註 111〕眉批：「又。」
〔註 112〕見《韓非子》卷十七《問辯第四十一》。
〔註 113〕眉批：「又。」
〔註 114〕見《韓非子》卷十七《定法第四十三》。
〔註 115〕眉批：「又。」

《說疑篇》〔註 116〕:「姦臣愈反而說之,曰:『古之所謂聖君明王者,以其搆黨與,聚巷族,偪上弒君而求其利也。』因曰:『舜偪堯,禹偪舜,湯放桀,武王伐紂。此四王者,人臣弒其君者也。』」 案:據此,則戰國時所言聖君賢相之事,半皆附會。《竹書》之作,宜在此時矣。〔註 117〕

《詭使篇》〔註 118〕:「無二心私學,聽吏從教者,則謂之陋。」 秦人以吏為師,誠欲以陋導天下也。〔註 119〕

「卜筮、視手理、狐蟲為順辭者。」〔註 120〕 「視手理」即相掌之術。《論衡・佚文篇》云〔註 121〕:「察掌理者左,不觀右,左文明也。」「狐蟲」者,巫之枝流。陳涉篝火狐鳴,亦用當時之所尚也。〔註 122〕

《六反篇》〔註 123〕:「產男則相賀,產女則殺之。」 殺女之風,周末已然。

「虛舊之學不談。」〔註 124〕 韓非以為法術之外,其學皆不實不新也。〔註 125〕

《八說篇》〔註 126〕:「棄官寵交,謂之有俠。」 「有俠」即「任俠」。然與《史記》所記,微有異。若《後漢・黨錮傳》諸人,幾近之矣。〔註 127〕

「勢足以行法,奉足以給事,而私無所生。」〔註 128〕 韓非之法,猶必奉足給事。後世薄祿,何能不行私乎?〔註 129〕

《五蠹篇》〔註 130〕:「儒以文亂法,俠以武犯禁。」 二語史遷述之。〔註 131〕

〔註 116〕見《韓非子》卷十七《說疑第四十四》。
〔註 117〕眉批:「又。」
〔註 118〕見《韓非子》卷十七《詭使第四十五》。
〔註 119〕眉批:「又。」
〔註 120〕見《韓非子》卷十七《詭使第四十五》。
〔註 121〕見《論衡》卷二十《佚文篇》。
〔註 122〕眉批:「又。」
〔註 123〕見《韓非子》卷十八《六反第四十六》。
〔註 124〕見《韓非子》卷十八《六反第四十六》。
〔註 125〕眉批:「又。」
〔註 126〕見《韓非子》卷十八《八說第四十七》。
〔註 127〕眉批:「又。」
〔註 128〕見《韓非子》卷十八《八經第四十八》。
〔註 129〕眉批:「又。」
〔註 130〕見《韓非子》卷十九《五蠹第四十九》。
〔註 131〕眉批:「又。」

「所謂智者，微妙之言也。微妙之言，上智之所難知也。今為眾人法，而以上智之所難知，則民無從識之矣。」〔註 132〕　魏晉之清談，宋明之心學，舉足以弱國而病民。韓非之言，亦其鍼石矣。《商君書·定分篇》亦云〔註 133〕：「微妙意志之言，上智之所難也。智者而後知之，不可以為法。」〔註 134〕

「境內之民皆言治，藏商、管之法者家有之。境內皆言兵，藏孫、吳之書者家有之。」〔註 135〕　當時風尚如此。〔註 136〕

《顯學篇》〔註 137〕：今世之學士語治者，多曰：『與貧窮地以實無資。』按：此儒、墨之所同，故韓非盡非之。〔註 138〕

《忠孝篇》〔註 139〕：「古之烈士，進不臣君，退不為家。夫進不臣君，退不為家，亂世絕嗣之道也。」　按：此已近後世浮屠之說矣。故下文云「釋世而不治。為恬淡之學理恍惚之言」。又按：「恬淡」、「恍惚」皆出《老子》。蓋《老子》之學，其清淨無為之說，流而為慘覈寡恩，則刑法家宗之；其玄妙虛靜之說，流而為長生久視，則神仙家宗之。兩家雖同出一源，而必互相非毀。韓非《解老》、《喻老》兩篇，於「谷神」、「玄牝」之類不置一辭，而此篇復極詆恬淡恍惚之學，其意旨可知也。　又按：《論衡·道虛篇》云〔註 140〕：「世或以老子之道可以度世，恬淡無欲，養精愛氣。」然則韓非所指恬淡之學，其為老子枝派無疑。

《老子》：「道沖，而用之或不盈。」　按：「不」字疑衍，言道雖沖虛，而用之則盈滿，為萬物之宗也。王弼《注》：「沖而用之，又或不盈。」似失其解。下文云：「大盈若沖，其用不窮」，是其證。〔註 141〕

「滌除玄覽。」　「覽」，見也。「滌除玄覽」，言去一切見也。〔註 142〕

「天門開合，能無雌。」　按：《老子》一書，皆言守雌。獨至天門開合

見《史記》卷一百二十四《遊俠列傳》。

〔註 132〕見《韓非子》卷十九《五蠹第四十九》。

〔註 133〕見商鞅《商子》卷五《定分第二十六》。

〔註 134〕眉批：「又。」

〔註 135〕見《韓非子》卷十九《五蠹第四十九》。

〔註 136〕眉批：「又。」

〔註 137〕見《韓非子》卷十九《顯學第五十》。

〔註 138〕眉批：「又。」

〔註 139〕見《韓非子》卷二十《忠孝第五十一》。

〔註 140〕見《論衡》卷第七《道虛篇》。

〔註 141〕眉批：「諸子。」

〔註 142〕眉批：「又。」

之時，應機一發，不為物制，故以無雌為訓。各本作「為雌」者，誤。

「孔德之容。」王《注》:「孔，空也。」　按：孔，竅也，故言容。「孔德」即谷神也。若如王《注》云，以空為德，則釋氏所謂一空一切空，又何所為動作從道哉？〔註 143〕

「曲則全。」　凡物之曲者必有闕，而此獨能以曲為全也。曲蓋有闕義，非「曲直」之「曲」。〔註 144〕

「古之所謂曲則全者，豈虛言哉？」　據此則上文「曲則全」數語，蓋黃帝之言，而老子述之。李石《續博物志》以「谷神不死」至「用之不勤」為黃帝之言〔註 145〕，本《列子》〔註 146〕。〔註 147〕

「神得一以靈，谷得一以盈。」　此仍承「谷神不死」而言，非神鬼山谷之謂。蓋人道也，故上言「天地」，而下言「萬物」。

「故建言有之。」　此亦當為黃帝之言。〔註 148〕

「名與身孰親」一章。　案：此章用韻至密。「身」與「親」韻，「貨」與「多」韻，「亡」與「病」韻，「愛」與「費」韻，「藏」與「亡」韻，「足」與「辱」韻，「止」、「殆」以「久」韻。全章三十九字，而叶者十六字，可謂精麗之極。三代文體固無所不有也。〔註 149〕

「生之徒十有三。」　「十有三」當從韓非《解老篇》，指四枝九竅。〔註 150〕王輔嗣、蘇子由語家所說，並非是。〔註 151〕

〔註 143〕眉批：「又。」

〔註 144〕眉批：「又。」

〔註 145〕李石《續博物志》卷七：

　　《老子》「谷神不死」至「用之不勤」，此章全是黃帝之言。今在五千文內，則老氏所著書，恐非專己出。

〔註 146〕《列子・天瑞第一》：

　　《黃帝書》曰：「谷神不死，是謂玄牝。玄牝之門，是謂天地之根。綿綿若存，用之不勤。」

〔註 147〕眉批：「又。」

〔註 148〕眉批：「又。」

〔註 149〕眉批：「又。」

〔註 150〕《韓非子》卷六《解老第二十》：

　　人之身三百六十節，四肢，九竅，其大具也。四肢與九竅十有三者，十有三者之動靜盡屬於生焉。屬之謂徒也，故曰：「生之徒也十有三者。」至死也十有三具者皆還而屬之於死，死之徒亦有十三，故曰：「生之徒十有三，死之徒十有三。」

〔註 151〕眉批：「又。」

「故聖人云。」　「聖人」當言黃帝。〔註 152〕

「用兵有言。」　此引古之兵書，蓋真黃帝兵法也。〔註 153〕

《魯語》展禽稱「黃帝能成命百物，以明民其財」〔註 154〕。《禮記·祭法》同。而老子書乃言道「非以明民，將以愚之」，後世雖黃老連稱，以此推之，老子之言亦非盡出自黃帝也。〔註 155〕

《論衡·案書篇》〔註 156〕：「揚子雲作《太玄》，侯鋪子隨而宣之。雲、鋪共朝，覩奇見益。」鋪子殆是侯芭之字。〔註 157〕

《言毒篇》〔註 158〕：「巫咸能以祝延人之疾，愈人之禍者，生於江南，含烈氣也。」按：此即醫家祝由科之始。陸賈《新語·資質篇》已有靈巫呪病之語。〔註 159〕「呪」與「祝」同字。〔註 160〕

《說日篇》〔註 161〕：「當日入西方之時，其下民亦將謂之日中，從日入之下東望今之天下，或時亦天地合。」案：仲任此說，雖以臆測，然已漸知地圓之理矣。此篇又云：「日月星之類也。」余按：《說文》星從日，知上古聖人亦以為類矣。〔註 162〕

荀悅《申鑒·政體篇》〔註 163〕：「民不畏死，不可懼以罪。民不樂生，不可〔註 164〕觀《後漢書》作「勸」。以善。夫樂生畏死，人之大情。聖人因之以施賞罰，天下由之，以臻治平。」老子見苛政之亟行，愍世道之將亂，故云：「民不畏死，奈何以死懼之？」此為酷虐者言，非謂五刑之當罪也。至於民性本善，相觀而成。各恤身家，同趨樂利。秉彝之好，與生俱來。擴而充之，誰云不可？荀生此言，近於誣矣。〔註 165〕

〔註 152〕眉批：「又。」
〔註 153〕眉批：「又。」
〔註 154〕見《國語韋氏解》卷四《魯語上》。
〔註 155〕眉批：「又。」
〔註 156〕見《論衡》卷二十九《案書篇》。
〔註 157〕眉批：「諸子。」
〔註 158〕見《論衡》卷二十三《言毒篇》。
〔註 159〕漢·陸賈《新語》卷下《湛資質第七》：「乃使靈巫求福請命，對扁鵲而呪病者。」
〔註 160〕眉批：「又。」
〔註 161〕見《論衡》卷十一《說日篇》。
〔註 162〕眉批：「又。」
〔註 163〕見漢·荀悅《申鑒》卷一《政體第一》。
〔註 164〕「可」，底本作「不」。據《申鑒》、稿本改。
〔註 165〕眉批：「諸子。」

《時事篇》〔註 166〕：「孝武黃帝初置武功，賞官以寵戰士。若今依此科而崇其制，置尚武之官，以《司馬兵法》選，位秩比博士，講司馬之典，簡搜狩之事，掌軍功爵賞。小統於五校，大統於太尉。既周時務，禮亦宜之。」自秦漢以來，將帥之任，多歸武人，智取力爭，未嘗學問。悅乃欲教以兵法，比於博士，可謂獨見本原。且是時，曹操方注《孫子》，而悅所舉，獨尚《司馬法》，可謂有心仁義之師者矣。〔註 167〕

又云〔註 168〕：「仲尼作經，本一而已。古今文不同，而皆自謂真本經。古今先師，義一而已。異家別說不同，而皆自謂古今。案：此言「異家別說」，亦自託於古今文也。將誰使折之者？秦之絕滅學也。書藏於屋壁，義絕於朝野。漢興，收摭散滯，固已無全學矣。文有磨滅，言有楚夏，出有先後。或學者先意有所借定，後進相放，彌以滋蔓。故一源十流，天水違行，而訟者紛如也。執不俱是，比而論之，必有可參者焉。」按：今古文之學，惟鄭君兼而採之。蓋至於今，競爭不息。荀生此言，最為平允，故具錄之。〔註 169〕

《俗嫌篇》〔註 170〕：「導引蓄氣，歷藏內視。」又云：「鄰臍二寸謂之關。道者，常致氣於關。」蓋即魏伯陽《參同契》之說。〔註 171〕

《雜言篇》〔註 172〕：「其去楚亦遠矣。」按：事見《韓非子》〔註 173〕。「亦」當作「益」。〔註 174〕

〔註 166〕見《申鑒》卷二《時事第二》。

〔註 167〕眉批：「又。」

〔註 168〕見《申鑒》卷二《時事第二》。

〔註 169〕眉批：「又」、「按：余所見本『而皆自謂古今』之下，尚有『仲尼邈而靡質，昔先師沒而無間』兩句。文君即欲節錄文義，而於句語之完全者，似不至刪去。或其所援刻本原有脫誤也」。

〔註 170〕見《申鑒》卷三《俗嫌第三》。

〔註 171〕眉批：「又。」

〔註 172〕見《申鑒》卷五《雜言下第五》：「先民有言適楚而北轅者，曰吾馬良、用多、御善。此三者益侈，其去楚亦遠矣。」

〔註 173〕事見《戰國策》，非《韓非子》。
高誘《戰國策注》卷二十五《魏四》：
魏王欲攻邯鄲，季梁聞之，中道而反，衣焦不申，頭塵不去，往見王曰：「今者臣來，見人於大行，方北面而持其駕，告臣曰：『我欲之楚。』臣曰：『君之楚，將奚為北面？』曰：『吾馬良。』臣曰：『馬雖良，此非楚之路也。』曰：『吾用多。』臣曰：『用雖多，此非楚之路也。』曰：『吾御者善。』『此數者愈善，而離楚愈遠耳。』今王動欲成霸王，舉欲信於天下。恃王國之大，兵之精銳，而攻邯鄲，以廣地尊名，王之動愈數，而離王愈遠耳。猶至楚而北行也。」

〔註 174〕眉批：「又。」

「劉向曰：『性情相應，性不獨善，情不獨惡。』」〔註 175〕按：此即後世氣質之性之說。〔註 176〕

《本行篇》：「身無其立。」　「立」，古「位」字。〔註 177〕

《商君書・更法篇》〔註 178〕：「因見毀於民。」　「因」當作「固」。〔註 179〕

「郭偃之法。」〔註 180〕　郭偃即卜偃〔註 181〕，見《國語》、《史記》。〔註 182〕

《墾令篇》〔註 183〕：「民不貴學則愚，愚則無外交。」　商君欲民愚，欲民無外交也。若不能禁民外交，又不欲開民智，則為淵毆魚，為叢毆爵而已矣。〔註 184〕

「休居不聽，則氣不淫。」〔註 185〕　遊惰之刑，不可不設。孟子以中養不中，以材養不材之言，〔註 186〕為父兄言則可，為子弟言之，是長其遊惰也。商君不聽休居，未始非致治之要。〔註 187〕

〔註 175〕見《申鑒》卷五《雜言下第五》。

〔註 176〕眉批：「又。」

〔註 177〕按：此條刻本無，據稿本補。眉批：「按：今本《申鑒》無《本行篇》，俟考。」

〔註 178〕《商子》卷一《更法第一》：「且夫有高人之行者，固見負於世；有獨知之慮者，必見訾於民。」
蔣禮鴻《商君書錐指》卷一《更法第一》：「嚴萬里曰：『秦本、范本均作因見毀，誤。』禮鴻案：作因者，乃固字之誤。」

〔註 179〕眉批：「諸子。」

〔註 180〕見《商子》卷一《更法第一》。

〔註 181〕《國語韋氏解》卷七《晉語一》：「郭偃曰：『夫三季王之亡也宜。』」韋《注》：「郭偃，晉大夫卜偃也。」卷八《晉語二》：「獻公問於卜偃。」韋《注》：「卜偃，晉掌卜大夫郭偃也。」卷十《晉語四》：「文公問於郭偃。」韋《注》：「郭偃，卜偃。」
《史記》卷三十九《晉世家》：
卜偃曰：「畢萬之後必大。」《集解》：「賈逵曰：『卜偃，晉掌卜大夫郭偃。』」

〔註 182〕眉批：「又。」

〔註 183〕見《商子》卷一《墾令第二》。

〔註 184〕眉批：「又。」

〔註 185〕見《商子》卷一《墾令第二》。

〔註 186〕《孟子・離婁下》：
孟子曰：「中也養不中，才也養不才，故人樂有賢父兄也。如中也棄不中，才也棄不才，則賢不肖之相去，其間不能以寸。」

〔註 187〕眉批：「又。」

「貴酒肉之價，重其租，令十倍其樸，然則商估少。」〔註 188〕 秦地蓋不出酒肉，必由商販，故商君重徵其稅，猶近日各國徵入口稅，有值百抽五十之類。〔註 189〕

《去強篇》〔註 190〕：「國強而不戰，毒輸於內。」 元、明以來，中國一統已久。其自弱之道，日積月深，方謂能使無毒也。而毒攻於外，乃不可治矣。

《說民篇》〔註 191〕：「家不積粟，上藏也。」 商君既使民一於農，又不使家有積粟而輸之官，蓋其取民之制至重。高麗所以制民之法，與之略近，是以民不聊生矣。

《算地篇》〔註 192〕：「民愚則智可以勝之，世智則力可以勝之。」商君必欲勝民，此其謬也。然智以力勝，不必君勝其民，觀於國勢，則終歸於此，古今一也。〔註 193〕

《壹言篇》〔註 194〕：「不脩今。」 「脩」當為「循」。《錯法篇》〔註 195〕：「度數已立而法可脩。」「脩」亦當為「循」。二字形近，古書多互舛。〔註 196〕

《兵守篇》〔註 197〕：「壯男為一軍，壯女為一軍，男女之老弱者為一軍。」 此言四戰之國守兵之法。近人筆記多以此為練女兵，未達其意。〔註 198〕

《靳令篇》〔註 199〕：「君獨有之，能述仁義於天下。」 商君之意，治國則以法行農戰，治天下則以法行仁義也。始皇勒石嶧山、會稽，屢言禮義廉貞，蓋師其意。〔註 200〕

《賞刑篇》〔註 201〕：「湯封於贊茅。」 「贊茅」，俟考。〔註 202〕

〔註 188〕見《商子》卷一《墾令第二》。

〔註 189〕眉批：「又。」

〔註 190〕見《商子》卷一《去強第四》。

〔註 191〕見《商子》卷二《說民第五》。

〔註 192〕見《商子》卷二《算地第六》。

〔註 193〕眉批：「又。」

〔註 194〕見《商子》卷三《壹言第八》。

〔註 195〕見《商子》卷三《錯法第九》。

〔註 196〕眉批：「又。」

〔註 197〕見《商子》卷三《兵守第十二》。

〔註 198〕眉批：「又。」

〔註 199〕見《商子》卷三《靳令第十三》。

〔註 200〕眉批：「又。」

〔註 201〕見《商子》卷四《賞刑第十七》。

〔註 202〕眉批：「又。」

《畫策篇》〔註 203〕：「人主處匡牀之上，聽絲竹之聲，而天下治。」　二世行之，而秦以亡。法果可盡用乎？〔註 204〕

「每一日走千里。」〔註 205〕　「每一」二字誤衍。〔註 206〕

《境內篇》〔註 207〕：「四境之內，丈夫女子皆有名於上，生者著，死者削。」　此治國必行之法。〔註 208〕

《弱民篇》。〔註 209〕　此篇欲弱民以申君之權，與愚民之意同。〔註 210〕

《外內篇》〔註 211〕：「為國者，邊利盡歸於兵，市利盡歸於農。」　上文「糴食不利而又加重徵」，即市利歸農之說。戰國所重，專在戰，故商君之言如此。若和戰兼用之時，則恤商亦國之大政也。〔註 212〕

《定分篇》〔註 213〕：「此所生於法明白易知而必行。」　王荊公詩曰：「商鞅能令法必行。」〔註 214〕讀其書，乃知鞅之必能行其法者，明白易知也。荊公之行法，繳繞回互，故不如鞅矣。〔註 215〕

陸賈《新語．道基篇》〔註 216〕：「一茂一亡。」　「茂」當作「存」。草書「存」作「」，故譌為「茂」矣。〔註 217〕

「懷來萬邦。」〔註 218〕　按：漢高帝諱邦，陸生奏書，必不公犯其諱。「邦」字當為「國」也。〔註 219〕

「賢者建功。」〔註 220〕　此以「功」字與「行」、「彊」、「量」、「長」、

〔註 203〕見《商子》卷四《畫策第十八》。
〔註 204〕眉批：「又。」
〔註 205〕見《商子》卷四《畫策第十八》。
〔註 206〕眉批：「又。」
〔註 207〕見《商子》卷五《境內第十九》。
〔註 208〕眉批：「又。」
〔註 209〕見《商子》卷五《弱民第二十》。
〔註 210〕眉批：「又。」
〔註 211〕見《商子》卷五《外內第二十二》。
〔註 212〕眉批：「又。」
〔註 213〕見《商子》卷五《定分第二十六》。
〔註 214〕宋．王安石《臨川先生文集》卷三十二《商鞅》：
自古驅民在信誠，一言為重百金輕。今人未可非商鞅，商鞅能令政必行。
〔註 215〕眉批：「又。」
〔註 216〕見《新語》卷上《道基第一》。
〔註 217〕眉批：「諸子。」
〔註 218〕見《新語》卷上《道基第一》。
〔註 219〕眉批：「又。」
〔註 220〕見《新語》卷上《道基第一》。

「方」、「望」、「陽」、「殃」、「光」為韻，己讀「功」如「釭」矣。〔註 221〕

「鄉黨以仁恂恂，朝廷以義便便。」〔註 222〕　此用《論語．鄉黨篇》。案：鄭《注》：「恂恂，恭慎貌。便便，辯也。」各家皆就字義為解。陸生仁義之說，尤為心知其意。〔註 223〕

《術事篇》〔註 224〕：「書不必起仲尼之門。」　尊孔子，黜百家，自董仲舒始。陸生在漢初，宜有是言。〔註 225〕

《辨惑篇》〔註 226〕：「《詩》云：『有斧有柯』，言何以治之也。」　此逸《詩》也。〔註 227〕

《慎微篇》〔註 228〕：「孔子作公陵之歌」至「故曰無如之何者，吾末如之何也已矣」。　按：「無如之何」四字，當是公陵歌中之詞。《辨惑篇》言魯不能用孔子而引斧柯之詩，此又言「孔子政道隔於王家，仁義閉於公門，故作公陵之歌」，疑「有斧有柯，無如之何」即公陵歌之詞，猶《龜山操》〔註 229〕言「手無斧柯，奈龜山何」也。偽孔安國《論語注》曰：「言禍難已成，吾亦無如之何」，蓋本此意。〔註 230〕

「孔子曰：『有至德要道以順天下。』」〔註 231〕　此引《孝經》。〔註 232〕

《資質篇》〔註 233〕：「夫楩柟豫章」至「賤於枯楊」。　此節文似賦頌，楚人固漸染〔註 234〕屈、宋之流風也。〔註 235〕

「鮑邱之德行，非不高於李斯、趙高也，然伏隱於嵩廬之下，而不錄於

〔註 221〕眉批：「又。」
〔註 222〕見《新語》卷上《道基第一》。
〔註 223〕眉批：「又。」
〔註 224〕見《新語》卷上《術事第二》。
〔註 225〕眉批：「又。」
〔註 226〕見《新語》卷上《辨惑第五》。
〔註 227〕眉批：「又。」
〔註 228〕見《新語》卷上《慎微第六》。
〔註 229〕見漢．蔡邕《琴操》卷上《龜山操》。
〔註 230〕眉批：「又。」
〔註 231〕見《新語》卷上《慎微第六》。
〔註 232〕眉批：「又。」
〔註 233〕見陸賈《新語》卷下《資質第七》。
〔註 234〕眉批：「『染』字余添，或作『有』字，亦可。」
〔註 235〕眉批：「又。」

世。」〔註 236〕　鮑邱，俟考。〔註 237〕

《至德篇》〔註 238〕：「魯莊公一年之中」至「子孫反業」。　此篇及《懷慮篇》言魯莊公失德致亂之事，足補《三傳》之未備，惜所引《穀梁》之文缺佚不可見。〔註 239〕

《懷慮篇》〔註 240〕：「心無敧斜之慮。」　「敧斜」即「奇衺」之異文。〔註 241〕

《本行篇》：「身無其立。」　「立」，古「位」字。

《明誡篇》〔註 242〕：「故曰：則天之明，因地之利。」　此亦引《孝經》。〔註 243〕

《思務篇》〔註 244〕：「孔子曰：『行夏之時，乘殷之輅，服周之冕，樂則韶舞，放鄭聲，遠佞人。』缺三字。道而行之於世，雖非堯、舜之君，則亦堯、舜也。」　陸生陳義及此，是以堯、舜望漢高帝。惜乎，高帝卑！卑不足與於高論也。〔註 245〕

《傅子・仁論篇》「或曰：恥者其至者乎」以下二百餘言，皆與荀悅《申鑒・雜言下》篇末同。其略異者，三四字而已。古人著書，不應相襲如此。疑輯《傅子》者，捃摭偶誤耳。《申鑒》：「怒不亂德，喜不缺一字。義也。」《傅子》作「喜不亂義」。此可校補也。〔註 246〕

《墨子・所染篇》：「晉文染於舅犯、高偃。」畢秋帆校云：「未詳。《呂氏春秋》「高」作「郤」，疑當為郤。晉有郤氏。」余案：高與郤皆郭之壞字。《國語》：「文公問於郭偃。」韋《注》云：「郭偃，卜偃。」又「惠公隕於韓。郭偃曰：『善哉！眾口禍福之門。』」《注》：「偃，晉大夫。」《商君書》亦引「郭偃之法」。又《史記・晉世家》：「卜偃曰：『畢萬之後必大。』」《集解》引賈逵

〔註 236〕見陸賈《新語》卷下《資質第七》。
〔註 237〕眉批：「又。」
〔註 238〕見《新語》卷下《至德第八》。
〔註 239〕眉批：「又。」
〔註 240〕見《新語》卷下《懷慮第九》。
〔註 241〕眉批：「又。」
〔註 242〕見《新語》卷下《明誡第十一》。
〔註 243〕眉批：「又。」
〔註 244〕見《新語》卷下《思務第十二》。
〔註 245〕眉批：「又。」
〔註 246〕眉批：「諸子。」

曰：「卜偃，晉掌卜大夫郭偃。」此與舅犯並稱，當是卜偃。〔註 247〕

《尚書・盤庚上》，《正義》曰：「汲冢古文云：『盤庚自奄遷於殷，殷在鄴南三十里。』束晳〔註 248〕云：『《尚書序》：盤庚五遷，將治亳殷。』舊說以為居亳，亳殷在河南。孔子壁中古文云『將始宅殷』，是與古文不同也。」按：壁中書西晉猶存，故束晳取以較汲冢之書，出其同異。《書序》言「治亳殷」者，蓋今文家說，皆以盤庚為遷殷變法，故墨子言「殷之盤庚，大其先王之室，而改遷於殷，茅茨不翦，采椽不斲，以變天下之視」〔註 249〕。荀悅《申鑒・時事篇》亦云「盤庚遷殷，革奢即約，化而裁之，與時消息，眾寡盈虛，不常厥道，尚知貴敦古今之法也。」《史記・殷本紀》曰〔註 250〕：「乃遂涉河南，治亳，行湯之政，然後百姓由寧，殷道復興。諸侯來朝，以其遵成湯之德也。」今讀其書，民之矢言則曰：「今不承於古，罔知天之斷命，矧曰其克從先王之烈？」〔註 251〕蓋謂其不能用當時之法，況能行湯之政乎？盤庚之斅於民則曰：「肆上帝將復我高祖之德，亂越我家。」〔註 252〕稱上帝、高祖以定民志，而顧以劓殄無遺，刦之以罰及爾身懼之，豈殷民之頑果至是乎？殷之開國，至是二十餘傳，盤庚之即位，又當九世之亂。在位之人，不施實德，惟聯婚友〔註 253〕、貝玉〔註 254〕、貨寶〔註 255〕之外，一無所知，法度之不正悉由於。此盤庚乃毅然遷都，反質還醇，變其耳目。其所謂「以常舊服」〔註 256〕者，皆其丕煥新猷者也。鄭康成注《書序》云：亦見《正義》。〔註 257〕「民居耿久，奢淫成俗，故不樂徙。」王肅專謂君奢，皇甫謐專謂民奢。〔註 258〕然王

〔註 247〕眉批：「諸子。」

〔註 248〕「晳」，原作「哲」，據下文及《尚書正義》卷九《盤庚上》改。

〔註 249〕見《說苑》卷二十《反質》。
按：又見畢沅校注《墨子》卷十五《佚文》，稱：「見《說苑》，疑《節用》中下篇文。」

〔註 250〕見《史記》卷三《殷本紀》。

〔註 251〕見《尚書・盤庚上》。

〔註 252〕見《尚書・盤庚下》。

〔註 253〕《尚書・盤庚上》：「汝克黜乃心，施實德於民，至於婚友；丕乃敢大言，汝有積德。」

〔註 254〕《尚書・盤庚中》：「茲予有亂政同位，具乃貝玉。」

〔註 255〕《尚書・盤庚下》：「朕不肩好貨，敢恭生生，鞠人、謀人之保居，敘欽。今我既羞告爾於朕志，若否，罔有弗欽。無總於貨寶，生生自庸。」

〔註 256〕見《尚書・盤庚上》。

〔註 257〕「亦見正義」，原作「亦正見義」，據稿本改。

〔註 258〕《尚書正義》卷九《盤庚上》：

肅又言「邑居墊隘，水泉瀉鹵，不可以行政化」，則陳義殊淺。孔《傳》無奢侈之說，但言「水泉沉溺，無安定之極」，故欲遷都，尤失經旨。夫僅避水患，而民動浮言，君求杜口，尚成何盛治之文哉？蓋三代以前，能於積弊之時，行非常之舉，與民更新者，惟盤庚為能。然不厲其威刑，亦無能為役，觀古者可以鑒也。〔註 259〕

《史記》〔註 260〕：「武王封紂子武庚、祿父，以續殷祀，令修行盤庚之政，殷民大說。」蓋盤庚之政，當時必別有成憲。《書》所錄《盤庚》三篇，則當時欲變行新政之詔令耳。

《孔叢子・論書篇》〔註 261〕：「《書曰》〔註 262〕：『茲予大享於先王爾祖其從與享之。』季桓子問曰：『此何謂也？』孔子曰：『古之王者，臣有大功，死則必祀之於廟，所以殊有績、勸忠勤也。盤庚舉其事，以厲其世臣，故稱焉。』」余案：沮變法者，惟世家為甚，其力既足以抗國家，其言尤足以動眾庶。故中葉以後，因循不振，明知法弊而莫敢言變，以至於亡者，恒必由之。盤庚臨以威刑，質之鬼神，而後九世之亂倏然更始，上稽古昔，旁證列邦，窮變通久之道，其可忽諸？

明何孟春《餘冬序錄》卷一云〔註 263〕：「陰陽書五行十二位，以長生、

王肅云：「自祖乙五世至盤庚，元兄陽甲，宮室奢侈，下民邑居墊隘，水泉瀉鹵，不可以行政化，故徙都於殷。」皇甫謐云：「耿在河北，迫近山川，自祖辛已來，民皆奢侈，故盤庚遷於殷。」

〔註 259〕眉批：「經義。書」、「論史」、「治略」。

〔註 260〕見《史記》卷三《殷本紀》。

〔註 261〕見漢・孔鮒《孔叢子》卷一《論書第二》。

〔註 262〕見《尚書・盤庚上》。

〔註 263〕見《餘冬錄》卷一《天文》。

按：此說實本宋・吳曾《能改齋漫錄》卷五《辨誤・五行無絕理》，曰：今諸命書，如唐李虛中、本朝林開之大論五行十二位，自長生、沐浴、冠帶、臨官、帝旺、衰、病、死、墓、絕、胎、養，配於子丑十二辰，以見五行生壯老。然予嘗疑五行無絕之之理，蓋本於京房易傳寫之誤耳。京氏曰四絕者，已為水土絕，申為木絕，亥為火絕，寅為金絕。且五行本乎陰陽，使世一日而無陰陽，其可乎？則五行決無絕之之理。蓋「絕」乃「糸包」字傳寫之誤，乃兩字合為一耳。嘗考唐左拾遺李鼎祚所修梁元帝、陳樂產、唐呂才《六壬書》，名《連珠集》。其論五行之所始終，一曰水，其糸包在已，其胎在午，其養在未，其生在申，其沐浴在酉，其冠帶在戌，其臨官在亥，其旺在子，其衰老在丑，其病在寅，其死在卯，其入墓在辰。至於火則曰其糸包在亥，至於木則曰其糸包在申，至於金則曰其糸包在寅。凡巳、申、亥、寅，各稱糸包之所在。蓋五行既墓，其生也必有萌芽以先之，故始有所繫，而繼之以

沐浴、冠帶、臨官、帝旺、衰、病、死、墓、絕、胎、養，配於子丑十二辰，為五行之終始。吳曾《漫錄》謂『五行無絕理』，蓋京房《易傳》寫之誤耳。京氏見諸四絕，曰已為水土絕，申為木絕，亥為火絕，寅為金絕。五行本乎陰陽，陰陽一日不可無五行，其可絕乎？唐李鼎祚《梁元帝、陳樂產、唐呂才六壬書·論五行》，一曰水，其糸包在巳，其胎在午，其養在未，其生在申，其沐浴在酉，其冠帶在戌，其臨官在亥，其旺在子，其衰老在丑，其病在寅，其死在卯，其入墓在辰；至於火，則曰其糸包在亥；木則曰其糸包在申，金則曰其糸包在寅。凡巳、申、亥、寅，各稱糸包之所在。蓋五行既墓，其生也必有萌芽以先之，故始有所繫，而繼之以胎，其無絕理明甚。《黃帝經·五行十二變篇》：一變而生，二變而浴，三變而官，四變而臣，五變而君，六變而委，七變而病，八變而死，九變而藏，十變而止，十一變而渾，十二變而育，止而渾，渾而育，育而生，晝運齊日，夜運擬星，五吉七凶，自然之經。蓋止者糸包也，渾者胎也，育者養也。晝夜之道，固無絕理。『絕』蓋『糸包』兩字，後人傳寫失真，合而為一耳。古說左腎，其府膀胱；右腎命門，其府三焦。丈夫以藏精，女子以糸包，糸包所以成胎也。」焦袁熹《此木軒雜著》卷八〔註 264〕錄孫昭《糸包考》，與孟春說同，大約本之何氏。焦南浦推之曰：「五行家以申子辰為水局，亥卯未為木局，寅午戌為火局，巳酉丑為金局，取始生、中旺、終墓之義而已。糸包者，生之始。長生者，生之極也。沐浴者，旺之始。帝旺者，旺之極也。衰老者，墓之始。墓者，墓

胎，以明無絕之之理。其義甚明。且《黃帝八五經·五行十二變篇》云：「一變而生，二變而浴，三變而冠，四變而臣，五變而君，六變而委，七變而病，八變而死，九變而藏，十變而止，十一變而渾，十二變而育，止而渾，渾而育，育而生，晝運齊日，夜運擬星，五吉七凶，自然之經。」且止者，糸包也；渾者，胎也；育者，養也。其言晝夜之運，則無絕之之理。糸包本兩字，後人傳寫失真，合而為一，今不取。

另，俞樾《茶香室叢鈔》茶香室續鈔卷二十一《五行無絕理》：

宋吳曾《能改齋漫錄》云：「五行無絕之之理，蓋本於京房《易傳》，寫之誤耳。京氏曰四絕，巳為水土絕，申為木絕，亥為火絕，寅為金絕。『絕』乃『糸包』字，兩字合為一耳。唐左拾遺李鼎祚所修梁元帝、陳樂產、唐呂才六壬書，名《連珠集》。其論五行之所始終，水糸包在巳，火糸包在亥，木糸包在申，金糸包在寅。凡巳申亥寅各稱糸包之所在。蓋五行既墓，其生也必有萌芽以先之，故始有所繫，而繼之以胎，以明無絕之之理。」按：此說可信。願與精於術省參之。

〔註 264〕見焦袁熹《此木軒雜著》卷八《糸包》。

之極也。曰申子辰亥卯未云云者，皆舉其末而言，蓋牉論之則有三節，細分之則每節中各有四焉。造化之氣，消息密微，無驟消倏息之理，於此可見。若易糸包曰絕，則絕者既不可以言生之始。墓後有絕，獨得五位，而胎、養、生僅得其三，不均甚矣。吾故曰孫子之說是也。」南浦蓋未見何氏書。然「絕」為「糸包」二字之誤，以三家之說證之，固灼然無疑也。蘇子由《龍川略志》〔註 265〕：「彭山隱者弟子單驤云：『古說左腎，其府膀胱；右腎命門，其府三焦。丈夫以藏精，女子以糸包。』」「糸包」即糸包，字義尤顯。〔註 266〕

《公羊》隱元年《傳》〔註 267〕：「所見異辭，所聞異辭，所傳聞異辭。」何邵公注云：「於所傳聞之世，見治起於衰亂之中，用心尚麄牉，故內其國而外諸夏，先詳內而後治外。於所聞之世，見治升平，內諸夏而外夷狄。至所見之世，著治太平，夷狄進至於爵天下，遠近大小，若一用心，尤深而詳。」以此推之，博愛者，聖人之心。博愛而有先後者，聖人之治法也。子張問十世，孔子答以殷周損益，百世可知。然則雖更秦法，終或繼周。上憲文王，略從殷質，大一統之說，庶有驗乎？〔註 268〕

《穀梁》莊三年《傳》〔註 269〕：「獨陰不生，獨陽不生，獨天不生，三合然後生。故曰母之子也可，天之子也可。尊者取尊稱焉，卑者取卑稱焉。」《疏》釋曰：「凡物之生，皆資二氣之和，稟上天之靈知，不可以柔剛滯其用，不得以陰陽分其名，故云『三合然後生』也。雖資三合，然終推功冥極，故云『天之子』也。託之人事，故又曰『父之子』、『母之子』也。眾人亦稟天氣而生，不云天子者，天子取尊稱，眾人取卑稱也。」蓋同受之天，中國久知此義，所以尊卑殊稱者，一以消愚不肖覬覦之漸，一以使百姓知人本乎祖之恩。教忠教孝，於此寓焉。雖人人有自主之權，而干名犯分者尠矣。穀梁此《傳》深明教法，《疏》能得其義。凡此類者，固亦微言大義之所存也。〔註 270〕

《禮記・祭法》〔註 271〕：「大凡生於天地之間者皆曰命。」《正義》曰：「總包萬物故曰大。凡皆受天之賦命而生，故云『皆曰命』也。」《中庸》：「天

〔註 265〕見宋・蘇轍《龍川略志》卷二《醫術論三焦》。
〔註 266〕眉批：「五行」、「術數」。
〔註 267〕見《春秋公羊傳注疏》隱公卷第一。
〔註 268〕眉批：「經義。公羊。」
〔註 269〕見《穀梁傳注疏》莊公卷第五。
〔註 270〕眉批：「經義。穀梁。」
〔註 271〕見《禮記正義》卷四十六《祭法第二十三》。

命之謂性。」鄭《注》曰：「天命，謂天所命生人者也，是謂性命。」孟子曰〔註 272〕：「盡其心者，知其性也。知其性則知天矣。」趙《注》云：「知其性則知天道之貴善者也。」人受命於天，而存心養性以事之，則可以參天地，贊化育，何必僅知有自主之權而恣睢於一世乎？〔註 273〕

《公羊》桓十一年《傳》：「古者鄭國處於留，先鄭伯有善於鄶公者，通乎夫人，以取其國而遷鄭焉，而野留。」按：此必鄶公既死，鄶公夫人遂嫁鄭伯，故能有其國也。是西人嫁娶合國之例，中國春秋之前已有之。又莊二十四年《傳》：「夫人不僂，不可使入。與公有所約，然後入。」此亦西人婚嫁有約之例。何邵公《注》云：「約，約遠媵妾也。」恐臆度之辭。〔註 274〕

《周禮．環人》〔註 275〕：「訟敵國。」鄭《注》云：「敵國兵來，則往與訟曲直，若齊國佐如師。」按：經意云「訟敵國」，則不特往敵國訟之，尤當往列國訟之，使知曲直也。各國侵伐，皆有赴告之使，史得而書之，則必有訟告曲直之言，使得而傳之。此實古有公法之證。〔註 276〕

《公羊》閔元年《傳》：「子女子曰：『以春秋為《春秋》。齊無仲孫，其諸吾仲孫與？』」何邵公《注》云：「以史記氏族為《春秋》，言古謂史記為春秋。」按：邵公之意謂以史記氏族之書考春秋也。史記氏族猶《周譜》、《世本》之類。《疏》云：「謂以史記人之氏族而為《春秋》。」文義不明。然邵公之《注》，亦似未得《傳》意。「以春秋為《春秋》」者，言因仍《魯春秋》之舊文，不擅改也。「齊無仲孫」云云，乃子女子推測之說，與上句無涉，不必以史記氏族言之。此《經》當有闕文。《左傳》作「齊仲孫湫」，恐後人妄增。《穀梁》直斷為魯仲孫，亦失闕疑之義，不如此《傳》之慎。〔註 277〕

董仲舒救日食祝云：「炤炤大明，瀸滅無光，奈何以陰侵陽，以卑侵尊。」《〈周禮．大祝〉注》引之。〔註 278〕此盧仝《月蝕詩》〔註 279〕所本。其云「以陰侵陽卑侵尊」，蓋實知日食為月所掩，先於京房《易占》。又《穀梁》定元年

〔註 272〕見《孟子．盡心上》。
〔註 273〕眉批：「又。禮記。」
〔註 274〕眉批：「又。公羊。」
〔註 275〕見《周禮．夏官司馬第四》。
〔註 276〕眉批：「又。周禮。」
〔註 277〕眉批：「又。公羊。」
〔註 278〕見《周禮正義》卷二十五。
〔註 279〕見唐．盧仝《玉川子詩集》卷一。

《傳》〔註 280〕，《注》引禱辭曰：「方今大旱，野無生稼。寡人當死，百姓何謗。不敢煩民請命，願撫萬民，以身塞無狀。」《疏》引《考異郵》，說為僖公禱山川之辭。然《傳》所云「應上公」，則不得其解也。《山海經》有應龍，蓋即應上公。〔註 281〕

《淮南子・脩務訓》〔註 282〕：「攝提鎮星，日月東行。而人謂星辰日月西移者，以大氐為本。」是《淮南》已有天挈日月五星右旋之說。

顧亭林《日知錄》〔註 283〕：「日食，月揜日也。月食，地揜月也。西洋法未入中國，已有此論。漢張衡《靈憲》曰：『當日之衝，光常不合者，蔽於地也，是謂闇虛。在星星微，月過則食。』」然平子之說，尚在董、京之後。

《周官・外史》〔註 284〕：「掌三皇五帝之書，掌達書名於四方。」鄭《注》：「謂若《堯典》、《禹貢》，達此名使知之。或曰古曰名，今曰字，使四方知，書之文字，得能讀之。」案：《堯典》、《禹貢》乃《書》之篇名，周時固當人人習之，無庸外史達之四方。或說是也。《正義》引《聘禮記》云：「百名以上，書之於策。不滿百名，書之於方。」按：今本《儀禮》無二「之」字，亦是從或說。鄭注《聘禮》云：「名，書文也，今謂之字。」賈《疏》云：「名，書，文今謂之字者。」鄭注《論語》亦云：「古者曰名，今世曰字。」許氏《說文》亦然。蓋外史達此書名，則凡有新出之器，必有新命之名，其名皆受之王朝而達於列國。或沿用舊文，或改造新字，皆未可知，故曰「達書名」，不曰「達書文」也。《中庸》曰：「非天子不考文。」鄭《注》云：「文，書名也。」以此觀之，至孔子時，書尚同文，故周猶得為天下之共主。文字不亡，則朝野上下皆有以維繫於不敝，其用甚大。今時世人往往有略通各國語言，輒欲用其私智以撰定文字者，斯僭亂之道也。宋婁機《班馬字類》引鄭康成云〔註 285〕：「其始書之也，倉卒無字，或以音類比方假借為之，趣於近之而已。受之者非一邦之人，其鄉同言異，字同音異，於茲遂生輕重訛謬矣。」此又文字孳乳漸多之故也。然同文之世，終受裁於外史矣。〔註 286〕

〔註 280〕見《穀梁傳注疏》定公卷第十九。
〔註 281〕眉批：「天文」、「後人追封神祇以五等之爵，即以接應上公」。
〔註 282〕見《淮南子・脩務訓第十九》。
〔註 283〕見《日知錄集釋》卷三十《月食》。
〔註 284〕見《周禮正義》卷二十六。
〔註 285〕陸德明《經典釋文》卷一《序錄・條例》早引鄭玄此說。
〔註 286〕眉批：「經義。周禮。」

《爾雅・釋魚》〔註 287〕：「魵，鰕。」郭《注》云：「出穢邪頭國。見呂氏《字林》。」邢《疏》曰：「郭云見《字林》。案：《說文》亦云。」余案：景純引《字林》，不引《說文》，未詳其故。今《說文・魚部》：「魵，魚名，出薉邪頭國。」又，「鰕，魵也。」「薉」即「穢」字。穢邪頭當即濊貊。《後漢書》：「濊海出從魚。」〔註 288〕《三國志》作「斑魚」。〔註 289〕魵、斑雙聲。古無輕脣音，分字當讀如奔，故頒從分音。斑魚當即魵鰕矣。又《說文》記東方魚名最詳，魵、鰕之外，如鯢魚出薉邪頭國，鱅魚、鯜魚、鮇魚、鰯魚、魦魚、鱳魚並出樂浪潘國，鰸魚出遼東，鮮魚出貉國，鰅魚出樂浪東暆，此等疑皆因舊名而造新字，故多不見於他書。〔註 290〕

元余忠宣《青陽集・楊顯民詩集序》云〔註 291〕：「至元以下浸用吏，執政大臣亦以吏為之。中州之士見用者遂浸寡，況南方之地遠，多不能自至京師，抱才蘊者又往往不屑為吏，故見用者尤寡。及其久也，南北之士亦自町畦以相訾，甚若晉之與秦，不可與同中國，故南方之士微矣。延祐〔註 292〕中，仁皇初設科目，亦有所不屑而甘自沒溺於山林之間者，不可勝道。」〔註 293〕按：吾鄉明初科第之盛，冠各行省，而尤以吉安一府為最。相傳吉安以文信公殉難之故，有元一代不應科目，不圖仕進，故至洪武踐祚之後，鬱久而昌。余以《通志》考之，則元時吉安進士亦不乏人，不甚

〔註 287〕見《爾雅注疏》卷九。

〔註 288〕《後漢書》卷八十五《東夷列傳》：「濊北與高句驪、沃沮，南與辰韓接，東窮大海，西至樂浪。……海出班魚，使來皆獻之。」

〔註 289〕見《三國志》卷三十《魏書三十・烏丸鮮卑東夷傳》。
另，《太平御覽》卷八百九十七《獸部九》：
《博物志》曰：穢貊國，南與辰韓、北與句麗、沃沮接，東窮大海。海中出班魚皮，陸出文豹。

〔註 290〕眉批：「經義。爾雅」、「蠹魚」。

〔註 291〕見元・余闕《青陽先生文集》卷四《楊君顯民詩集序》。

〔註 292〕「祐」，底本作「祜」，據稿本改。

〔註 293〕明・李豫亨《推篷寤語》卷八《毗政篇上》：
元初惟才是用，尚多儒者。自至元以下，始浸用吏，雖執政大臣，亦以吏為之。由是中州小民，粗識字、能治文書者，得入臺閣共筆札，累日積月，皆可致通顯。中州之士，見用浸寡。況南方之地遠，士多不能自至於京師，其抱材蘊德者，往往不屑為吏，其見用尤寡。久則南北之士，亦自町畦以相訾。甚若晉、秦，不可與同中國。故南方之士愈微，士甘沒溺於山林之間，不可勝道。嗚呼！才惟取吏，罷科舉，擯儒士，此與秦之坑焚何異？甚至小夫賤隸，亦皆以儒為嗤，豈非世道之一大變與？

相應。或者信公賓客固執此節，非闔郡皆然。及讀此篇，乃知有宋遺民固多亮節，而元代仕途既隘，其見於史者固已漢人不及色目，南人不及漢人，而暗受擠排，又復如此之甚。其固結於山巔水涯而不圖揚於仕路者，君失其所以為君，民固不失其所以為民也。是以明太祖之開國，其制度不及漢、唐，其仁厚不及宋，而其為功則有過焉。享國二百餘年，既亡而民思之不置，豈無故哉？〔註 294〕

杜元凱《左傳集解序》：「聖人包周身之防，既作之後，方復隱諱以避患，非所聞也。」夫隱諱避患，即所以為周身之防。若崔浩之刊《魏史》，《呂覽》之懸國門，豈聖人事哉？杜之所言，是自相違反。〔註 295〕

《春秋．隱公九年》：「三月癸酉，大雨，震電。庚辰，大雨雪。」《左傳》云：「癸酉，大雨霖以震，書始也。庚辰，大雨雪，亦如之。書，時失也。凡雨，自三日以往為霖。平地尺為大雪。」劉原父曰〔註 296〕：「《經》有電無霖，《傳》有霖無電。丘明不宜改〔註 297〕電為霖，蓋其所據簡策錯誤，不能解決之於經，直因循舊記而已。」案：《左氏》本不傳《春秋》。此文「書始也」，竟未知何說。杜《注》：「書癸酉，始雨日。」尤無意義。《經》所重在「震電」，此《傳》「書始也」，猶言雷始震耳。總之，《左傳》多據舊史之文，極可寶貴。其書法及凡例，則斷斷出於附會，不足信。〔註 298〕

《孔叢子．執節篇》〔註 299〕：「邯鄲之民以正月之旦獻雀於趙王，而綴之以五綵，趙王大悅。申叔以告子順曰：『王何以為也？』曰：『正旦放之，示有生也。』子順曰：『此委巷之鄙事，非先王之法也。』」據此，是佛教未東，中國已有放生之說。〔註 300〕

《法救出曜經》卷二云：「昔有居士，財富無數，唯闕無息，晝夜愁憂。若我命終，所有財貨，盡沒入官。」今西人臨終無子女、無遺書者，財產入官，蓋略似天竺舊制。〔註 301〕

〔註 294〕眉批：「掌故」、「論史」。
〔註 295〕眉批：「論史」、「評論」。
〔註 296〕見宋．劉敞《春秋權衡》卷二。
〔註 297〕「改」，《春秋權衡》、稿本均作「革」。
〔註 298〕眉批：「經義。春秋左傳。」
〔註 299〕見《孔叢子》卷五《執節第十七》。
〔註 300〕眉批：「考證」、「諸子」。
〔註 301〕眉批：「考證」、「夷制」。

後漢支讖譯《阿閦佛國經》卷中云：「譬如出金地，無有礫石，亦無草木。中有紫磨金，人便取其金於火中，試消合以作諸物著之。」按：此天竺化學。消即化分，合即化合也。蘇子由《龍川略志》卷五云〔註302〕：「有商人自言於戶部有祕法，能以膽礬點石為銅者，諸公惑之，令試斬馬刀所，後竟不成。」按：此等亦化學之萌芽，而子由諭之以法所禁。則中國藝學之不昌，未嘗不由法禁之太密也。〔註303〕

宣五年《左傳正義》、《吳語韋氏注》皆以「丁寧」為「鉦」。《左傳》寺人披，《國語》作寺人勃鞮，皆二合音字。

《緇衣》〔註304〕：「君子道人以言而禁人以行。」鄭《注》：「禁猶謹也。」愚按：禁從示，故禁有示義。《周官》所言禁令，猶後世所言示約也。此文「禁人以行」，即示人以行也，《注》義似隔。〔註305〕

《孝經》：「示之以好惡而民知禁。」「禁」字與「示」字相應，言下知上之所示也。不然，示之以惡者，當知所禁。示之以好者，亦何所為禁乎？〔註306〕

《史記·白起王翦列傳》〔註307〕：「太史公曰：當是時，翦為宿將，始皇師之。然不能輔秦建德，固其根本，偷合取容，以至圽身。」是始皇曾學兵法。《晉書·石勒載記》〔註308〕：「子弘受經於杜嘏，誦律於續咸。勒曰：『今世非承平，不可專以文業教也。』於是使劉徵、任播授以兵書，王陽教之擊刺。」石勒之意，乃與秦合。〔註309〕

今歐洲各國治法，頗近墨子，於是讀墨子書者亦漸多。韓昌黎孔、墨相用之說〔註310〕，皆以為卓識矣。昌黎之前，則《抱朴子·省煩篇》云〔註311〕：「人倫雖以有禮為貴，在乎升降揖讓之繁重，跽拜俯伏之無已邪？往者天下

〔註302〕見《龍川略志》卷五《不聽祕法能以鐵為銅者》。
〔註303〕眉批：「西學」、「理化」。
〔註304〕見《禮記·緇衣第三十三》。
〔註305〕眉批：「經義。禮記」、「小學。訓詁」。
〔註306〕眉批：「又。孝經」、「又」。
〔註307〕見《史記》卷七十三。
〔註308〕見《晉書》卷一百五。
〔註309〕眉批：「武學。」
〔註310〕《昌黎先生文集》卷十一《讀墨子》：「孔子必用墨子，墨子必用孔子。不相用，不足為孔墨。」
〔註311〕見《抱朴子外篇》卷三十一。

無事，好古官長，時或修之，至乃講試累月，督以楚撻，晝夜修習，廢寢與食。一日試之，猶有過誤。以此為生民之常事，至難行也。此墨子所謂『累世不能盡其學，當年不能究其事』者也。墨子之論，不能非也。但其張刑網，開途徑，浹人事，備王道，不能曲述耳。至於譏葬厚，刺禮煩，未可棄也。自建安之後，魏之文、武送終，制務在儉薄，此則墨子之道有可行矣。」是葛稚川亦以墨道為有可行，且未嘗不行於歷代也。孫仲頌《墨子後語》〔註312〕未錄此條，故特著之。〔註313〕

《樂記》〔註314〕：「治亂以相，訊疾以雅。」鄭《注》：「相即拊也，亦以節樂。拊者，以韋為表，裝之以糠糠。一名相，因以名焉。今齊人或謂糠為相。雅亦樂器名。」余按：《荀子·成相篇》即用此「相」字，故云「請成相，言治方」，所謂治亂以相也。楊倞以來，均不得其解。張子《正蒙》云〔註315〕：「樂器有相，周召之治與？」〔註316〕

王漁洋《香祖筆記》云：「沈磵芳云：曾見諸生中有油姓、煙姓。」卷十二。又云：「近在部，見爰書有妙姓、𪓿姓、盤姓、民姓、纆姓、杵姓、畣姓、律姓、茶姓、煙姓、穰姓、首姓、威姓、冰姓、坎姓、榻姓、案：當是褟姓之誤。攬姓、慈姓。」案：爰書中異姓頗多。余在內閣批本時，亦頗見之。然恐為有司避改，或因供詞譌謬而然，故未錄入希姓。惟記河南有相里姓，當是相里勤之後。又湖南醴陵有漆雕姓。按：《涑水紀聞》〔註317〕：開杜祁公之妻乃相里氏。　畣音與畜同，丑救切，見《唐高僧傳》。今讀音醜者，非是。首姓則郴州巨族也。〔註318〕

党懷英《醇德王先生墓表》〔註319〕：「先室宋氏，再室甲氏。」是金時有甲姓。〔註320〕

〔註312〕清·孫詒讓（字仲容）《籀廎述林》卷五有《墨子後語小敘》。

〔註313〕眉批：「諸子。」

〔註314〕見《禮記·樂記第十九》。

〔註315〕見《正蒙·樂器篇第十五》。

〔註316〕眉批：「經義。樂記。」

〔註317〕《涑水記聞》卷十：「杜祁公衍，杭州人。……貧甚，傭書以自資。嘗至濟源，富民相里氏奇之，妻以女。」

〔註318〕眉批：「氏族」、「入卷一希姓一條」、「唐譯《涅槃經》後分卷下有婆羅門姓煙，此煙姓或印度種」。

〔註319〕党懷英《大金故醇德王先生墓表》，見清·畢沅《山左金石志》卷十九。

〔註320〕眉批：「又。」

《高僧傳》:「晉釋慧永,姓鄱,河內人。」卷六。「宋釋超進,姓顓頊氏,長安人。」卷八。〔註 321〕

每月初旬,古人但稱一日二日等。其加初字,宋時始行。錢辛楣先生曾言之。余前卷亦有考訂。〔註 322〕今案:北涼曇無讖譯《大般涅槃經·師子吼菩薩品》云:「佛言我為六師,從初一日至十五日現大神通。」是晉時已有此語。然惟第一日加初字,餘九日則未見也。陳真諦譯《阿毘曇論》第二云:「是月初八日、十四及十五。」是餘日加初字,六朝時始有之。

陳亮《律音譜》用十四律以折半起算,而力詆三分損益、隔八相生之說,可謂妄作。惟以俗行字譜上為宮音,尺為商音,工為角音。凡為變徵音,合為徵音,四為羽音,乙為變宮音。似尚不為張得天所誤。又其駁律呂上生下生云:「損益有互用到底者,有從中疊益者。互用到底者,必將大呂、夾鍾、仲呂三律生短乃用二倍之數以長之。從中疊益者,恐將大呂、夾鍾、仲呂三律生短乃在甤賓轉損以益之。夫此中損益,宜循自然之理,何得操縱由人也?」此條不為無理。余亦恒蓄此疑,當俟精音學者問之。〔註 323〕

《大唐內典錄》卷十:「《牟子》。一云《蒼梧太守牟子博傳》。」子博蓋牟融字。〔註 324〕

《大唐內典錄·後周經錄》云〔註 325〕:「《至道論》、《淳德論》、《遺執論》、《不殺論》、《去是非論》、《修空論》、《影喻論》、《法界寶人銘並序》、《厭食想文》、《僧崖菩薩傳》、《韶法師傳並序贊》、《驗善知識傳》。右一十卷,武帝世沙門釋亡名著。俗宋姓,諱闕殆。南陽人。為梁竟陵王友,曾不婚娶。梁敗出家,改名上蜀。齊王入京請將謁,帝以元非沙門,欲逼令反俗,並遣少保蜀郡公別書勸喻。報書云六不可。其後略云:「沙門持戒,心口相應。所列六條,若有一誑,生則蒼天厭之,靈神殛之;死則鐵鉗拔之,融銅灌之。仰戴三光,行年六十。不欺暗室,況乃明世。且鄉國殄喪,宗戚衰亡。貧道何人,獨堪長久?誠得收跡山中,攝心塵外,支養殘命,敦修慧業,此本志也。寄骸精舍,乞食王城,稱力行道,隨緣化物,此次願也。如其不爾,觸處邱壑,安能憒憒久住閻浮地乎?有集十卷,文多清素語。恒勸善,存質去華,見重於世。」余

〔註 321〕眉批:「又。」
〔註 322〕見卷九。
〔註 323〕眉批:「音律。」
〔註 324〕眉批:「考證。」
〔註 325〕見唐·釋道宣《大唐內典錄》卷五上。

譯其書，意眷懷家國，以死自誓，蓋梁之誼士，逃之方外者。惜其六條不可得見，故節操湮沒耳。特詳錄之，以補《獨行傳》焉。〔註 326〕

〔註 326〕眉批：「人品。」
另，此條下稿本有「周美成作賦」一條，眉批：「人品」、「文學。詩」；「彭崧毓《漁舟續談》記夷俗云」一條，眉批：「夷制」；「日本侗庵《古貨海防臆測》」一條，眉批：「武功」、「治略」；「近人《奇門遁甲源流》云」一條，眉批：「術數」、「著述」；「今制：祝皇太后皇帝壽曰萬壽」一條，眉批：「掌故」；「《立世阿毗曇論》卷二」一條，眉批：「輿地」；「顧亭林《菰中隨筆》云」一條，眉批：「論史」；「屈原《楚辭》」一條，眉批：「文學。楚詞」。
按：此八條均見刻本卷二十六（稿本第二十五冊），故此處不錄。
此外，稿本又附某刻本書影六張（「周美成作賦」、「彭崧毓《漁舟續談》記夷俗云」、「日本侗庵《古貨海防臆測》」、「近人《奇門遁甲源流》云」四條，及「《立世阿毗曇論》卷二」一行），天頭亦有批語。如「日本侗庵《古貨海防臆測》」批曰：「此條已見別卷，刪去」。恐是校樣。版心題「純常子枝語卷十七」。
又按：稿本乙封題「稿本乙封題「純常子枝語　第十六冊」，下僅有「周美成作賦」、「彭崧毓《漁舟續談》記夷俗云」、「日本侗庵《古貨海防臆測》」、「近人《奇門遁甲源流》云」、「今制：祝皇太后皇帝壽曰萬壽」、「《立世阿毗曇論》卷二」、「顧亭林《菰中隨筆》云」、「屈原《楚辭》」諸條。書影六張則位於封題「稿本乙封題「純常子枝語　第十七冊」頁後。

卷十七〔註1〕

《易．觀》卦《彖〔註2〕》曰：「聖人以神道設教，而天下服矣。」《正義》曰：「聖人法天之神道，本身行善，垂化於人，不假言語教戒，不須威刑恐逼，在下自然觀化服從。」《象》曰：「風行地上，觀。先王以省方觀民設教。」《正義》曰：「觀看民之風俗，以設於教。」按：《希臘志略》〔註3〕：「希臘諸國初立盟會，俱有奉神意。」又人君皆兼祭司長。此可知神道設教，實因民俗。《虞書》至岱而行宗柴，〔註4〕此用阮文達說。夏誓於社而行賞戮，帝王政教不敢自專，託之於神，乃動民志。孔穎達謂「法天神道」，於義反虛，非《易．象》本旨也。〔註5〕

《樂記》曰〔註6〕：「天地之道，寒暑不時則疾，風雨不節則饑。教者，民之寒暑也。教不時，則傷世。事者，民之風雨也。事不節，則無功。」鄭《注》云：「教謂樂也。」按：《虞書》教胄子屬典樂之官〔註7〕，故古之言教多歸之樂，而樂實不足盡之。「教不時則傷世」者，國奢而不示之儉，國儉而不示之以禮之類。三王之道若循環，聖人固有隨時之權，教矣。〔註8〕

〔註1〕按：稿本題「《純常子枝語》第十七」。稿本乙封題「純常子枝語　第十七冊」。
〔註2〕「彖」，原作「象」，據稿本改。
〔註3〕見英．艾約瑟《希臘志略》第一卷《溯希臘人初始．初立盟會俱有奉神意》。
〔註4〕《書．舜典》：「至於岱宗，柴。」
〔註5〕眉批：「宗教。」
〔註6〕見《禮記．樂記第十九》。
〔註7〕《尚書．舜典》：「帝曰：『夔，命汝典樂，教胄子。』」
〔註8〕眉批：「又。」

《書・舜典》〔註 9〕：「帝曰：『契，百姓不親，五品不遜，汝作司徒，敬敷五教在寬。』」《正義》引文十八年《左傳》云：「布五教於四方。父義，母慈，兄友，弟恭，子孝。」《史記・五帝本紀》〔註 10〕：「五品不遜。」《集解》引鄭玄曰：「五品，父母兄弟子也。」亦用左氏說。按：中國古書言教者莫先於此。然以寬為訓者，蓋五常之性，民所固有，因勢而利導之，已可致內平外成之效也。若其不迪教典者，則皆自陷刑辟之徒，有王政以齊之，亦毋庸教中別為科律也。此伏羲、軒轅以來，聖人在天子之位，政教合一，故能若此之純粹矣。釋教、耶蘇教、穆教皆極重誡律，天主教、回教入教有誓，是敷教而不能寬，由於不因民性自然之故。《國語》曰〔註 11〕：「商契能和合五教，以保於百姓。」是以寬而得和，故百姓於以保聚也。〔註 12〕

《虞書》〔註 13〕：「慎徽五典。」孔氏《傳》云：「五典，五常之教。」文十八年《左傳》云：「《虞書》數舜之功曰『慎徽五典，五典克從』，無違教也。」蓋五教之法，遠在舜前。至堯、舜時，已稱為常典矣。孟子曰〔註 14〕：「飽食、煖衣、逸居而無教，則近於禽獸。聖人憂之，使契為司徒，教以人倫，父子有親，君臣有義，夫婦有別，長幼有敘，朋友有信。」孟子所述，與《左傳》略異，或《尚書》今古文師說有此異同。《孝經・開宗明義章第一》：「子曰：『夫孝，德之本也，教之所由生也。』」蓋萬物本乎天者，各國之所知物理也；人本乎祖者，中國之所盡人道也。故言中國之教者，當以孝為本。《大戴禮・五帝德篇》〔註 15〕：「契作司徒，教民孝友。」是與《左氏》說同。

《孝經》〔註 16〕：「子曰：『五刑之屬三千，而罪莫大於不孝。』」《呂氏春秋・孝行覽》云〔註 17〕：「五刑之屬三千，而罪莫大於不孝。」商之所制法也，蓋契敷五教之遺，而孔子述之。中國聖帝明王，皆以孝為教，而輔之以政，故不必假於鬼神之吉凶，而教不肅而成，政不嚴而治，此中國政教合一

〔註 9〕見《尚書注疏》卷三。
〔註 10〕見《史記》卷一《五帝本紀》。
〔註 11〕見《國語韋氏解》卷十六《鄭語》。
〔註 12〕眉批：「又。」
〔註 13〕見《尚書・舜典》。
〔註 14〕見《孟子・滕文公上》。
〔註 15〕見漢・戴德《大戴禮記》卷七《五帝德第六十二》。
〔註 16〕見《孝經・五刑章第十一》。
〔註 17〕《呂氏春秋》第十四卷《孝行覽第二》：「《商書》曰：『刑三百，罪莫重於不孝。』」

之大端也。《大戴禮・曾子大孝篇》云〔註 18〕:「民之本教曰孝。」《盛德篇》曰〔註 19〕:「凡不孝生於不仁愛也,不仁愛生於喪祭之禮不明。喪祭之禮所以教仁孝也,喪祭之禮明則民孝矣。」

《周禮》〔註 20〕:「大司徒之職,以鄉三物、教萬民而賓興之。一曰六德:知、仁、聖、義、忠、和。二曰六行:孝、友、睦、婣、任、恤。三曰六藝:禮、樂、射、御、書、數。凡萬民之不服教者與有地治者,聽而斷之。其附於刑者歸於士。」按:中國之教,條目燦然者,獨見此章。周公思兼三王,故立教必兼三代。蓋契敷五教之後,孔言四教之先,周制彌文,憲章有在,後世欲昌中國教法,宜以此為綱領也。又司徒之職,「辨十有二壤之物,而知其種,以教稼穡樹藝」,則農學亦由官教之,非如後世達官有賴其末而不知其本者矣。

天官小宰之職,「以官府之六職辨邦治。二曰教職,以安邦國,以寧萬民,以懷賓客。」《正義》言「安邦國,寧萬民,與教典同」。〔註 21〕按:太宰言教官府,而不言懷賓客,是其事異。「教官府」當如《注》說,司徒之職盡之。「懷賓客」,《注》謂「賓客來共其委積」,則似不然。「共委積」自屬禮職之事。《正義》以司徒下遺人當之,義亦未備。疑當時天下之教不能齊一,則其所行禮俗各有不同。「懷賓客」者,使各行其本俗而不至有所難,故屬教職之事矣。若唐時,使大秦寓客奉其景教,回紇降民行其穆教,亦懷賓客之所推也。土訓能知遠方土地之所宜,誦訓能道方志以知地俗,斯所以能懷之道歟?

《新約書》第三章云:「約翰見法利賽、撒土該人,多來受其洗。」《注》云:「法利賽,猶太教名。所講究者即遺傳之虛文,所務習者即瑣小之外禮,少有實德也。撒土該,亦猶太教名,與法利賽教不同。雖信摩西五經、他先知所著之書,卻不以為重。法利賽人所受之遺傳,亦皆輕視。撒土該人言無復生,無天使,無鬼魂,法利賽人言皆有之。」又第四章《注》云:「會堂即猶太人會集禮拜上帝、講解聖經之所。」第五章云:「耶蘇言:勿思我來欲廢壞律法及先知。我來非欲廢壞,乃欲成全也。我誠告爾,天地未廢,律法之一點一畫必不能廢。」又云:「我語爾,倘爾之義不勝於士子及法利賽人之義,

〔註 18〕見《大戴禮記》卷四《曾子大孝第五十二》。
〔註 19〕見《大戴禮記》卷八《盛德第六十六》。
〔註 20〕見《周禮・地官司徒第二》。
〔註 21〕見《周禮注疏》卷三。

斷不得入於天國。」《注》云：「律法先知，摩西所傳之五經也。先知，歷代先知所著之書也。律法先知包《舊約全書》。」按：耶蘇此言是依據摩西舊教，特自言其義勝於法利賽人耳。後來路德之申明耶蘇以駁天主，亦用此義。若穆教固與耶蘇同源，然其視律法先知之書，則不若耶蘇之重矣。

又第二十三章云：「偽善之士子與法利賽人，爾有禍矣。爾侵嫠婦之貲而佯為長禱，爾必受重刑也。」又云：「爾周行海陸，招一人進教，進則為地獄之人，較爾加倍也。」耶蘇以此譏法利賽人，然因以知祈禱上帝及周行水陸殷勤傳教之風，耶蘇即用猶太舊教規模也。

第二十二章撒土該引《摩西經》云：「人若無子而死，弟當娶其婦，生子以嗣兄。」《注》云：「見《舊約・申命記》五章五節六節，即以所生之子為其兄之後嗣也。摩西以其例賜猶太民，乃欲使其支派不紛亂，繼承而不絕也。」按：立教之初，必因當時現行之俗。不然，摩西雖繆，亦斷不以妻嫂教人。此事不概於人心。故今日凡自命文教之邦，大概無有行之者矣。特不知猶太人尚用此例否？當向西人問之。英吉利王顯理第八納其兄亞塔爾之妻加他鄰而國人不悅，乃偽為室女而納之，是其證。

按：耶蘇言上帝之外無二神，而祭司長以廣祀群神為職，故耶蘇之得罪者，祭司長為重，而謀必殺耶蘇者，亦祭司長為多。平心而論，刪除群祀，歸功上帝，自成一家之說，且可以節民財，一民志，未嘗非教之善者也。乃竟以是慘被極刑，故人尤痛之，歷久彌昌，正非無故。至於使啞者能言，盲者得視，魔鬼退避，寢聖復生，則各教之中，良多斯言。或生膺異稟，絕人思議；或術近巫覡，能顯神奇；或出於追慕之詞；或增於附會之筆。宇宙之大，何理不該？正不必執拘瞀之見，強加駁斥也。

《萬國史記》卷四云：「耶蘇即世後，其徒說教者尤眾。法路嘗遍遊巴勒斯坦、西里亞、小亞細亞、希臘諸國，自耶蘇徒播其教於諸國。諸國信羅國神教者漸衰。久之，耶蘇宗徒蔓延於歐羅巴。」

聞猶太教人言今歐羅巴所奉之耶蘇乃偽天主也，真天主尚未降世。至今雷電之時，猶太人每稽首求天主降生云。丁酉冬，余遇李提摩太於上海，問之，答云：「新見猶太教之主教者於美利堅，乃言耶蘇真天主矣，且改猶太教之禮拜日以從耶蘇。」按：猶太教之禮拜先天主教一日，回教之禮拜先天主教二日。

西人著書，言考天竺國前代，實止有釋迦牟尼佛。自生至今，約有二千五百年。其阿彌陀佛、彌勒佛等，皆假捏名號，絕無其人。見楊格非《德慧入門》。

按：後秦僧叡《妙法蓮華經後序》云〔註22〕：「壽量定其非數，分身明其無實，普賢顯其無成，多寶照其不滅。」是以道場成果，護法宏多。況西人所見天竺諸書未能該備，佛家權實兩義殊所難通，徒以疑情臆說論之，此世雄所以重言止不須說歟？

《出曜經》卷十八云〔註23〕：「外道梵志，所行不同，或有察而知者，或有入定而知者，或有聞教而悟者。此三種人，在世跨行，各自謂尊。蓋由如來未現於世，故曰察者布光明，如來未出頃。佛出放大明，無察無聲聞。」按此經稱「察者」，蓋亦先知之類。其聞教入定，皆在佛前，亦可云釋教之萌芽矣。

《西人教派叢書》云：「佛教約前耶蘇五百年許。費大教流弊既多，印度人多不之信，始各欲立新教。其中三教最著：一南佛教，一北佛教，一喝捍一作格那教。教。三教各有書。南佛教有叢書三種：一曰《毗尼》，為教中律法；一曰《蘇他》，為講明道理之書；一曰《阿毗達摩》，為論格致與變化之書。三書總名曰《三那》。北佛教書有九部，名曰《達摩》，即所謂法書。喝捍教書名曰《悉曇他》，共有四十五卷，總名《阿伽摩》。」以上各書，皆有英文譯本。

《瀛環志略》卷六云〔註24〕：「摩西率眾至迦南之耶路撒冷，遂王其地。示十誡以訓民，教以事神天，敬父母，勿殺，勿奸，勿盜，勿妄證，勿貪他人之財，七日禮拜，省過愆，是為西土立教之始。泰西人相傳天神降西奈山，現文字，摩西拜受，垂為十誡以教民，蓋託神道以起人之信耳。後來耶蘇教即本於此。」按：《創世記》第十七章言「神告亞伯拉罕云：『爾等所有男子，世世代代生下來第八日，都當受割禮』」。第三十四章：「希末人示劍，欲娶底拿為妻。雅各諸子云：『我等若將妹子給未受割禮人為妻，便是自取羞辱。』」第五十章：「約瑟在約但河外，哭其父七日。」是受割之禮及以七日為節，皆在摩西設教以前。而與異教不通婚姻，已見於此。回教用割禮，即沿摩西之舊。

《萬國史記》卷四《亞剌伯記》云：「摩哈默欲折衷摩西、耶蘇及本國三教，創一教法，以誘斯民，著教書曰《可蘭》，其教曰伊斯蘭。伊斯蘭，服從之義，言人宜服從神命也。」又曰：「摩西、基督，皆上帝使者也。上帝命余

〔註22〕見釋僧祐《出三藏記集．序卷八．法華經後序第九》。

〔註23〕《出曜經》卷十八《雙要品第二十九》：

察者布光明，如來未出頃。佛出放大明，無察無聲聞。外道梵志，所行不同，或有察而知者，或有入定而知者，或有聞教而悟者。此三種人，在世跨行，各自謂尊。蓋由如來未現於世。

〔註24〕見《瀛環志略》卷六《歐羅巴土耳其國》。

改革世界教法，唯可蘭誡教之從，即上帝意也。凡人之運命，皆上帝所定，前額有表識，不能以人智變之，人死則再生他世，受此世所行善惡之報。」按：言人死再生他世云云，是襲佛家輪迴因果之說，改耶蘇世界末日判斷之說也。此說較入理，故所立新教易得人信。《萬國史記》論之曰：「摩哈默生於釋迦、耶蘇之後，折衷其教。」然則摩哈默兼襲佛教之跡，倭人亦知之矣。

《萬國史記》卷三云：「一千五百二十四年，帖木兒郎五世孫巴卑爾入印度，取特里立國。卒，子武米恩立。卒，子亞格芭爾立。國力日強。一千五百九十四年，分國為十二省，憂教法駁雜，思別設一教，以齊民志，未果而卒。一千六百五十七年，阿倫格立，焚滅國中寺社，使國人強奉回教，不從者處極刑。」

又云：「印度東南有錫蘭島，相傳釋迦實生於此。按：此說誤。《涅槃經·憍陳如品》〔註 25〕：「瑠璃太子殺諸釋氏，壞迦毗羅城，阿難大哭，言我與如來俱生此城，同一釋種。」是佛生迦毗羅城無疑。近人頗有信生錫蘭之說，余別有考，不悉錄。　《佛本行經》言降迦維羅越，《古教彙參》言佛生印度北地，名內巴，古名蛤必剌。　按：蛤必剌即迦毗羅之對音，是也。山下一寺，貯釋迦涅槃真身及舍利子。民尤從佛教。」佛教自古行於此土。如大陸內地，皆奉婆羅門教。婆羅門教議論高妙，愚民或轢地羅車下，或以子女為犧牲，人死則棄之水，以飽魚鱉。有伉儷篤者，積薪焚夫屍，跳入火中。中國人以為五印度並奉佛教，是大誤。友人楊仁山云：婆羅門教中人不甚出遊。日本僧南條文雄曾於歐洲遇一人，聞其教於飲食最嚴，不食他食。即出遊歐洲者，亦僅食麪包，飲清水而已。戒律之嚴，殆過釋氏。然婆羅門教之大旨，謂凡物皆大自在天之所造。《涅槃經·梵行品》〔註 26〕：「阿闍世王大臣吉德言一切眾生，悉是自在天之所作。」故以事天為極，則與摩西、基督等教宗旨固頗合也。龍樹菩薩《十二門論》云〔註 27〕：「若他作苦者，則為是自在天，作如此邪見問，故裸形迦葉問。佛亦不答。而實不從自在天作，何以故？性相違故。如牛子還是牛。若萬物從自在天生，皆應似自在天，是其子故。復次，若自在天作眾生者，不應以苦與子，是故不應言自在天作苦。問曰：眾生從自在天生，苦樂亦從自在天所生，以不識樂因，故與其苦。答

〔註 25〕見《大般涅槃經》卷四十《憍陳如品第十三之二》。

〔註 26〕見《大般涅槃經》卷十九《行品第八之五》。
按：此與前所引《涅槃經·憍陳如品》，皆為天頭所補入之文字，疑同前一處作注文。

〔註 27〕迦葉摩騰譯《十二門論·觀作者門第十》。

曰：若眾生是自在天生者，唯應以樂遮苦，不應與苦；亦應但供養自在天，則滅苦得樂，而實不爾，但自行苦樂因緣而自受報，此佛教與各祆教異同之大端。非自在天作。復次，彼若自在者，不應有所須。有所須自作，不名自在。據此，則婆羅門稱天之名，當與摩西、耶蘇稍異。若無所須，何用變化作萬物，如小兒戲。復次，若自在作眾生者，誰復作是自在？若自在自作則不然，如物不能自作。若更有作者，則不名自在。復次，若自在是作者，則於作中無有障礙，念即能作。如《自在經》說：『此當是婆羅門經。自在欲作萬物，行諸苦行，即生諸腹行蟲。腹行蛇蠍之類。復行苦行，生諸飛鳥。復行苦行，生諸人天。若行苦行，初生毒蟲，次生飛鳥，後生人天。當知眾生從業因緣生，不從苦行有。』復次，若自在作萬物者，為住何處而作萬物？是住處為是自在作？為是他作？耶蘇亦稱天國，是有任處。若自在作者，為住何處作？若住餘處作，餘處復誰作？如是則無窮。若他作者，則有二自在，耶蘇每稱獨一上帝，蓋婆羅門亦與之同，故此語破之。是事不然。是故世間萬物非自在所作。復次，若自在作者，何故苦行供養於他，欲令歡喜，從求所願？若苦行求他，當知不自在。復次，若自在作萬物，初作便定，不應有變，馬則常馬，人則常人，而今隨業有變，當知非自在所作。復次，若自在所作者，即無罪福，善惡好醜皆從自在作故，而實有罪福，是故非自在所作。復次，若眾生從自在生者，皆應敬愛，如子愛父，而實不爾，有憎有愛，據此，則當時天竺亦有不事天者。故知非自在所作。復次，若自在作者，何故不盡作樂人？盡作苦人？而有苦者樂者，當知從憎愛生，故不自在。不自在故，非自在所作。復次，若自在作者，眾生皆不應有所作，而眾生方便，各有所作，故知非自在所作。復次，若自在作者，善惡苦樂事不作而自來，如是壞世間法，持戒修梵行皆無所益，而實不爾，是故當知非自在所作。復次，若福業因緣故於眾生中大，餘眾生行福業者亦復應大，何以貴自在？若無因緣而自在者，一切眾生亦應自在，而實不爾，當知非自在所作。若自在從他而得，則他復從他，如是則無窮，無窮則無因，如是等種種因緣，當知萬物非自在生，亦無有自在。」此門闢四邪見，而此節獨詳，蓋事自在天為印度盛行之婆羅門教說，故取其言而反覆辯之。然即以是為佛門與天主教之辯，亦無不可，故詳錄之，俟考各教者論定焉。《約百記》第十章云：「我厭煩性命，對神說：『你手所造的，你又苦待。』」即所謂苦由他作也。

《高僧傳．吳維祇難傳》云〔註28〕：「維祇難本天竺人，世奉異道，以火

〔註28〕見《高僧傳》卷一。

祀為上。」是天竺亦有火教，不獨波斯。朱蓉生《無邪堂答問》云〔註 29〕：「《佛說雜寶藏經》：『波羅奈國梵志事火，使火不絕。』《賢愚因緣經・優婆鞠提品》云：『梵志或事日月，翹腳向之；或復事火，朝夕燃之。』皆波斯火教。」余按：此皆印度本有之火教耳。《西域記・摩竭陀國》〔註 30〕：「伽耶山東南有二窣堵波，則伽耶迦葉波、捺提迦葉波事火之處。」《大唐內典錄》卷一〔註 31〕：後漢譯有《佛為事火婆〔註 32〕波羅門說法悟道經》。是婆羅門中兼有火教。《涅槃經・四依品》云〔註 33〕：「恭敬禮拜，猶如事火，婆羅門等。」《增益阿含經》卷四十一：「佛嚫云祠祀火為上。」卷二十六、七，並有此語。又《涅槃經・師子吼菩薩品》云〔註 34〕：「如婆羅門奉事火天，常以香花讚美禮拜，供養承事，期滿百年。若一觸時，尋燒人手，是火雖得如是供養，終無一念報事者恩。」

李提摩太《八星之一論》〔註 35〕云：「印度教又名婆羅門教，受教化者約二京零七兆人。」又云：「儒教、道教、婆羅門教，俱有至理名言，壽諸梨棗。受其教者，上則有治民之善政，下則有治己之潛修。」

《八星之一論》云：「地球上動植諸物，全藉日球之熱力，始能生養。」又云：「地球之電氣，亦與日球相關。」然則波斯之教，祭日祭火，不為無理，且得大報。天而主日之義，今雖僅存於孟買，猶願訪其書而讀之。又《希臘志略》卷一云〔註 36〕：「希臘北地，古有諸國，拜神盟會。即德勒非地十二國同立一會，以祭亞波羅大神之盟也。」又云：「亞波羅神，原為日之類。」然則希臘亦祭日，特不知與波斯異同若何。《古教彙參》「巴西教」一條所述，皆祚樂仁遏瓦遏斯之說，不足見波斯教之本旨。

《西人教派叢書》云：「波斯教學，為亞喇伯所傳，至今仍守舊法。其師以哥冷教書為貴。書中無數異說，無論智愚，俱為錮蔽。此指波斯習回教者

〔註 29〕見清・朱一新《無邪堂答問》卷二。

〔註 30〕《大唐西域記》卷八《摩揭陀國上》：

伽耶山東南有窣堵波，迦葉波本生邑也。其南有二窣堵波，則伽耶迦葉波、捺地迦葉波〔舊曰耶提迦葉，訛也。洎諸迦葉例無波字，略也。〕事火之處。

〔註 31〕見《大唐內典錄》卷一《歷代眾經傳譯所從錄第一之初》。

〔註 32〕「婆」，底本作「波」，據稿本、《大唐內典錄》改。

〔註 33〕見《大般涅槃經》卷六《如來性品第四之三》。

〔註 34〕見《大般涅槃經》卷三十一《師子吼菩薩品第十一之五》。

〔註 35〕英・李提摩太撰，清・鑄鐵盦譯《八星之一總論》，有清刻本。

〔註 36〕見英・艾約瑟《希臘志略》第一卷《溯希臘人初始・德廟十二族盟》。

而言。其烏美亞邑為古名人趙勞阿始端所生之地，其人始創古巫教。按：波斯教法之祖曰瑣羅斯的，紀元年五百五十一著述經書，稱波斯之聖。其說謂有二神以統宇宙，一曰和爾摩為善神，一曰亞利慢為惡神。二神各欲行其志，爭鬭不止。一萬二千歲之後，和爾摩大捷，而天下之惡皆消。」又曰：「公道者，赴樂土之梯航，雖暴惡者苟能悔過，淨刷塵心，則亦得受無限幸福。日月以和爾摩大能力造之，不可不崇敬。如地水火風，亦當加敬。故太陽以下諸神，列於祀典者甚多，國人皆奉其教。至紀元七百年代，始信摩哈默教。原波斯之初教，蓋源於印度之婆羅門，本與儒教相近。故其國勢隆盛，法度禮儀有可觀者。及回教興，捨舊從新，惑之甚者也。以至殘忍酷虐之風，千載如一日，殺君父，戕骨肉，無所顧忌，豈非奉教之失哉？」按：趙勞阿即祚樂阿士。

《古教彙參》三：「希拉基督士，以弗所人，生於耶蘇前五白三年。嘗云火能變化萬物，而不受萬物之變化，故尊為上帝。」又云：「火不獨能變化萬物，且能令物之弱者強，小者大，死者復生。日中之火，照臨萬方，使五穀暢，百卉榮，胎、卵、濕、化，生生不已。」夫人知之矣。若鑪中之火，不過以之炊爨，而人之性命賴之，不更為火能生物之大驗哉？余謂希拉基督士雖為希利尼人，而其說適足發明彼斯之火教也。

《禮記·儒行》篇題：「鄭《目錄》云：見《正義》。名曰儒行者，以其記有道德者所行也。儒之言優也，柔也，能安人，能服人。又儒者，濡也，以先王之道能濡其身。」按：儒為有道德者之名，非孔子立教之名也。孔子立教，以德行、言語、政事、文學分四科，不獨能安人服人，抑且能養人教人也。是以「魯哀公問孔子曰：『夫子之服其儒服與？』」〔註 37〕疑夫子特製其服，以章異其教。而孔子對以學博而服鄉。〔註 38〕學博者，兼百上之學。服鄉者，隨所處之俗。按：《晏子春秋·外篇》〔註 39〕：「齊景公欲封仲尼以爾稽，晏子曰：『行之難者在內，而傳者無其外，故異於服，勉於容。』」《墨子》作「機服勉容」。〔註 40〕此當時以異服譏儒之證。此即時中之聖之大凡也。曰「不知儒服」，明非別異於世，特設儒教也。曰「今眾人之命儒也妄常，以儒相詬病」，是儒之名在孔

〔註 37〕見《禮記·儒行第四十一》。

〔註 38〕《禮記·儒行第四十一》：「丘聞之也，君子之學也博，其服也鄉。」

〔註 39〕見《晏子春秋·外篇·不合經術者第八·仲尼見景公景公欲封之晏子以為不可第一》。

〔註 40〕《墨子·非儒下第三十九》：「機服勉容，不可使導眾。」

子前，且不獨孔門諸人，惜乎道德高賢之訓不盡傳於後世。《論語》〔註 41〕：「子謂子夏曰：『女為君子儒，無為小人儒。』」《論語》言儒，僅見此章。惟有小人之儒，故為世所詬病。劉寶楠《正義》曰：「《周官·太宰》：『四曰儒以道得民。』《注》：『儒，諸侯保氏有六藝以教民者。』《大司徒》：『四曰聯師儒。』《注》：『師儒，鄉里教以道藝者。』據此，則儒為教民者之稱。子夏於時設教，有門人，故夫子告以為儒之道。」余按：後世六經皆出子夏，荀卿之學亦出於子夏，故「儒」之一字遂專聖教之稱。揆之厥初，殆有未備。班生之志藝文，儒家僅列九流之一，其說本諸子政。子政，故儒家也，故謂堯、舜至孔子，列聖之學，儒家所得為多是也。而謂堯、舜至孔子所以教民者，其教名為儒教，不且由後目前，厚誣先聖也哉！周官竊謂後世若必析分儒教，當斷自子夏始。《史記·仲尼弟子列傳》〔註 42〕：「子謂子夏曰：『汝為君子儒，無為小人儒。』孔子既沒，子夏居西河教授，為魏文侯師。」是教授為儒家事。又《史記·儒林列傳》〔註 43〕：「太史公曰：余讀功令，至於廣厲學官之路，未嘗不廢書而歎也。」是史公所以名儒林之故，亦以學官任教授之事也。太宰「以九兩系邦國之民」，「三曰師以賢得民，四曰儒以道得民」。《周官》一書，未知與《論語》孰為先後。然即以《周官》論之，師所重在賢，則《論語》德行之科；儒所重在道，則《論語》文學之科。《正義》以為「諸侯以下又置以保氏之官，不與天子保氏同名，故號曰儒學。掌教學子以道德，故云『以道得民』」。其說混師儒為一，未合經旨。而孔子之為教者，尚有政事、言語二科，非師儒所能盡也。「夫子焉不學，而亦何常師」〔註 44〕，後世乃專以儒名之，而道轉隘矣。

孟子曰〔註 45〕：「逃墨必歸於楊，逃楊必歸於儒。」趙《注》云：「墨翟之道，兼愛無親疏之別，最為違禮。楊朱之道，為己愛身，雖違禮，尚得不敢毀傷之道。」陳東塾師嘗言：「楊朱人品甚高，近於儒者，故逃楊必歸儒。」竊以為皆未得孟子之意。天下之理，過、不及與中，三而已矣。墨子兼愛，至於摩頂放踵，以利天下，則愛人而極於不愛己，其過之者也。楊子為己，而至於為天下不肯拔一毛，是愛己而絕不愛人，其不及者也。惟儒者之道，推己及人，老吾老以及人之老，幼吾幼以及人之幼，使人各遂其私，而天下以成

〔註 41〕見《論語·雍也第六》。
〔註 42〕見《史記》卷六十七。
〔註 43〕見《史記》卷一百二十一。
〔註 44〕見《論語·子張第十九》。
〔註 45〕見《孟子·盡心下》。

其公，無過不及者也。不此，則彼理無所之，故逃墨必楊，逃楊必儒也。孟子之言主於仁義，而其要在於推己及人，是孟子之儒派也。

孟子之儒派重在德行，荀子之儒派重在文學。《史記・封禪書》〔註46〕：「上鄉儒術，招賢良趙綰、王臧等，以文學為公卿」是漢人以文學為儒術。《史記・儒林列傳》云〔註47〕：「田蚡為丞相，絀黃老刑名百家之言，延文學儒者數百人。」〔註48〕

《韓非子・五蠹篇》〔註49〕：「儒以文亂法。」又云：「夫離法者罪，而諸先生以文學取。」又云：「工文學者非所用。」《六反篇》云〔註50〕：「學道立方，離法之名也，而世尊之曰文學之士。」是韓非亦以文學為儒之名。

《韓詩外傳》卷五曰：「儒者，儒也，不易之術也。千舉萬變，其道不窮，六經是也。若夫君臣之義，父子之親，夫婦之別，朋友之序，此儒者之所謹守，日切磋而不捨也。」

楊子《法言・君子篇》〔註51〕：「通天地人曰儒，通天地而不通人曰伎。」

《史記・律書》云〔註52〕：「豈與世儒闇於大較，不權輕重，猥云德化，不當用兵，大至君辱失守，小則侵犯削弱。」按：冉有用矛〔註53〕，荀子議兵〔註54〕，儒家亦何嘗不通兵事？惟孟子欲救時弊，謂「善戰者宜服上刑」，後世沿襲其說，遂至深戒窮兵，不恥積弱，而諸夏不振，未始不由於此矣。

《遊俠列傳》云〔註55〕：「韓子曰：『儒以文亂法，俠以武犯禁。』二者皆譏，而學士多稱於世。」是儒偏於文，俠偏於武，特偏於文者致位通顯，故世多稱之耳。太史公敘遊俠，以季次、原憲為稱首。公晳哀〔註56〕事不多見，

〔註46〕見《史記》卷二十八《封禪書》。
按：此數語又見《史記》卷十二《孝武本紀》。

〔註47〕見《史記》卷一百二十一《儒林列傳》。

〔註48〕眉批：「《韓非子・五蠹篇》：『儒以文亂法』。又云：『夫離法者罪，而諸先生以文學取。』又云：『公文學者非所用。』《六反篇》：『學道立方，離法之民也，而世尊之曰文學之士。』是韓非法以文學為儒之名。」

〔註49〕見《韓非子》卷十九《五蠹第四十九》。

〔註50〕見《韓非子》卷十八《六反第四十六》。

〔註51〕見《法言・君子卷第十二》。

〔註52〕見《史記》卷二十五《律書》。

〔註53〕《左傳・哀公十一年》：「冉有用矛於齊師，故能入其軍。孔子曰：『義也。』」

〔註54〕《荀子・議兵篇第十五》：「臨武君與孫卿子議兵於趙孝成王前。」

〔註55〕見《史記》卷一百二十四《遊俠列傳》。

〔註56〕《遊俠列傳》，《集解》：「徐廣曰：『仲尼弟子傳曰公晳哀字季次，未嘗仕，孔子稱之。』」

若原憲之問恥〔註 57〕、辭粟〔註 58〕，實有俠士之風。即孔子教其以粟予鄰里鄉黨，亦以成俠士之志也。太史公蓋不獨以儒家為出於孔子，即遊俠亦出於孔門也。

《韓非子・顯學篇》云〔註 59〕：「自孔子之死，有子張之儒，子思之儒，顏氏之儒，孟氏之儒，漆雕氏之儒，仲良氏之儒，孫氏之儒，樂正氏之儒。漆雕之義，不色撓，不目逃，行曲則違於臧獲，行直則怒於諸侯，世主以為廉而禮之。」按：韓非稱漆雕之義，與孟子稱北宮黝略同，疑黝亦漆雕之派也。此又儒家之近於任俠者也。

《孔叢子・執節篇》〔註 60〕：「趙王問子順曰：『寡人聞孔子之世，自正考父以來，儒林相繼。仲尼重之以大聖，自茲以降，世業不替，天下諸侯咸資禮焉。先生承其緒，作二國師，載德流聲，將與天地相敝矣。』」按：後世以師儒之統專歸孔氏，蓋由世業之故也。

〔註 57〕《論語・憲問第十四》:「憲問恥。子曰:『邦有道，穀；邦無道，穀，恥也。』」

〔註 58〕《論語・雍也第六》:「子華使於齊，冉子為其母請粟。子曰:『與之釜。』請益。曰:『與之庾。』冉子與之粟五秉。子曰:『赤之適齊也，乘肥馬，衣輕裘。吾聞之也：君子周急不繼富。』原思為之宰，與之粟九百，辭。子曰：『毋！以與爾鄰里鄉黨乎！』」

〔註 59〕見《韓非子》卷十九《顯學第五十》。

〔註 60〕見《孔叢子》卷五《執節第十七》。

卷十八

《大般涅槃經・高貴德王菩薩品》〔註1〕：「世有眾生事八十種神，何等八十？十二日，十二大天，五大星，北斗，馬天，行道天，婆羅墮跋闍天，功德天，二十八宿，地天，風天，水天，火天，梵天，樓陀天，因提天，拘摩羅天，八臂天，摩醯首羅天，按：即婆羅門所謂大自在天。半闍羅天，鬼子母天，四天王天，造書天，婆藪天，是名八十。」又《憍陳如品》〔註2〕：「外道言：『大王，摩伽陀王。是月增減，大海鹹味，摩羅延山，如是等事，誰之所作？豈非我等婆羅門耶？大王，不聞阿竭多仙，十二年中恒河之水停耳中耶？大王，不聞瞿曇仙人，大現神通，十二年中變作釋身，並令釋身作羝羊形，作千女根在釋身耶？大王，不聞耆兔仙人，一日之中飲四海水，令大地乾耶？大王，不聞婆藪仙人，按：當即婆藪天。為自在天作三眼耶？大王，不聞羅邏仙人，按：當即阿羅羅。變迦羅富城作鹵土耶？大王，婆羅門中有如是等大力諸仙，現可檢校。』」《梵行品》云〔註3〕：「婆藪仙人唱言，殺羊得人天樂。」〔註4〕

《四相品》云〔註5〕：「如婆羅門所有語論，終不欲令剎利毗舍首陀等聞。何以故？以此論中有過惡故。」

《佛本行經〔註6〕品・瓶沙王問事品》云：「行且自思惟，不宜著婇服。

〔註1〕見《大般涅槃經》卷二十四《光明遍照高貴德王菩薩品第十之四》。

〔註2〕見《大般涅槃經》卷三十九《憍陳如品第十三之一》。

〔註3〕見《大般涅槃經》卷十九《梵行品第八之五》。

〔註4〕眉批：「《佛本行經》：『得無是北斗，七星第八者，或云乘馬宿，下行視世間。』乘馬宿蓋即馬天。」

〔註5〕見《大般涅槃經》卷五《如來性品第四之二》。

〔註6〕「經」，底本作「品」，誤。據《佛本行經》改。

忽見釋化作，獵師被袈裟。太子因語曰：『此服非汝宜，取吾金綵衣，卿袈裟與我。』獵師尋便與，木蘭真袈裟。受衣還釋形，忽然升虛逝。」是袈裟乃天竺獵師之服。《出曜經》卷五「儒童菩薩」一段，與此大略相同。《涅槃經・四相品》云：「雖復袈裟，猶如獵師。」《四依品》云〔註7〕：「有惡比丘聞我涅槃，不生憂愁。如來在世，禁戒嚴峻。今入涅槃，悉當放捨。所受袈裟，本為法式，今當廢壞，如木頭旛。」

《增壹阿含經・牧牛品》云〔註8〕：「佛在鴦藝村，告諸比丘沙門之行、婆羅門之行。」又云：「何名婆羅門？要行於是。比丘苦諦，如實知之。苦習，苦盡，苦出，要如實而知之。後以解此欲漏心、有漏心、無明漏心，而得解脫。已得解脫，便得解脫智。生死已盡，梵行已立，所作已辦，更不復受胎，如實知之。此名為婆羅門要行之法。」又云：「婆羅門盡除愚惑之法，名為梵志，亦名為剎利。復以何故名剎利？以其斷婬、怒、癡，故名為剎利。亦名為沐浴」云云。是佛兼為婆羅門作導師也。據《高幢品》〔註9〕，則佛先所收優留毗村三迦葉、眾二千比丘，蓋皆婆羅門。梵志亦婆羅門之稱。及歸迦毗羅衛國，真淨王言：「剎利之種，將諸梵志眾，此非其宜。剎利之種還得剎利眾。此乃為妙。」王告國中：「有兄弟二人，當取一人作道。其不爾者，當重謫罰。」爾時，出家者乃始多釋種矣。

朱蓉生《無邪堂答問》云〔註10〕：「俞理初謂《佛本行經》之『阿羅邏』即《景教碑》之『阿羅訶』，說亦近之。《四裔年表》：『周靈王二十一年，瑣羅阿斯得著經書，為波斯之聖。』又云：『周景王二年，釋迦卒。』年代固相接。釋迦嘗問法於阿羅邏，告以五大之義。又言阿羅邏在邊地作主。皆見《佛本行經》。佛謂天竺為中土，他國為邊地。此之邊地，即指波斯。」按：《涅槃經・師子吼菩薩品》云〔註11〕：「世尊於一切知見無閡，故名為佛。發言無二，故名如來。斷煩惱，故名阿羅訶。」是佛亦稱阿羅訶。阿羅訶乃天竺有道之名，非阿羅邏大仙。《翻譯名義集》云〔註12〕：「阿羅訶，此云應供，為天人福田，

〔註7〕見《大般涅槃經》卷六《如來性品第四之三》。
〔註8〕見《增壹阿含經》卷四十七《放牛品第四十九》。
〔註9〕見《增壹阿含經》卷十五《高幢品第二十四之二》。
〔註10〕見《無邪堂答問》卷二。
〔註11〕見《大般涅槃經》卷三十《師子吼菩薩品第十一之四》。
〔註12〕《翻譯名義集》一《十種通號第一》：「阿羅訶，秦云應供。大論云：應受一切天地眾生供養。」

應受一切天地眾生供養。」娑羅末底，《法界無差別論》云：「至於成佛位，不名菩提心，名為阿羅訶，淨我樂常度。」賢首《疏》云：「阿羅訶，此言應供，即十號之一也。」俞、朱之言皆誤。

《涅槃經．憍陳如品》〔註13〕：「有一梵志言：『瞿曇之言，如狂無異。或言從彼鬱頭藍弗、阿羅羅〔註14〕等，稟承未聞，或時說其無所知曉。』」《翻譯名義集》云〔註15〕：「阿羅羅，加摩羅仙人名也，亦名羅勒迦藍。」華言未詳。佛未成道時，曾覲之。「郁陀羅羅摩子，亦名鬱頭藍弗，此云猛喜，又云極喜。」《憍陳如品》又云〔註16〕：「汝謂須跋陀。師鬱頭藍弗，利根聰明，尚不能斷如是非想非非想處，受於惡身。」須跋陀述沙門婆羅門言，是猛喜亦婆羅門也。唐譯《涅槃經後分．遺教品》：「佛告阿難，吾未成佛，示入鬱頭藍弗外道法中，修學四禪八定，受行其教。吾成佛來，毀呰其法，漸漸誘進，最後須陀跋羅皆入佛道。」孫淵如《三教論》《問字堂集》卷二。云：「古無佛，則釋迦之道何所傳？」是未嘗涉獵佛典，故不知佛固嘗師鬱頭藍、阿羅羅矣。

《涅槃經．師子吼菩薩品》云〔註17〕：「六師詣波斯匿王，言：『大王，我經中說，過千歲已，有一妖祥幻化物出，所謂沙門瞿曇是也。』」據此，則外道諸家有在佛千年以前者，然亦正是耶蘇書中先知之類。《憍陳如品》云〔註18〕：「先舊智人說：過百年已，世間當有一妖幻出，即是瞿曇」云。《優婆塞戒經》卷五云：「外道說一切世間皆自在天作，亦復說言未來之世，過百劫已，當有幻出。」所言幻者，即是佛也。〔註19〕

釋寶雲《譯佛本行經》卷三《不然阿蘭品》述阿蘭言云：「我梵志法有八私事，號曰內法。又有十六疑亂諸事」云云。「菩薩不然。於是復詣迦蘭問法，為說八意，菩薩即了，微識故著，覺有是瑕。菩薩是故捨迦蘭法。」阿蘭蓋即阿羅羅，迦蘭疑即鬱頭藍弗。《出曜經》卷五亦作「阿蘭鬱頭藍弗」。〔註20〕

〔註13〕見《大般涅槃經》卷三十九《憍陳如品第十三之一》。

〔註14〕「羅」，《大般涅槃經》作「邏」。

〔註15〕《翻譯名義集》二《仙趣篇第十六》：「阿羅羅，迦摩羅，亦名羅勒迦。」

〔註16〕見《大般涅槃經》卷四十《憍陳如品第十三之三》。

〔註17〕見《大般涅槃經》卷三十《師子吼菩薩品第十一之四》。

〔註18〕見《大般涅槃經》卷三十九《憍陳如品第十三之一》。

〔註19〕眉批：「此條無阿羅羅事。」

〔註20〕眉批：「《涅槃經．高貴德王菩薩品》：『夜半踰城，至欝陀伽阿羅邏等大仙人所，聞說識處及非有想非無想處。』《師子吼菩薩品》『欝陀伽』作『欝陀仙』。」

《酉陽雜俎續集》〔註21〕：「釋氏《本行經》云：『自穿藏阿邏仙，言磨棘畫羽為自然義。』」

宋程輝《佛教西來應運略錄》〔註22〕云：「《准五分律》：釋迦佛生中印度迦維羅城剎帝利家。十九，踰城至雪山中。六年苦行。又至象頭山，學不用處定，三年知非，遂捨。又至鬱頭藍學非想定，三年知非，亦捨。」僧道原《景德傳燈錄》卷一〔註23〕引《普耀經》云：「太子於檀特山中修道，始於阿藍迦藍。按：即阿羅羅之詳文。處三年，學不用處定，知非，便捨。復至鬱頭藍弗處，三年學非非想定，知非，亦捨。又至象頭山，同諸外道日食麻麥，經於六年。」據此，則佛學不用處定乃從阿藍學，非在象頭山也。疑程輝引《五分律》略誤。

《增壹阿含經》卷二十三云〔註24〕：「世尊未成佛時，依大畏山而住，六年苦行，不得上尊之法。」是雪山一名大畏山也。

近世每謂佛教所行之地必削弱，耶蘇教所行之地必盛強，以此分其優絀。余謂佛本出世之教，不言世法；耶蘇以敬天為教，亦無富國強兵之術。各國之盛衰興廢，繫乎政者十之七八，繫乎教者十之二三耳。宋何尚之答宋文帝讚揚佛教事云：「夫禮隱逸則戰士怠，貴仁德則兵氣衰。若以孫、吳為志，苟在吞噬，亦無取堯、舜之道，豈唯釋教而已？」《弘明集》卷十一。〔註25〕又無名氏《正誣論》云：「佛禁殺生，斷婚姻，使無子孫。伐胡之術，孰良於此？」《弘明集》卷一。又釋三破〔註26〕者，謂佛入國破國，入家破家，入身破身。蓋

〔註21〕見《酉陽雜俎》續集卷四《貶誤》。

〔註22〕書名當作《佛教西來玄化應運略錄》。

〔註23〕見宋・釋道原《景德傳燈錄》卷一《敘七佛》。

〔註24〕見《增壹阿含經》卷二十三《增上品第三十一》。

〔註25〕又見《高僧傳》卷七《釋慧叡傳》。

〔註26〕《弘明集》卷八釋僧順《釋三破論》：

> 論云：入國破國。釋曰：夫聖必緣感，無往非應。結繩以後，民澆俗薄。末代王教，挻揚堯孔。至如沙法所沾，固助俗為化，不待形戮而自淳，無假楚撻而取正。石主師澄而興國，古王諮勃以隆道。破國之文，從何取說？
> 論云：入家破家。釋曰：釋氏之訓，父慈子孝，兄愛弟敬，夫和妻柔。備有六睦之美，有何不善，而能破家？唯聞未學道士，有赤章呪咀，發擿陰私，行壇被髮，呼天叩地，不問親疎，親相厭殺，此即破家之法矣。
> 論云：入身破身。釋曰：夫身之為累，甚於桎梏。老氏以形骸為糞土，釋迦以三界為火宅。出家之士，故宜去奢華，棄名利，悟逆旅之難常，希寂滅之為樂。流俗之徒，反此以求全。即所謂殺生者不死，生生者不生也。近代有好名道士，自云神術過人，尅期輕舉，白日登天。曾未數丈，橫墜於地。迫

以佛為故弱人國者多矣。尚之之言，果通論也。

又按：近時西人考印度教，云印度教徒九千六百餘萬人，此當時婆羅門教。回回教徒二千五百七十餘萬人，土人教俟考。三百二十餘萬人，佛教徒一百七十餘萬人。是佛教於印度，尚不及回教百分之一。其國之強弱，豈瞿曇所與聞哉？又印度有土枯教、日亞因教、拔兒時教，按：拔兒時蓋即《翻譯名義集·外道篇》之跋闍。邇來亦頗奉天主教。又《教派叢書》云：「印度人分四等，而立南佛教與喝捍〔註27〕教者，皆上等人不服婆羅門教者也。」佛教始於釋迦牟尼。喝捍教始於摩訶羅爾，與佛同時人，即佛經中所稱泥犍陀也，其人為若提族派。佛字之義為覺，喝捍二字有得勝之義。二教相同之處故多，不同之處亦復不少。今印度信南佛教者約二十九萬人，信喝捍者有五十萬人。按：喝捍教書名《悉曇他》，共四十五卷，名曰《阿伽摩》。《大寶積經》卷一百一十云：「於尼乾子、尼乾部眾諸外道，亦勿說之。」是當釋迦時尼乾已有部眾。又玄奘〔註28〕《西域記》云〔註29〕：「羯伽國周五千餘里，少信正法，多遵外道，異道甚眾，多是尼乾即泥犍陀。之徒。」又各國異道，多露形塗灰之侶。《西域記》又云〔註30〕：「自在天祠，塗灰外道之所宗事。」《翻譯名義集》云〔註31〕：「薩遮尼乾，此云離繫，自餓外道。尼乾亦翻不繫，拔發露形，無所貯蓄。」然則露形者即泥犍陀教，塗灰者或即所謂土枯教歟？

《景德傳燈錄》卷二〔註32〕：「鶴勒那尊者，月氏國人。年七歲，覩民間淫祀，入廟叱之曰：『汝妄興禍福，幻惑於人，歲費牲牢，傷害斯甚。』言訖，廟貌忽壞。」是佛法亦禁淫祠。

《萬國史記·東羅馬記》：「勒阿第三七百十七年為眾所擁立，深惡偶像，以為回教人侵略諸國實由耶蘇教徒拜偶像之惡風，命禁拜祀，廢毀偶像。教皇格勒革理第二非之，羅馬拉威那盡叛，投帝像於糞土中，殺嘗毀偶像者，由是遂失意大里大半。」羅馬、希臘二教分裂基此。

而察之，正大鳥之雙翼耳。真所謂不能奮飛者也。驗滅亡於即事，不旋踵而受誅，漢之張陵誣調，貢高呼曰米賊，亦被夷剪。入身破身，無乃角弓乎？

〔註27〕眉批：「『喝捍』，《西域記》云：『唐言東安國。』」

〔註28〕「又玄奘」，稿本作「又按元奘」。

〔註29〕見《大唐西域記》卷十。

〔註30〕見《大唐西域記》卷二。

〔註31〕見《翻譯名義集》二《外道篇第十九》。

〔註32〕見《景德傳燈錄》卷二《天竺三十五祖》。

魏默深《海國圖志》卷二十引《外國史略》云〔註33〕：「西刻地在後藏南。魏云即克什米耳。嘉慶年間倫亞升王所立國也。此君之祖曾取印度及回教二者參合為一，以宇宙萬物之主宰為萬土之王，盡絕神佛，自為一教。至倫亞升王募兵攻伐甲布居民，奪加治彌耳等地。」按：倫亞升王之祖蓋亦欲師穆罕默德之故智者，然其福力彌不逮也。穆罕默德命曰哈聽，猶言封印。見杭大宗《景教續考》。〔註34〕而後之傚之者乃紛紛也。

〔註33〕見《海國圖志》卷二十《西南洋．五印度土君藩屬國》。

〔註34〕清．杭世駿《道古堂全集》文集卷二十五《景教續考》：

錢氏作《景教考》，曰大秦，曰回回，曰末尼。大秦則范蔚宗已為立傳，末尼因回回以入中國，獨回回之教種族蔓衍，士大夫且有慕而從之者。其在唐時，史固稱其創邸第、佛祠，或伏甲其間，數出中渭橋，與軍人格鬥，奪含光門魚契走城外。而摩尼至京師，歲往來西市，商賈頗與囊槖為奸。李文饒亦稱其挾邪作蠱，浸淫宇內。則其可絕者匪特非我族類而已。

回回之先，即默德那國國王穆罕默德，四譯館考作「謨罕蓦德」。生而靈異，臣服西域諸國，尊為別諳援爾，華言天使也。而天方古史稱阿丹，奉真宰明諭，定名定制，傳及後世。千餘載後，洪水泛濫，有大聖努海受命治世，使其徒眾四方治水，因有人焉。此去阿丹降世之初，蓋二千餘歲。後世之習清真之教者，乃更衍其說曰：阿丹傳施師，師傳努海，海傳易卜剌欣，欣傳易司馬儀，儀傳母撒，撒傳達五德，德傳爾撒，爾撒不得其傳。六百年而後，穆罕默德生，命曰哈聽，猶言封印云。

按：唐之回紇即今之回回，回紇之先為匈奴，元魏時號高車，或曰敕勒，曰鐵勒，其見於魏收、李延壽、宋祁之史者，班班可考。異端之徒創為荒忽幽怪之談以欺世而眩俗，如天方古史云云者，其尤可軒渠者也。又言國中有佛經三十藏，自阿丹至爾撒，凡得百十有四部，如《討剌特》、〔降與母撒之經名。〕《則逋爾》、〔降與達五德之經名。〕《引支勒》，〔降與爾撒之經名。〕皆經之最大者。自穆罕默德按經六千六百六十六章，名曰《甫爾加尼》，此外為今清真所誦習者，又有古爾阿尼之《寶命真經》，特福西爾噶最之《噶最真經》，特福西爾咱吸堤之《咱希德真經》，特福西爾白索義爾之《大觀真經》，密逦索德之《道行推原經》，勒瓦一合之《昭微經》，特卜綏爾之《大觀經》，侏離昧任，不可窮詰。而其隸在四驛館者，回回特為八館之首，問之，則云：書兼篆、楷、草，西洋若土魯番、天方、撒馬爾罕、占城、日本、真臘、瓜哇、滿剌加諸國皆用之。夫篆、楷、草為吾中國書法之次第，其徒特藉以神其誕幻，而顛倒道而行，迕道而說，以為得天之明諭。噫！是何其無忌憚之甚也。

今以其教之在中國者而考之，隋開皇中，國人撒哈八撒阿的斡思葛始以其教來，故明初用《回回曆》，其法亦起自開皇。至唐元和初，回紇再朝獻，始以摩尼至。其法日晏食，飲水茹葷，屏湩酪。〔見《新唐書．回紇傳》。〕二年正月庚子，請於河南府、太原府置摩尼寺，許之。〔見《舊唐書．憲宗紀》。〕明洪武時，大將入燕都，得秘藏之書數十百冊，稱乾方先聖之書，中國無解其文者。太祖敕翰林編修馬沙亦黑、馬哈麻譯之，而回回之教遂盤互於中土而不可復遣矣。至於天方，則古筠沖地，舊名天堂，又名西域，其國本與回

《宋史・儒林傳》〔註35〕：「胡瑗弟子喜自修飾，衣服容止，往往相類。人遇之，雖不識，皆知為瑗弟子也。」按：此即儒服之類。〔註36〕

《大唐內典錄》卷五《二教論》〔註37〕：「後周武帝天和四年三月十五日，召集德僧、名儒、道士、文武百官二千餘人於大殿上。帝升御筵，身自論議，欲齊三教。四月二十五日，司隸大夫甄鸞上《笑道論》。至五月十日，大集群臣評《笑道論》，以為不可，即於殿庭以火焚之。至九月，沙門釋道安慨時俗之昏蒙，纂《二教論》，以光至理，有一十二篇，以內外二教為本，道無別教，攝入儒流。《易》之謙謙，斯其徒也。故外論之本，古昔先王為教主也，仁義五常為教體也。孔丘述之，亦非王也。是以外教之宗，治身治國，盡於身代，即世字。餘不有言。內教之本，以佛為教主，除惑入正，為教所歸。諸餘道俗，讚述而已。是以內教之宗，不以身為累，本意存心，惑有脫誤。是稱內也。道教云：天下大患，莫若有身。斯言同儒。按：此言不知與儒何處相同。此道安之巨謬。《佛遺教經》云：「我今得滅，如除惡疾。此是應捨之身，罪惡之物。」假名為身，亦未嘗不以身為累也。故入外攝，故內外二教文理卓明。初，帝重道輕佛。及覽安論，遂二教俱除，別立通道。觀簡二教諸人，達解三教者置員立學，著衣冠而登其門焉。」按：此以中國之教，原本先王，孔子述而非作，尚不失實。其謂道無別教，蓋不以符籙丹鼎歸之老子，亦為有識也。

朱蓉生《無邪堂答問》云〔註38〕：「回教有二派。摩哈默德之派曰色底特士教，今阿剌伯諸國奉之。摩氏傳其壻比阿釐，別為比阿釐教，今土耳其波斯諸國奉之，回疆亦奉之。比阿釐傳二十五世，至馬木特額敏，其季子曰馬木特玉素，遷喀什噶爾。至乾隆時之大小和卓木，又四世矣。」蕭雄《西疆雜述詩》〔註39〕，《注》云：「回疆所奉之教，始於東遷之瑪木特玉素普。所傳比由天方遷至喀什噶爾，地名亦自此始。喀什噶爾者，譯言初創也。」《歐洲史略》卷五云〔註40〕：「自耶蘇降生後六百三十二年至六百五十一年，波斯全

回為鄰，明宣德間始入貢。而今之清真禮拜寺遂合而一之，念禮、齋課、朝互之類，月無虛夕。異言奇服，招搖過市，而恬然不以為怪，其亦可謂不齒之民也已。

〔註35〕見《宋史》卷四百三十二《儒林列傳二・石介》。

〔註36〕眉批：「與程子衣服條相□」，即卷三十九「王弇州《觚不觚錄》云」一條。

〔註37〕見《大唐內典錄》卷五上《歷代眾經傳譯所從錄第一之五》。

〔註38〕見《無邪堂答問》卷二。

〔註39〕見清・蕭雄《聽園西疆雜述詩》卷三《歲時》自注。

〔註40〕英・艾約瑟編譯《歐洲史略》卷五《羅馬東遷之世》之六節《回人東征》。

境皆為回人侵據。其素崇禮火祆教人，率多改入回教。而以亞利為重之回教別派，起自波斯，亦若前所言。昔敘利亞、伊及等地，奉耶蘇教者之不同於他處也。」日本人某作《嗎哈默按：即穆罕墨得之對音。傳》云：「嗎死，遺囑婦翁代其位。婦翁嗣立，亦以征伐敷教，略亞剌伯，破希臘。百年之間，取白爾，西徇亞非利加，西北踣阨日多諸部，踰海滅西班牙，敗日耳曼軍，侵彿朗機，東至於印度河，西被於卑禮尼山，其廣大往古未有也。」

《嗎哈默傳》：「嗎立教之說曰一神是神，神外無神，而嗎實為神使。蓋所謂一神得神使而現於世焉，神使之統，為亞陀、漠能埃、亞伯剌呷、孟瑟、原注：即猶太宗祖。余按：孟瑟與摩西對音。及吉利斯，而嗎則其終極也。嗎專推吉利斯，而自遜謂無得焉。其說論靈魂不死，形體輪生，來世喜苦，冥吏碧眼黑身，訊鞫死人。秤大亙天地，以稱較生前作業善惡。架梁木於地獄上，纖如髮，尖如鋩，有罪者不能過，則墮於地。獄鬼著火屐，然火於犯人腦。惟信教之人得越梁木如電行，住於第七天花苑，即天堂也。天堂之中，四時翠陰，珠瑁、寶石為蓋。淨水流於琥珀上，藉錦繡，具香花盛饌，其尤得神寵者朝之，見於神純，受神樂。神樂蓋在形骸意樂之外也。又謂人之禍福，於無限太古之前，已定錄在簿書，不可以人力就避。回人輒縱其欲，號曰神心。」余案：此文一神，即回教所言天帝。回教本摩西，而稍參以彿說，輔以兵力，重以盟誓，故能盛行於一時。洪鈞《元史譯文證補．報達補傳》云〔註41〕：「麥喀有殿，中置黑石，相傳天所降也。殿亦設土木偶緣，遠近祈福者不絕。謨罕驀德專主崇奉上帝，乃闢偶像之非。」余按：天主教有偶像，而耶蘇教乃力闢偶像，蓋後之述《新約》者，又兼采天方之說矣。

謨罕驀德「示諭門徒：若天主教、若猶太教，不從我者，厚取其稅斂，而不必強制。以其同奉上帝，同一根本也。此外之教，必脅之，伐之，滅之而後已」。亦見洪鈞書。〔註42〕是回教源出摩西，固自言之。其欲伐滅人以自行其教，則實謨罕驀德六國之陰謀，而適示人以不廣者也。

《元史譯文證補．西域補傳附考》云〔註43〕：咸豐壬子，長沙府人藍煦撰《天方正學》，稱穆罕默德父曰爾卜竇喇希，母曰阿米納。按：此見《至聖實錄》。穆罕默德係其道號，字曰穆斯特發而不言其名。有四大弟子：一曰額補

〔註41〕見洪鈞《元史譯文證補》卷二十三。
〔註42〕見《元史譯文證補》卷二十三《報達補傳》。
〔註43〕見《元史譯文證補》卷二十三。

白克爾，即傳之阿部倍殼耳；按：疑即西書之阿皮西爾。一曰歐墨勒，即傳之倭馬爾；一曰歐士禡尼，即傳之奧自蠻；一曰爾理，即傳之阿里。穆斯特發之女、爾理之婦曰法土默，即傳之法梯昧。其稱阿里，次子，哈山之弟，則曰侯腮尼，亦忽辛之異譯。大抵天方教在東土者，盡係阿里一派，所謂十葉教也。余按：阿里一派即所謂比阿釐教，西人譯《回教始末》云：「回教亦有門戶之別，有名蘇利回教者，有名希亞回教者，土耳其、士丹、蘇利回教也。波斯則專主希亞教矣。」《海國圖志》七十一〔註44〕引《四洲志》云：「回教中分為二：一曰色底特士教，一曰比阿釐教。比阿釐者，穆罕驀德兄子，傳教而小別其宗，今巴社都魯機為比阿釐教。」

汪容甫《述學・墨子序》云〔註45〕：「世莫不以其誣孔子為墨子罪。雖然，自儒者言之，孔子之尊，固生民以來所未有矣；自墨者言之，則孔子魯大夫，墨子宋大夫也，位相埒，年又相近，操術不同，而立言務以求勝，在諸子百家，莫不如是。故墨子之誣孔子，猶孟子之誣墨子也，歸於不相為謀而已矣。」按：孟子乃推類言之，何嘗誣墨子之行事？汪氏說謬。〔註46〕

《墨子・非儒篇》云〔註47〕：「儒者曰親親有術，按：「術」與「殺」通。王引之說。〔註48〕尊賢有等。其禮曰：喪，父母三年，妻、後子三年。其親死，列屍弗斂，登屋窺井，挑鼠穴，探滌器，以求其人焉。取妻，身迎，祗褍為僕，秉轡執綏，如仰嚴親。昏禮威儀，如承祭祀。」按：凡此等皆周家制度，而墨子非之，是不特非儒，乃非周也。孔子變周之文，從殷之質，別有微言，而墨子未之知也。

《孟子・滕文公篇》：「墨者夷之曰：『儒者之道，古之人若保赤子，此言何謂也？』」按：「如保赤子」語，《大學》稱之。《墨子・非儒篇》云：「儒者曰親親有術，尊賢有等。」按：「親親之殺，尊賢之等」二語，《中庸》載之。然則《大學》、《中庸》兩篇真儒家之舊帙矣。

《墨子・耕柱篇》〔註49〕：「葉公子高問政於仲尼曰：『善為政者若之何？』仲尼對曰：『善為政者，遠者近之，而舊者新之。』」《大學》引《詩》曰：「周

〔註44〕見《海國圖志》卷七十一《表一・南洋西洋各國教門表》。
〔註45〕見汪中《述學》內篇三。
〔註46〕眉批：「此據原本。」
〔註47〕見《墨子》卷九《非儒下第三十九》。
〔註48〕見王念孫《讀書雜志》墨子第三《非儒・親親有術》。
〔註49〕見《墨子》卷十一《耕柱第四十六》。

雖舊邦，其命維新。」孟子亦引之，而勸滕文以自新其國。然則因舊而圖新者，儒家論治之大要也。彼謂儒生泥古而不變者，未知孔、孟之家法者也。

郭嵩燾《周官九兩系民說》云〔註 50〕：「友如以文會友。老聃在孔氏前，已有徒眾。孔子之徒至三千人。子華使齊，冉子請粟，任之義也。」按：孟子稱「伊尹，聖之任者」〔註 51〕。又曰〔註 52〕：「其自任以天下之重如此。」孔子顧瞻無人，意欲施之，皆任之實事。存魯卻齊，特小小施設耳。孟子得曾子之傳，而曾子之言曰「仁以為己任，任重而道遠」〔註 53〕，「任」字之見於《論語》、《孟子》者，較「儒」字為多。後世儒道行而任道微者，蓋儒之義為柔為懦，利於在上位之人，任之義行，則人人有負荷天下之心，實中時君所忌也。不學者為遊俠，多不免於其身。其學者為後漢、宋、明諸賢，亦必為黨錮黨禁而已矣。龔定菴文集有《尊任篇》。〔註 54〕

《史記・貨殖列傳》〔註 55〕云：「子貢結駟連騎，束帛之幣以聘享諸侯。所至，國君無不分庭與之抗禮。夫使孔子名布揚於天下者，子貢先後之也。」子貢兼縱橫家，而其力足以廣傳學術，固孔氏之功臣也。

《困學紀聞》卷六曰〔註 56〕：「杜氏《左傳注》云：『仲尼之徒，皆忠於魯國。』哀十二年《〈傳〉注》。《史記》載夫子之言，曰：「夫魯，父母之國。國危如此，二三子何為莫出？」《仲尼弟子列傳》。此夫子之訓也。」愚謂讀此者，知移孝可以作忠，故《忠經》真可不作也。姚範《援鶉堂筆記》〔註 57〕亦謂《孝經》之經字乃天經地義之經字，非經典之經字也。偽作《忠經》者，未諳字義。

金趙秉文《原教》云〔註 58〕：「五常之目，非孔子之言也。孟子言四端而不及信，雖兼言者，實主仁義而言，於時未有五常之目也。漢儒以天下之通道莫大於五者，天下從而是之。楊子曰：『事繫諸道德仁義禮，闢老氏而言也。』

〔註 50〕見清・郭嵩燾《養知書屋集》文集卷一。
〔註 51〕見《孟子・萬章下》。
〔註 52〕見《孟子・萬章上》。
〔註 53〕見《論語・泰伯第八》。
〔註 54〕見清・龔自珍《定盦全集》續集卷一《尊任》。
〔註 55〕《史記》卷一百二十九《貨殖列傳第六十九》。
〔註 56〕見《困學紀聞》卷六《左氏》。
〔註 57〕清・姚範《援鶉堂筆記》卷二十二《史部・漢書六》：「夫孝，天之經，地之義，民之行。」舉大者言，故曰《孝經》。據此，則《孝經》「經」字與經文之經不同。其云經，即天之經。然則作《忠經》謬矣。
〔註 58〕見金・趙秉文《閑閑老人滏水文集》卷一《原教》。

按：道德仁義禮之次序，子雲即本之《老子・德經》第一章，非闢之也。韓子以仁義為定名，道德為虛位，闢佛老而言也。言各有當而已矣。」

《金臺集・京城雜言詩》，自注云〔註 59〕：「世祖嘗因金儒元好問之請，為儒教大宗師。」此事未知更有所出否，俟考。

孫淵如《釋儒》《平津館文稿》卷上。云：「楊雄《法言》：『通天地人曰儒。』《韓詩外傳》云：『儒者，不易之術。千舉萬變，其道不窮，六經是也。』《〈後漢書〉注》引《風俗通》曰：『儒者，區也，言其區別古今。』《說文》云：『儒，柔也。』又云：『儒，術士之稱。』術言道術。《史記・儒林傳》以坑儒為坑術士。《論語》云『君子儒』、『小人儒』，言大人務儒之實，小人假儒之名，非儒中有小人。」余謂儒為有道術之稱，而道術則在六經。六經所以區別古今而通天地人，此儒之實際也。孔子之學，以六經為歸，而六經則儒家述之，故謂儒家為孔子之學可也。而謂孔子自名為儒教，以異於古而傳於後，則誤之甚矣。

《長春真人西遊記》云〔註 60〕：「帝問以震雷事。對曰：『山野長春自稱。聞國人夏不浴於河，不浣衣，不造氈，野有菌則禁其採，畏天威也。此非奉天之道也。嘗聞三千之罪，莫大於不孝，天故以此警之。今聞國俗多不孝父母，帝乘威德，可戒其眾。』上悅，曰：『神仙是言，正合朕心。』勑左右記以回紇字。師請徧諭國人，上從之。」按：《蒙韃備錄》言韃靼甚重孝而畏雷，則長春所言正合元時舊俗耳。

《孝經》曰：「身體髮膚，受之父母，不敢毀傷。」又曰：「父母全而生之，子全而歸之。」是儒教之大旨，不毀傷而全歸，非獨慎重不罹刑僇也。若佛教之剃染，則毀傷其髮膚矣；猶太教、回教之割禮，則毀傷其身體矣。雅素教之所以得廣行列邦者，保羅、巴拏巴之力矣。見《新約全書》。《使徒行傳》：「二人爭論，言不使異邦人受割禮。」若文身、裹足、穿耳鼻之屬，則習俗之異。然繩以儒教之理，亦必非所許矣。

《萬國史記・土耳其國記》云：「九百六十一年，亞伯特真始建伽寺尼國於可辣山。三傳至馬毛多，並達郎索撒尼及波斯出兵印度，前後十二次，取特里、拉荷爾、木爾坦諸邑，弘其所奉莫斯廉教，自裏海至印度河之民皆奉之。帕古達大教師授位號曰蘇爾旦。」按：即《元史》所云算灘蘇爾旦，國語猶言皇帝也。

〔註 59〕見元・納新《金臺集》卷一《京城雜言六首》其三。
〔註 60〕見元・李志常《長春真人西遊記》卷下。

《舊唐書・憲宗紀》〔註61〕：「憲宗顧宰臣曰：『神仙之事信乎？』李藩對曰：『神仙之說，出於道家。道家所宗，《老子》五千文為本。《老子》指歸，與經無異。彼〔註62〕代好怪之流，假託老子神仙之說。故秦始皇、漢武帝二主受惑，卒無所得。』上深然之。」王充《論衡・道虛篇》〔註63〕論黃帝、淮南王、盧敖、文摯事，皆云「儒書言之」。案：文摯事見《呂氏春秋》〔註64〕，劉子政曾採之〔註65〕，其餘則百家諸子所記，而王充概以為儒家，可謂不知流別也。《史記・曆書》〔註66〕：「黃帝合而不死。」《集解》：「應劭曰：『言黃帝造歷得仙。』孟康曰：『黃帝作歷，歷終復始無窮已，故曰不死。』」

《史記・封禪書》：「秦始皇東遊海上，行禮祠名山大川及八神，求仙人羨門之屬。八神將自古而有之，或曰太公以來作之。」又云：「宋無忌、正伯僑、充尚、羨門高最後小顏云：「凡五人。」皆燕人，為方仙道，形解消化，依於鬼神之事。」蓋李少君之前言神仙者，不特不託之老子，並未嘗託之黃帝也。《抱朴子・交際篇》曰〔註67〕：「道書之出於黃老者，蓋少許耳。率多後世之好事者，各以所知見滋長，遂令篇卷至於山積。」宋賈善翔《猶龍傳・經蘊篇》云〔註68〕：「總之則三十六部，析之則萬八千篇。」以是言之，則今世《道藏》所傳，僅百分之一耳。

《神仙傳》〔註69〕言墨子為地仙，得神人之教，集其要為五行記。此不足信之說也。又言〔註70〕：「孫博，河東人。晚學道，治墨子之術，能使草木金石皆為火光照數里。中後合神丹得仙〔註71〕。」此則近於後世光學、化學。今時西人目鑪鼎鉛汞之術為假化學，其實化學源始於此，不必謂之假也。

《抱朴子內篇・遐覽篇》云〔註72〕：「變化之術，唯有《墨子五行記》。本有五卷，昔劉君

〔註61〕見《舊唐書》卷十四《憲宗本紀上》。

〔註62〕「彼」，《舊唐書》作「後」。

〔註63〕見《論衡》卷七《道虛篇》。

〔註64〕見《呂氏春秋》第十一卷《仲冬紀第十一・至忠》。

〔註65〕不詳。

〔註66〕見《史記》卷二十六。

〔註67〕見《抱朴子內篇》卷八《釋滯》，文氏誤。

〔註68〕見《猶龍傳》卷二《傳經蘊》。

〔註69〕見《神仙傳》卷四《墨子》。

〔註70〕見《神仙傳》卷四《孫博》。

〔註71〕「中後合神丹得仙」，「中」字疑衍。《神仙傳》原作「後入林慮山中，合神丹而仙矣。」

〔註72〕見《抱朴子內篇》卷十九《遐覽》。

安未仙去時，鈔去其要，以為一卷。其法用藥用符，乃能令人飛行上下，隱淪無方，含笑即為婦人，蹙面即為老翁，踞地即為小兒，執杖即成林木，種物即生瓜果可食，畫地為河，撮壤成山，坐致行廚，興雲起火，無所不作也。」按：「興雲起火」蓋即能為火光之說。其所云一切變化，亦頗近光學中戲術也。淮南王鈔取之，則《萬畢術》必有本於《五行記》者矣。〔註 73〕

《猶龍傳》及《西昇經》大抵多襲《化胡經》之唾餘，不足信也。《猶龍傳》所數于闐國王與諸胡王八十一國，既有信度國王，又有天竺國王，既有烏萇國王，又有嗚茶國王，複沓可笑。道書多摹擬釋典，宜為世詬病也。《西昇經》開卷即云：「老君西昇，開道竺乾，號古先生。」昇者，由下而上也，乃僅至竺乾乎？又題老君自著，則此經乃在竺乾，何不譯而行中國乎？是於文理亦不通矣。宋徽宗無識，乃注此等書，且證之曰「仲尼欲居九夷」，亦是意耳。然則徽宗困於五國城時，曷不行道教哉？

陸賈《新語・慎微篇》云〔註 74〕：「苦身勞形，入深山，求神仙，棄二親，捐骨肉，絕五穀，廢詩書，背天地之寶，求不死之道，非所以通世防非者也。」《韓非子・忠孝篇》云〔註 75〕：「烈士內不為家，亂世絕嗣，而外矯於君。朽骨爛肉，施於土地，流於川谷，不避蹈水火。」又云：「烈士雖當作「離」。眾獨行，取異於人，為恬淡之學，而理恍惚之言。」按：恬淡、恍惚皆出《老子》，疑當時避世之士，亦有為老子之學者。《論衡・道虛篇》〔註 76〕：「世或以老子之學恬淡無欲，延壽度世。」此亦似言神仙之學。然其所為，乃轉似婆羅門之苦行矣。

《羅馬志略》卷九云：「耶蘇生於奧古斯都之世，迨底比留為帝時，受難於猶太，而教始大行。貧苦者入教尤多。其教始為人所忿恨，蓋教民不能隨俗俯仰。羅馬又有尊帝為神，設像獻祭，撒香叩拜，且時指以立誓之俗。教民不從，致招怨忌。當羅馬削平天下之初，諸國舊教皆漸消滅，故時人民皆以天地間惟帝有至大能力，是以奉命惟謹，兼設帝像而崇拜之。凡大慶會，獻祭像前，繼以宴樂表其愛敬，獨教民不赴此會，羅馬人因謂教民違眾立異，無忠於君上之心。」卷十二云：「根斯丹典帝世，羅馬境內耶蘇教盛行。前此

〔註 73〕按：「見《三洞群錄》所引。」
〔註 74〕見《新語》卷上《慎微第六》。
〔註 75〕見《韓非子》卷二十《忠孝第五十一》。
〔註 76〕見《論衡》卷七《道虛篇》。

尼羅為帝，戕殺教民甚多。後此之帝，乃有欲滅耶蘇教者。皆緣誤視耶蘇教民為誘人，顯背國律之徒。蓋此教民咸不肯跪拜羅馬崇奉之偶像，諸帝不識其故，因惡絕之，非謂教民不應自守其禮拜日也。當降生後三百三年至三百十三年，羅馬各地教民多被戕害。然時諸教民咸篤信其道，身臨刀鋸，率意不顧，是證明已有加於帝上之權力。又時羅馬帝已能盡轄其國人，俾不得自主，而教民終以事有應得自主之心。是以凡珍惜自主利益之人，莫不與教民意氣相投。其前諸國之教已微，羅馬人多經患難，覺不立教則人無所依，見教民受逼迫而就義不變志，則羨其忍耐之德，故帝滅教愈亟而教民愈固。至根斯丹典為帝，深悉耶蘇教勢已成，爰立耶蘇教為國教。」《歐洲史略》卷四云〔註77〕：「耶蘇教受逼時，羅馬諸帝如德拉旃、奧利留、代久斯、丟革利典等，皆甚有德能，聲名極盛，爰考其故，蓋羅馬本教久與國政相輔而行，凡不致敬羅馬所奉神者，概以違帝制論，並視為背叛律法之罪人。至根斯丹典之世，羅馬本教亦自衰微，人多外貌而內不誠，而耶蘇教人則皆心悅誠服，深信耶蘇之道。耶蘇、羅馬二教勢難並立，彼興此廢，其兆已見。」及降生後四百年，羅馬帝乃通諭闔境人民，廢棄羅馬、希臘等教，禁拜偶像，一以耶蘇之教為宗。按：保人人自主之權，於君主之權自不能無所窒礙。佛教無求於世而不拜君上一節，六朝崇釋之世，尚齗齗爭之，況耶蘇之顯背國律者乎？受禍之酷，職是之故。然邱民之重，孟子所稱；平等之觀，瞿曇是訓。耶蘇此說，要有合於天理民彝。若使蓂莢不生，河圖弗出，則民奉斯語，可無刳剔炮烙之虞。揆其是非，固不僅得半已也。至泰西學術之廣，藝事之精，則前開於希臘，後沿於回人，與加特力教不甚相關，分別觀之可耳。

《墨子·法儀篇》曰〔註78〕：「天下無大小國，皆天之邑。人無幼長貴賤，皆天之臣。」此墨子平等之說。

伊周之政，能明乎教。孟子之教，能順夫政。此中國政教兼容之理。四千年來，君民陰受其福，而莫知其所由然也。

《希臘志略》卷一云〔註79〕：「當和美耳時，約在中國周東遷之初。希臘極有美俗，家庭中父母子女長幼尊卑俱互相親睦，子女於父母前極孝敬恭順，夫敬妻。此不惟較他國有加，即後時希臘本國人亦不及也。」按：此時西教未興

〔註77〕英·艾約瑟編譯《歐洲史略》卷四《羅馬國衰之世》之四節《耶蘇教興》。
〔註78〕見《墨子·法儀第四》。
〔註79〕見英·艾約瑟《希臘志略》第一卷《溯希臘人初始·和美耳詩》。

而民風如此，固知《虞書》「五品」〔註80〕實因民性之自然。孝悌之道，通於四海。既知古昔，亦可以驗方來也。

《涅槃經・四相品》云〔註81〕：「我既生已，父母將我入天祠中，以我示彼摩醯首羅。摩醯首羅即見我時，合掌恭敬，立在一面，我已久於無量劫中舍離如是入天祠法。」《邪正品》云〔註82〕：「復有難言天者先出，佛在其後云：『何諸天禮敬於佛作是難者，當知即是波旬所說。』」後漢月氏三藏支婁迦讖譯《佛說伅真陀羅所問如來三昧經》卷下云：「復有二事母人疾得男子，自致阿耨多羅。何謂二事？所作如謂〔註83〕所語，不事諸天，但歸於佛；所作如正，不信於邪，是為二事。」

《西人教派叢書》云：「回教書名《可蘭》，謨罕驀德之性情悉載是書，然其中多阿剌伯古教相傳之語。書中要理，更本於猶太教與耶蘇教。謨罕驀德所自出者，則幾無一語也。」又林樂知《記回教始末》云：「其教欲集本國教、猶太教及崇奉、基督各教之善者，合而為一教。」

西人論回教之入中國云：唐初，天方人通商，至閩、粵。高祖遣使至阿拉皮國，其國王亦遣其母舅名賽爾第蘇哈巴與甘古寺來朝。高祖曰：「爾主治國，何者為先？」對曰：「三綱五常而外，別無奇政。」帝善其對，留之駐廣東，遂建一寺居焉。據阿拉皮國史書云：賽爾第蘇哈巴由廣東回國時，正值謨罕驀德謝世。廷臣問遺命，曰無他言，惟《頗咕嘞全經》傳中國而已。賽爾第蘇哈巴奉《咕嘞全經》來中國，專心傳教，從者日眾。此謨教之稱所由來也。咕喇即可蘭之異譯，亦作枯剌。余案：謨罕驀德之歿，在隋開皇己未年，西書以為唐初者，稍誤。《文獻通考》卷三百三十九云〔註84〕：「隋煬帝時，遣雲騎尉李昱使通波斯，尋有使隨昱貢方物。」既通波斯，容亦通阿拉皮矣，是使命往來之事也。〔註85〕

宋、明諸儒之攻釋氏者，皆曰吾儒本天，釋氏本心。此說亦不盡然。儒說固敬天，然未嘗事事推本於天，如婆羅門、加特力等教之說也。孟子書引

〔註80〕《尚書・舜典》：「帝曰：『契，百姓不親，五品不遜。』」

〔註81〕見《大般涅槃經》卷四《如來性品第四之一》。

〔註82〕見《大般涅槃經》卷七《如來性品第四之四》。

〔註83〕「謂」，稿本無。

〔註84〕見《文獻通考》卷三百三十九《四裔考十六・波斯》。
按：此語早見《北史》卷九十七《西域列傳》、《隋書》卷八十三《西域列傳・波斯》、《通志》卷一百九十六《四夷傳第三・波斯》。

〔註85〕眉批：「當檢隋唐兩史。」

《太甲》曰：「天作孽，猶可違。自作孽，不可活。」是天作不如自作之重矣。《易・文言》曰：「先天而天不違，後天而奉天時」，是聖人之心可與天相後先矣。釋氏之言以一切惟心者，究亦何殊？宋、明諸儒闢佛氏，而不自知其不合儒術也。〔註 86〕

宋張商英《護法論》〔註 87〕：「《吳書》云：『吳王孫權問尚書令闞澤曰：『孔丘、老子得與佛比對否？闞澤曰：若將孔、老二家比校佛法，遠之遠矣。所以然者，孔、老設教，法天制用，不敢違天。諸佛說法，諸天奉行，不敢違佛。以此言之，實非比對，明矣。』吳主大悅。」余謂震旦不貴神通，故孔、老專言人事；佛教特因時化，故廣言四聖六凡。闞澤妄評優絀，亦未喻斯義也。

《古教彙參》卷三：「巴哈國拉士云：數目是萬物之基址，如石有四面八面之殊，禽獸有二足四足之別是也。推之天文、地理、格致、植物等學，無一不本乎數。故至今格致家多宗其說。」按：勒婆沙以算數為聖巴哈國拉士，豈其類歟？

耶蘇之所以得行於世者，以其捨身為代眾生受苦也。《論語》曰「有殺身以成仁」，佛說投身飼餓虎。經云：「我今捨身，救眾生命。」其大指亦極相似。然孔子包周身之防，佛說乃過去之事。匡人之厄，未喪斯文；提婆達兜之害，唯少出血。而耶蘇則身丁其禍，慘酷適恒其教。既行，則人之哀思也亦愈切，固必然之理也。

馮班《鈍吟雜錄》卷二云〔註 88〕：「天主教人，言殺生無報應。吾應之曰：儒者方長不折，草木無知，豈有冤報？只自全其仁心而已。」按：楊光先作《不得已》，正在此時。明儒僅與釋、老辯，明末清初諸儒乃漸有與天主教辯者矣。是時，天童密雲禪師亦撰《辯天判語》。《四庫提要》雜家類《辨學遺牘》一卷〔註 89〕，明利瑪竇撰，乃與虞淳熙論釋氏書，及辨蓮池和尚

〔註 86〕按：此條刻本無，據稿本補。眉批：「另錄。」此條又見卷三十「佛教以外」一條中，但文本差異較大。

〔註 87〕宋・張商英《護法論》，見《大正新修大藏經》。

〔註 88〕見清・馮班《鈍吟雜錄》卷二《家戒下》。

〔註 89〕《四庫全書總目》卷一百二十五《子部三十五・雜家類存目二》：
《辨學遺牘》一卷
明利瑪竇撰。利瑪竇有《乾坤體義》，已著錄。是編乃其與虞淳熙論釋氏書，及辨蓮池和尚《竹窗三筆》攻擊天主之說也。利瑪竇力排釋氏，故學佛者起而相爭，利瑪竇又反唇相詰，各持一悠謬荒唐之說，以較勝負於不可究詰之

《竹窗三筆》攻擊天主之說。齊固失矣，楚亦未為得也。《西學略述》卷三云：「近百年內，泰西創有比較一學，如教會則宜別其異同。考其隆替，崇何鬼神，遵何條誡，援本證末，即委溯源。」此學倡興，固不乏相與切磋之人矣。

自杭大宗《道古堂集》〔註90〕、紀文達《槐西雜志》〔註91〕後，考《景教流行中國碑》者甚眾。近時宋芸子檢討《采風記》云〔註92〕：「波斯教，一曰祆教，西語舊稱比阿釐景，中國以其末字為稱，故謂之景教。」洪文卿侍郎《元史譯文證補・附景教考》云〔註93〕：「西國古書當中國東晉時，有聶斯托

地，不知佛教可闢，非天主教所可闢；天主教可闢，又非佛教所可闢。均所謂同浴而譏裸裎耳。

〔註90〕參此卷「魏默深《海國圖志》卷二十引《外國史略》云」條。

〔註91〕紀昀《閱微草堂筆記》十二《槐西雜志二》：

明天啟中，西洋人艾儒略作《西學》，凡一卷。……末附《唐碑》一篇，明其教之久入中國。碑稱貞觀十二年，大秦國阿羅木遠將經像來獻，即於義寧坊敕造大秦寺一所，度僧二十一人云云。考《西溪叢話》，貞觀五年有傳法穆護何祿將祆教詣闕奏聞，敕令長安崇化坊立祆寺，號大秦寺，又名波斯寺。至天寶四年七月，敕波斯經教，出自大秦，傳習而來，久行中國，爰初建寺，因以為名，將以示人，必循其本。其兩京波斯寺，並宜改為大秦寺，天下諸州縣有者准此。《冊府元龜》載開元七年，吐火羅鬼王上表獻解天文人大慕闍，智慧幽深，問無不知。伏乞天恩喚取問諸教法，知其人有如此之藝能，請置一法堂，依本教供養。段成式《酉陽雜俎》載孝億國界三千餘里，舉俗事祆，不識佛法，有祆祠三千餘所。又載德建國烏滸河中有火祆祠，相傳其神本自波斯國來，祠內無像，於大屋下作小廬舍向西，人向東禮神，有一銅馬，國人言自天而下。據此數說，則西洋人即所謂波斯，天主即所謂祆神。中國俱有記載，不但此碑也。又杜預注《左傳》「次睢之社」曰：「睢受汴，東經陳留，是譙彭城入泗。此水次有祆神，皆社祠之。」顧野王《玉篇》亦有祆字，音阿鄰切，注曰祆神。徐鉉據以增入《說文》。宋敏求《東京記》載寧遠坊有祆神廟，注曰：「《四夷朝貢圖》云：康國有神名祆畢，國有火祆祠，或傳石勒時立此。」是祆教其來久矣，已不始於唐。岳珂《程史》記番禺海獠，其最豪者號曰禺人，本占城之貴人，留中國以通往來之貨。屋室奢侈逾制，性尚鬼而好潔，平居終日，相與膜拜祈福，有堂焉以祀，如中國之佛，而實無像設，稱為聱牙。亦莫能曉，竟不知何神。有碑高袤數丈，上皆刻異書如篆籀 ，是為像主，拜者皆向之。是祆教至宋之末年，尚由賈舶達廣州。而利瑪竇之初來，乃詫為亙古未有。艾儒略既援唐碑以自證，其為祆教更無疑議。乃當時更無一人援據古事以決源流。蓋明至萬曆以後，儒者早年攻八比，晚年講心學，即盡一生之能事，故徵實之學全荒也。

〔註92〕見宋育仁《泰西各國采風記》第四《教門》。

另，俞正燮之說見《癸巳類稿》卷十五《天主教論》。

〔註93〕見《元史譯文證補》卷二十九。

爾，拉丁文作聶斯托魯斯。為東羅馬教士，著書立說，名盛一時。教王以其賢，擢為康思灘丁諾白爾之王教。其人創議耶蘇為立教之聖人，非即上天之子，不宜傅會穿鑿。一時攻之者蠭起，教王乃集眾主教，焚其書，流之於阿昧尼亞，憂憤而死。當時附其說者，皆屏逐散居東方，自稱聶斯托爾教。浸淫東來，自裏海以東以至中土。西人據此以考《景教碑》下東西兩行，乃西里亞文字，必是聶斯托爾教人久居其地，用其文字，著之於碑，其說甚確。」然則景教之為波斯，為耶蘇，迄無定論。《碑》云：「室女誕聖」，實類耶蘇，而「削頂留鬚」，又非其制。「阿羅訶」之德號，既襲用釋迦之異稱；「懸景日」以登明，又實似波斯之舊教。《瀛環志略》以為胡僧黠者牽合波斯火教、天竺佛教、大秦天神教而創為景教之名，固未必然。洪氏但言西書，而於聶斯托爾教何以更名景教，未明言其故。且其徵考所及，亦祗天神告慶，景宿告祥數語，而《碑》中所云「娑殫施妄，鈿飾純精」，「彌施訶」為何人？「廿七部」為何典？「亭午升真」，或指復生之日；「震仁擊木」，豈符禮讚之文？如是之倫，闕焉不講，則艾儒略、利瑪竇所未證者，寧今日之西人所得而指實哉？其撰碑之僧，即名景淨，蓋襲釋子姓釋之義，則以「景」字為避「丙」字，改寫者亦非。要之，此碑必兼證以婆羅門、波斯兩教經典，始得其實義耳。

《碑》云：「我三一妙身，元元真主。」阿羅訶、俞理初、朱蓉生以佛經阿羅邏當之。余既訂其誤矣。按：阿羅訶，老上帝之稱也。《西人教派書》云：「回回教出於猶太，不獨《古蘭經》，須以新、舊《約》方可解明。即穆罕驀德所拜之上帝，亦即猶太、阿伯剌罕所拜之上帝。」以猶太教祖阿伯剌罕為回人之祖，其稱上帝亦以亞細亞洲之古名曰阿剌與猶太所稱之阿羅阿同意。然則此碑蓋猶太教中文也。碑又云：「我三一分身，景尊彌施訶。」按：猶太教書舊約首五卷，稱《摩西五種記》，猶太教摩西之事，彌施蓋即摩西之轉音矣。

釋圓照《大唐貞元續開元釋教錄》卷上云：「三藏法師，北天竺境迦畢試國人也。言罽賓者訛略。姓喬答摩氏。建中三年，屆於上國。貞元二祀，訪見鄉親。神策十將羅好心即般若三藏舅氏之子也。悲喜相慰，將至家中，遂留供養，請譯佛經，乃與大秦寺波斯僧景淨依胡本《六波羅蜜》譯成七卷。時為般若不閑胡語，復未解唐言。景淨不識梵文，復未明釋教。雖稱傳譯，未獲半珠，圖竊虛名，匪為福利，錄表聞奏，聖上察其所譯，理昧詞疎。且夫釋氏伽藍，大秦僧寺，居止既別，行法全乖，景淨應傳彌尸訶教，沙門釋子弘闡佛經」云云。景淨即撰碑人。《貞元牒》云「應傳彌尸訶教」，尸、施同音，彌尸訶亦即摩西也。是唐時國家猶不以景教稱之。景淨不識梵文，則碑末胡書為波斯字無疑。而「三一」等文，實合於摩西《舊約》。蓋景淨雖波斯人，而所奉則猶太教也。〔註94〕

《大唐西域記》云〔註95〕：「波剌斯即波斯。國大都城號蘇剌薩儻那，天祠甚多，提那跋外道之徒為所宗也。」〔註96〕

《新譯西學略述》卷三云：「猶太教之《舊約》書分三十九卷，為摩西諸聖所箸。耶蘇教之《新約》書二十七卷，為馬太保羅諸聖徒所箸。」然則《景教碑》之『廿七部』，又似即指耶蘇之《新約》矣。蓋當時之奉猶太教者，固未攻擊耶蘇，是以回教起於天方，遠述摩西，仍列耶蘇於諸聖也。王德甫《金石萃編・景教碑》後案語云〔註97〕：「此碑稱『常然真寂』，『戢隱真威』，『亭午升真』，『真常之道』，『占青雲而載真經』，舉『真』字不一而足。今回回堂謂之禮拜寺，又謂之真教寺，似乎今回回之教，未始不源於景教。」余謂此說近之。然回教始於隋代，景教實與之並行，特同出一源，又壤地相接，故不免有所出入耳。

唐沙門窺基《西方要決科注》云：「慈恩寺在晉昌坊，本名淨景寺，高宗為母文德皇太后長孫氏敕造大慈恩寺。」按：「淨景」之名，不類釋教所有，豈即《碑》所述「貞觀中，阿羅本至長安」所建立歟？《碑》云「三一淨風」，則寺名淨景，亦固其理。惟貞觀所造寺在義寧坊，此在晉昌坊，與彼差異。蓋當時景教之寺固甚多耳。

劉智《天方典禮・居處篇》曰〔註98〕：「凡我域中，不容毆若堂，不容祝虎院，不容佛寺道觀。」自注云：「毆若堂，天主教也。祝虎院，俗謂挑筋教也。」《西學略述》卷三云：「當北宋之世，猶太教人已多流寓中國，即今河南地方所號為挑筋教者是也。」此蓋緣《創世記》中有雅各筋傷腿瘸之事，故其教人每食畜類，必棄其大腿跟上之筋。在中國以此名教，所以自別於回教也。

〔註94〕眉批：「二十冊三十六頁一條及二十三冊廿六頁各條均應錄於此條之後。卅三冊八頁《萬國史記》一條亦應入此下。」

〔註95〕見《大唐西域記》卷十一《波剌斯國》。

〔註96〕眉批：「此條另錄。」

〔註97〕見清・王昶《金石萃編》卷一百二。

〔註98〕見清・劉智《天方典禮擇要解》卷十四《民常篇・居處》。

洪文卿《元史譯補》亦云〔註 99〕：「今河南地有猶太教舊人。」〔註 100〕

《波蘭衰亡戰史記》：「土耳其將庥法滅篤越閔，謂同盟黨之言曰：『彼以吾為不知土耳其歷史者乎？宜教之我。政府不援異教徒者也。』」異教即指波蘭人，時波蘭奉基督教。〔註 101〕

《全真教祖碑》〔註 102〕：「世宗知重陽王先生道德高明，大定二十八年，遣使訪其門人，應命者邱處機、王處一也。五月，邱見於壽安宮長松島，講論至道，聖情大悅，命居於官菴，又命塑純陽、重陽、丹陽三師像於官菴正位。邱屢進詩曲，其詞備載《磻溪集》中。」是處機在金，已蒙人主優禮。乃萬里跋涉，幾至鐵門，非汾水之來遊，異崆峒之問道，豈成吉汗欲滅金源，訪實情於長春而以養性塗人耳目乎？耶律文正斥為糠孽，非無故也。姑誌此疑，訊之來哲。

耶律楚材《湛然居士集·西遊錄序》曰〔註 103〕：「西域九十六外道，北方毗慮、糠、瓢、白經、香會之徒，釋氏之邪也。」《金史·世宗紀》〔註 104〕：「大定二十八年，禁糠禪、瓢禪。」楚材目長春為糠孽，疑長春兼習糠禪矣。白即白蓮香，即聞香。

《雲麓漫鈔》卷四〔註 105〕云：「古人戴冠，上衣下裳，衣則直領而寬袖，裳則帬。秦漢始用今道士之服，蓋張天師漢人，道家祖之。周武帝始易為袍，上領下襴，穿袖襆頭，穿靴，取便武事。五代以來，襆頭則長其腳，袍則寬其袖。今之公服是也。或云古之中衣，即今僧寺行者直裰，亦古逢掖之衣。」〔註 106〕

《正理論》云〔註 107〕：「拜伏揖讓，玄巾黃褐，持笏曳履，法象表明，蓋華夏之古制。」按：此論老君威儀。

〔註 99〕見《元史譯文證補》卷二十九《元世各教名考》。

〔註 100〕按：稿本此下刪「按：回教本於摩西，而既不容天主，又不容猶太，是其教之自固籓籬，而抑示人以不廣者也。惟尺三教何以名為毆若堂，猶太教何以名為祝虎院，未得其解，姑從蓋闕」。眉批：「天方至□□賓錄可引。」

〔註 101〕按：稿本此條接上條，以〇區隔。

〔註 102〕完顏璹《全真教祖碑》，見《金文最》卷四十一。

〔註 103〕見元·耶律楚材《湛然居士集》卷八。

〔註 104〕見《金史》卷八《世宗本紀下》。

〔註 105〕「卷四」，稿本作小字注文「四」。

〔註 106〕眉批：「亦可入冠服。」
按：此條重見卷二十八。

〔註 107〕見唐·釋法琳《辯正論》卷六《十喻篇第五·外中表威儀異九》。

《翻譯名義集》〔註108〕:「《正理論音》云毗濕縛羯磨，此云種種工業，西土工巧者多祭此天。」按：濕縛與濕婆音亦相近。

乾隆甲午秋，山東陽穀縣妖魁王倫，以清水教煽亂，其旗幟皆黑，未知即晉簡文所奉之清水道〔註109〕否。

乾隆二年三月丙申，諭云:「且如星象雜流及回回天主等教，國家功令，原未嘗概行禁絕。」是乾隆以前，天主教本不在禁例。

《小乘涅槃論》云:「外道女人眷屬論師說，摩醯首羅天作八女人，一名阿提㑉，生諸天；二名提㑉，生阿修羅；三名蘇羅婆，生諸龍；四名毗那多，生諸鳥；五名迦毗羅，生四足；六名摩㝹，生人；七名伊羅，生一切穀子；八名歌頭，生一切蛇、蠍、蚊、蠅、咬蚤、蚰蜒、百足等。」按：此謂諸天六道眾生皆由濕婆所生，疑即肉慾派之所從出矣。〔註110〕

劉祁《北使記》云〔註111〕:「回紇國言語不與中國通，人死不焚，葬無棺槨。比斂，必西其首。其僧皆髮，寺無繪塑，經語亦不通。惟和沙洲寺像如中國，誦漢字佛書。」〔註112〕

《晉安帝紀》曰:「王凝之事五斗米道。孫恩攻會稽，凝之曰:『不須備防，吾已請大道，許遣鬼兵相助，賊自破矣。』既不設備，遂為恩所害。」《〈世說·言語門〉注》。《晉書·郤超傳》〔註113〕:「父愔事天師道而超奉佛。」

明都印《三餘贅筆》云〔註114〕:「道家南宗自東華少陽君得老子之道，

〔註108〕見《翻譯名義集》二《八部篇第十四》。

〔註109〕南朝梁·釋寶唱《比丘尼傳》卷一《新林寺道容尼傳十》:

道容，本歷陽人，住烏江寺，戒行精峻，善占吉凶，逆知禍福，世傳為聖。晉明帝時甚見敬事，以花布席下，驗其凡聖，果不萎焉。及簡文帝，先事清水道師。道師，京都所謂王濮陽也。第內為立道舍，容亟開導，未之從也。後宮人每入道屋，輒見神人為沙門，形滿於室內。帝疑容所為也，而莫能。決踐祚之後，烏巢太極殿，帝使曲安遠筮之，云：西南有女人師能滅此怪。帝遣使往烏江迎道容，以事訪之。容曰：唯有清齋七日，受持八戒，自當消弭。帝即從之，整肅一心。七日未滿，群烏競集，運巢而去。帝深信重，即為立寺，資給所須，因林為名，名曰新林。即以師禮事之，遂奉正法。後晉顯尚佛道容之力也。逮孝武時，彌相崇敬。太元中，忽而絕跡，講不知所在，帝敕葬其衣鉢，故寺邊有冢云。

〔註110〕眉批:「佛學。婆羅門外道。」

〔註111〕見清·張金吾《金文最》卷十八。

〔註112〕眉批:「宗教」、「夷情」、「入四夷禮條」。

〔註113〕見《晉書》卷六十七。

〔註114〕見明·都印《三餘贅筆·道家南北二宗》。

以授漢鍾離權，權授唐進士呂巖、遼進士劉操。操授宋張伯端，伯端授石泰，泰授薛道光，道光授白玉蟾。北宗自呂巖授金王嘉，嘉授七弟子，一邱處機，次譚次端，次劉處玄〔註 115〕，次王處一，次郝大通，次馬珏及珏之妻孫不二。」

《涅槃經・梵行品》〔註 116〕：「沙門婆羅門見帝釋，即語天主，我今歸依於汝。釋聞是已，乃知非佛。」　又云：「北天竺有城名細石。」

〔註 115〕「玄」，底本作「元」。

〔註 116〕見《大般涅槃經》卷十九《梵行品第八之五》。

卷十九〔註1〕

顏師古《匡謬正俗》卷五：「習鑿齒與謝安石書云：『匈奴名妾作閼氏，言可愛如煙支也。閼字，於言反，想閣下先作此讀書也。』按：《史記》及《漢書》謂單于正妻曰閼氏，猶中國言皇后耳。舊讀音焉支，此蓋北狄之言，自有意義，未可得而詳也。若謂色象煙支，便以立稱者，則單于之女謂之居次，復比何物？」按：凡譯書名從主人，但擬其音。未有意義，而讀者不察，強加附會，紕繆滋多。顏監之言，足為鑒法也。〔註2〕《穀梁》桓二年《傳》云：「孔子曰：『名

〔註 1〕按：稿本題「《純常子枝語》」，當係第十八冊。稿本乙闕此一卷及下卷首數條。

〔註 2〕劉曉東《匡謬正俗平議》卷五《閼氏》（第157～159頁）：

《史記·匈奴列傳》索隱引習鑿齒《與燕王書》曰：「山下有紅藍，足下先知不？北方人探取其花染緋黃，挼取其上英鮮者作煙肢，婦人將用為顏色。吾少時再三過見煙肢，今日始視紅藍，後當為足下致其種。匈奴名妻作閼支，言其可愛如煙肢也。閼音煙，想足下先亦不作此讀《漢書》也。」（《爾雅翼》卷三引此文數句，稱習鑿齒《與謝侍中書》。按《晉書·謝安傳》：「復加侍中、都督揚豫徐兗青五州幽州之燕國諸軍事、假節。」故所稱或異也。）按《史記索隱》引習書「閼音煙」，師古此引作「閼字於言反」者，或師古所見習書以易直音為反語。然「閼氏」之「閼」依《廣韻》言之，一在先韻作「烏前切」，即煙音也，一在仙韻作「於乾切」，無「於言反」之音。是此反語非正音也。師古從舊讀「閼氏」為「焉氏」（「氏」原作「氐」，誤）者，《史記·陳丞相世家》集解引蘇林曰：「閼氏，音焉支。」《漢書·宣帝紀》注引服虔曰：「閼氏，音焉支。」《史記·匈奴列傳》索隱曰：「舊音於連，於曷反二音。」故師古於《漢書·匈奴傳上》注云：「閼音於連反，氏音支。」是舊讀即服、蘇之音也。（漢代「氏」「支」實當讀如「提」，《論衡·亂龍》「休屠王焉提」是其本音也。《切韻》時聲由舌頭析為照三，韻則由齊析支，聲韻相挾而俱變矣。）

習氏之意，以匈奴「閼氏」之稱源於「煙支」之花名也。崔豹《古今注·草木》云：「燕支，葉似蘇，花似蒲，出西方，土人以染，名為燕支，中國亦謂之紅藍。」宋羅願《爾雅翼》卷三《燕支》條亦引習書，云：「匈奴名妻閼氏，言可愛如燕支也。故匈奴有煙支山。」又引《西河舊事》中歌曰：「失我閼氏山，使

從主人，物從中國。』」楊《疏》云：「名從作者之主人，不問華戎，皆得繫之。物從中國，若《傳》稱吳謂義稻為伊緩，夷狄謂大原為大鹵，以地形物類須從中國之號，故不得謂之伊緩、大鹵也。」案：後世譯語並以此為準。〔註3〕

《後周書·武帝紀》：「保定三年正月，於乞銀城置銀州。」《元和郡縣志》云〔註4〕：「苻秦建元元年自驄馬城巡撫戎狄，其城即今銀州里是也。周保定二年置銀州，因谷為名。舊有人牧驄馬於此，谷虜語驄馬為乞銀。」

《翻譯名義集·四十二字篇》云〔註5〕：「阿提阿耨波陀。即阿字門。羅闍。此云垢，即羅字門。《華嚴》作「多」字。波羅末陀。此云第一義，即波字門。遮梨夜。即遮字門。《華嚴》作「者」字。那。此云不。邏求。此云輕，即邏字門。陀摩。此云善，即陀字門。《華嚴》作「柁」字。婆陀。此云縛，即婆字門。荼闍他。此云不熱，即荼字門。沙。此云六。和波陀。此云語言。即和字門。《華嚴》作「縛」字。多他。即多字門。《華嚴》作「哆」字。夜他跋。即夜字門。《華嚴》作「也」字。吒婆。即吒字門。《華嚴》作「瑟」。吒迦邏。即迦字門。娑娑。此云一切，即娑字門。磨磨迦羅。此云我所，即磨字門。伽陀。此云底，即伽字門。多他阿伽陀。此云如去，即他字門。闍提闍羅。此云生，即社字門。簸。準。《智論》云濕波。《華嚴》作「鎖」字。馱摩。此云德性，即馱字門。賒多。此云寂滅，即賒字門。《華嚴》作「奢」字。呿。此云虛空。《華嚴》作「佉」字。叉耶。此云盡，即叉字門。迦哆度求那。即哆字門。《華嚴》作「娑多」。若那。或云闍那，即若字門。《華嚴》作「壤」字。阿施。此云義，即施字門。《華嚴》作「曷攞多」。婆伽。此云破，即婆字門。

我婦女無顏色。」（此詩《匈奴列傳》正義引《括地志》錄《西河故事》「閼氏」作「焉支」。《樂府詩集》卷八四從《十道志》引亦作「焉支」。）綜此而言，是煙支也、焉支也、燕支也，皆即紅藍花也。山產此物，故為山名；人似此花，復為人稱。雖為北翟匈奴之語，故以「閼氏」翟語自有意義不得相涉耳。吳檢齋《經籍舊音辯證》云：「匈奴謂正妻曰閼氏，此以華夷對譯之詞，師古謂別有意義，亦非。」按師古明言「此蓋北狄之言自有意義」，即謂「閼氏」之名於彼翟語中自有意義也。與語音對譯並無違戾，吳說亦未達顏意。又按以華語解夷語者，後世若清孫星衍《問字堂集》卷二《三教論》云：「佛者，於文為彷彿之義。」又云：「又內典所云菩薩者，即菩薛字，《玉篇》以菩為香草，音蒲。又以蒲頭有臺，臺上有重臺，臺中出黃，即蒲黃。薛者即蘖省文，《尚書》云顛木有由蘖，皆言善心之萌芽，故亦謂之菩提。」不明譯語，望文生義，繁辭謬解，適可入笑林耳。千載之後，猶發此戲論，尤見師古之卓也。

又《史記索隱》及《爾雅翼》引習書，均作「匈奴名妻作閼支」不作「妾」，師古所據乃誤本，亦不得駁習生。

〔註3〕按：又見稿本第二十五。

〔註4〕見唐·李吉甫《元和郡縣志》卷五《關內道五》。

〔註5〕見《翻譯名義集》五《四十二字篇第五十一》。

伽車提。此云去，即車字門。阿濕麼。此云石，即麼字門。《華嚴》作「娑麼」。火夜。此云喚來，即火字門。《華嚴》作「訶婆」。末嗟羅。此云慳，即嗟字門。《華嚴》作「縒」字。伽那。此云厚，即伽字門。他那。此云處，即他字門。《華嚴》作「吒」字。拏。此云不。頗羅，此云果，即頗字門。《華嚴》作「娑頗」。歌大。此云眾，即歌字門。《華嚴》作「娑迦」。醝。無翻。《智論》云聞此字時，即知醝字空，諸法亦爾。《華嚴》作「也娑」。遮羅地。此云動，即遮字門。《華嚴》作「室者」。多羅。此云岸，即吒字門。《華嚴》作「侘」字。彼茶。此云必，即茶字門。《華嚴》作「陀」字。」按：南嶽以四十二字表、四十二位、華嚴般若四十二字皆脩行密語，不錄全文，與悉曇字母不相牽混。但所云某字門者，其義略相似耳。錢辛楣云〔註6〕：《養新錄》卷五。「西域四十七字。菴、惡二字不在內。《大般涅槃・文字品》，字音十四字。比聲二十五字，八字超聲。見於《一切經音義》者，與《華嚴經》四十二母殊不合。元應《音義》首載《華嚴》，終於五十八卷，初無字母之說。然《涅槃》所載比聲二十五字，與今所傳見、溪、群、疑之譜小異而大同。前所列字音十四字，即影、喻、來諸母。然則唐人所撰三十六字母，實采《涅槃》之文，參以中華音韻而去取之，謂出於華嚴則妄矣。」按：辛楣所言近是。然尚未知四十二字本於字母無關也。

《放光般若經・陁鄰尼品》云：「何等為陁鄰尼目佉？與字等，與言等。字所入門，一者阿，二者羅，三者波，四者遮，五者那，六者羅，七者陁，八者波，九者茶，十者沙，十一者和，十二者多，十三者夜，十四者吒，十五者加〔註7〕，十六者娑，十七者摩，十八者伽，十九者他，二十者闍，二十一者溼波，二十二者大，二十三者赦，二十四者佉，二十五者叉，二十六者侈，二十七者若按：當讀如。惹，二十八者伊陀，二十九者繁，疑西晉時繁猶有婆音。三十者車，三十一者魔，三十二者叵，三十三者蹉，三十四者峨，三十五者咃，三十六者那，那亦兩見。三十七者破，三十八者歌，三十九者嵯，四十者嗟，四十一者吒，吒亦兩見。四十二者嗏。」按：此與《翻譯名義集》大同小異。〔註8〕

《大般涅槃經・文字品》〔註9〕：「佛言：『善男子，初說半字，以為根本，持諸記論、呪術、文章，諸陰實法。』」又云：「有十四音，多為字義。是十四音，名曰字本。」阿短呼。按：即𑖀字。者，即是三寶。次阿長呼。按：即𑖁字。者，

〔註6〕見《十駕齋養新錄》卷五《西域四十七字》。
〔註7〕「加」，稿本作「咃」，眉批：「『咃』，俟查，疑西晉譯人所造。」
〔註8〕眉批：「西晉譯本。」
〔註9〕見《大般涅槃經卷第八・如來性品第四之五》。

名阿闍黎，是名為聖。伊短呼。按：即字。者，即是佛法梵行，清淨無垢，譬如滿月。伊長呼。按：即字。者，佛法微妙，甚深難得。憂短呼。按即字。者，謂大涅槃。優長呼。按即字。者，譬如牛乳，諸味中上。如來之性，亦復如是。哩按即字。者，即是諸佛法性涅槃。黳按：即字。者，謂如來義。烏按：即字。者，名煩惱義。炮按：疑即字。者，於十四音是究竟義。菴按：即字。者，能遮一切諸不淨物。屙按：即字。者，名勝乘義。迦按：即字。者，於眾生起大慈悲，生於子想。呿按：即字。者，名非善友。按：迦佉以下音，《悉曇字記》、《天竺字源》均不與前十二音並列。伽重音。按：即字。者，如來常音。俄按：即字。者，一切行破壞之相。遮按：即字。即是脩義。車按：即字。者，如來覆蔭一切眾生，譬如大蓋。按：此取字，形如蓋也。今譯其音，不譯其形。故此語殆不可解。是故名車。闍按即字。者，是正解脫，無有老相。闍重音。按：即字。者，煩惱如林。若按：即字。者，是智慧義。吒按：字。者，於閻浮提示現半身按：此亦取字之形。而演說法。譬如半月侘按：即字。者，法身具足。譬如滿月此亦取字形。茶按：即字者，是愚癡僧不知常與無常。茶重音。按：即字。者，不知師恩。譬如羝羊。拏按：即字。者，譬如外道。多按：即字。者，如來告諸比丘，當離驚畏。他按：即字。者，眾生流轉，生死如蠶蛣蜣。此亦依字形說。陀按：即字者。所謂大乘。陀重音。按：即字。者，所謂三寶如須彌山，無有傾倒。那按：即字。者，三寶安住，譬如門閫。此亦依字形說。波按：即字。者，名顛例義。頗按：即字者。是世間災。婆按：即字。者，名佛十力。婆重音。按：即字。者，名為重擔，此亦依字形說。堪荷無上正法。摩按：即字。者，是諸菩薩嚴峻制度。耶按：即字。者，是諸菩薩在在處處，為眾生說大乘法。羅按：即字。者，說真實法。羅輕音。按：即字。者，捨聲聞乘，勤習大乘。和按：即字。者，世尊為眾生雨大法雨，所謂世間呪術經書。賒按：即字。者，遠離三箭。沙按：即字。者，名具足義。娑按：即字。者，為眾生演說正法，令心歡喜。訶按：即字。者，名心歡喜。奇哉世尊，離一切行！怪哉如來，入般涅槃！按：此依聲立義。羅來加切。按：即字。者，名曰魔，義魯流盧樓。按：當即。以上與《悉曇章字記》悉合，惟不用字。吸氣舌根隨鼻之聲長短，超聲隨音解義，皆因舌齒而有差別。又半字義皆是煩惱，言說之本，故名半字。滿字者乃是一切善法，言說之根本也。

唐沙門不空譯《孔雀明王經》卷上自注云：「此經須知大例，若是尋常字體，旁加口者，即須彈舌呼之。但為此方無字，故借音耳。」近人於各國名，如喀叵、唊咕唎等類，動加口字，未知此例。

後漢支婁迦讖譯《阿閦佛國經》：阿須輪，即阿脩羅，揵沓惒即乾闥婆，惟「惒」字不知所出。又云「以七寶作𡐕」，「𡐕」字不見《說文》，及經中「閦」字，疑皆支讖以意譯寫。又鬱單曰即鬱單；越八惟務禪，八維無禪，前後異文。

《阿閦佛國經》云：「此剎天下人遙見日月星辰殿舍。」是西人言一星一地球，佛說已開其端。又云：「三千大千世界所有星宿不可計，亦不可知多少。」此亦星氣及天河為眾小星叢集之說之類。若歷代天文家於三垣二十八宿雖時有增減，未嘗不以數記之也。

《歐洲史略》云：「歐洲諸族，自有信史以來，大半皆出亞利安族。是以今之歐洲諸國人民，方言雖各不同，其原皆出於一，可總名曰亞利安語。凡作亞利安語之人民，始皆聚處亞洲正中，蔥嶺以西之巴米耳。按：即《西域國志》之帕米爾高原。其遷於西南與東南者，多散處巴西北印度等地。北印度方言舊為梵語，今其間雖間有更易，而較諸他處亞利安族之各國言語，變者尤少。其遷而西者，則皆散處歐洲及與歐毗連之亞洲地，近又有由歐洲遷居美澳二洲者，然仍作歐洲方言，未少更易。」《希臘志略》云〔註10〕：「當往古無史記事之先，裏海東、蔥嶺西有一原族，實為希族、意族及歐洲他族以及北印度人生生之本原。是諸族中器用什物所呼名大率相若。可知其方言同，亦同為一族人耳。如歐洲諸國人呼父與印度國人呼父，方言大略同。德人呼父為法德耳，希人呼父為巴戴耳，拉丁語呼父為巴德耳，印度番文呼父為比達緬。想彼時蔥西人眾，非本地能容，散居既多，傳世愈久，舊日方言變為各國新語，遂若各為其類矣。」《歐洲史略》又云：「今有數國語言似異，然詳為尋繹，知洪荒之世本同。試即歐洲而論，如英語之乃得，德語之那克得，以及拉丁文之挪格得，希臘文之奴格得，音雖小異，而概譯曰黑夜。藉是推之，知四國語言為同源異派。」余按：以此知歐洲語言多源於北印度，而梵語實開各國之先，故余於悉曇之篇恒加用意。若巴斯革語則歐洲土著之音，惜未得其譯傳，不知與中國之土番及美洲之紅皮土番同異若何也。

《欽定同文韻統・天竺字母說》云：「天竺字母經呪，諸字之淵源也。西番即唐古特。字母經呪，諸字之脈絡也。其法，五十字母之內有十六音韻字，三十四翻切字，共合成五十字。唐貞觀初，吐蕃相阿努心欽至教，嘗身至中印度國，親受天竺字法，悉得其奧。於是依其本音，譯以唐古特之字，以為西域傳佈經呪之用。至那呼唐羅雜斡，復從阿努所譯五十字，考訂天竺原規，

〔註10〕見英・艾約瑟《希臘志略》第一卷《溯希臘人初始・希臘與他族聯屬》。

唱演以受僧徒。」又《西番字母說》云：「西番字母三十字，乃番相阿努採擇天竺字母，合之西番語音所製。其嘎、喀、噶、[illegible]、[illegible]、答、塔、達、納、巴、葩、拔、嘛、匝、擦、雜、斡、鴉、喇、拉、沙、薩、哈、阿、二十四字，與天竺字母同其齎。[illegible]、[illegible]、[illegible]、紗、靸、婀六字，乃天竺音韻所無，而西番音韻所有，故依其國之語言聲韻而增設者也。」〔註 11〕

《大唐內典錄》卷五：《翻外國語》七卷，周武帝世西天竺優禪尼國三藏法師拘那彌陀譯。

顧亭林《日知錄之餘》卷四《華夷譯語》：「洪武十五年正月丙戌命編類《華夷譯語》上。以前元素無文字號令，但借高昌書制為蒙古字，以通天下語。」〔註 12〕

友人見貽穆來由字母，以法文釋之，云與阿喇伯字母同。余讀之，殆即回文字母也。穆來由字母，或云僅十八音，疑近傳回教改用其文字矣。今錄於左方，其讀法自右而左，與歐羅巴各國異，凡三十五字。〔註 13〕

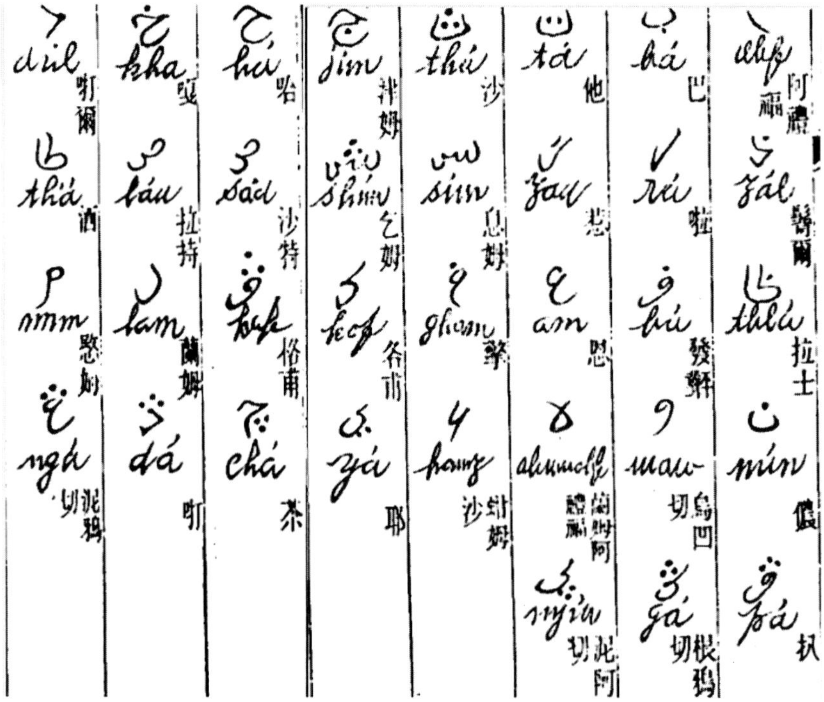

〔註 11〕眉批：「此條與廿四冊廿六頁文義相同而互有出入。」

〔註 12〕眉批：「重。」按：又見卷十九。

〔註 13〕眉批：「俟檢《同文韻統》、《西域同文志》。◯《同文韻統》有西番文，無阿喇伯文。」

按：希臘第一字母讀如阿拉法，即西文之A字。與此阿禮福之音正同。

《高僧傳》卷十五云〔註14〕：「自大教東流，乃譯文者眾，而傳聲蓋寡，良由梵音重複，漢語單奇。若用梵音以詠漢語，則聲繁而偈迫；若用漢曲以詠梵文，則韻短而辭長。是故金言有譯，梵響無授。始有魏陳思王曹植，深愛聲律，屬意經音，既通般遮之瑞響，又感魚山之神製，於是刪治瑞應本起以為學者之宗，傳聲則三千有餘，在契則四十有二。其後帛橋、支籥亦云祖述陳思，而愛好通靈，別感神製，裁變古聲，所存止一千而已。至石勒建平中，有天神降於安邑廳事，諷詠經音，七日乃絕。時有傳者，並皆訛廢。逮宋齊之間，有曇遷、僧辯、太傅、文宣等，並慇懃嗟詠，曲意音律，撰集異同，斟酌科例。存於舊法，正可三百餘聲。自茲厥後，聲多散落。人人致意，補綴不同。所以師師異法，家家各製。皆由昧乎聲旨，莫以裁正。」

《高僧傳》卷七《釋慧叡傳》云：「陳郡謝靈運篤好佛理，殊俗之音，多所達解。迺諮叡以經中諸字，並眾音異旨，於是著《十四音訓敘》。條例梵漢，昭然可了，使文字有據焉。」按：南本《大般涅槃經》為靈運與慧叡、慧嚴、慧觀修治。其《十四音訓敘》，蓋即解《涅槃經・文字品》。慧叡曾遊南天竺，音譯訓詁，無不心曉。慧嚴亦從鳩摩羅什訪正音義。慧觀與寶雲友善，云於天竺諸國意字訓詁悉皆備解。故《涅槃經》為三十六字母之先聲矣。

釋惟淨景祐《天竺字源》七卷，今存者六卷，題譯經三藏朝散大夫試光祿卿光梵大師賜紫沙門臣惟淨等集進，前有仁宗御製序。日本南條文雄云：「案：《至元法寶勘同總錄》曰《景祐天竺字源》七卷，今日本所傳寫本，前六卷完全，而第七卷無全本。沙門喜海曾謄寫六卷，鈔出第七卷。之末有記，曰嘉祿二年丙戌九月二十一日於山栂尾禪房寫之，但七卷廣博也，出第一番生字一兩等，餘悉略之。蓋嘉祿二年，當宋理宗寶慶二年，而喜海為日本華嚴宗大德沙門高辨弟子，辨傳在本朝《高僧傳》。」由此觀之，《字源》全部七卷早傳日本矣。又云：《字源》果益今之學梵文者，否則覽者自知焉。楊仁山告余云：文雄曾赴印度學梵文七年，能以華梵書對讀，不須傳譯，此釋家之博雅士也。此書復行中土，實文雄抄贈之功矣。

《字源》卷一云：「夫欲善明天竺文字者，先學十二轉聲、三十四字母，識辯五音。其五音者，謂牙、齒、舌、喉、脣等五音，各有五字，下有九字融轉舌喉二音，總計三十四字母。又於其中逐音之內，各以第五字屬鼻音呼此。

〔註14〕見《高僧傳》卷十三《經師第九》。

上且只是第一番三十四字。向下二合呼，復有十一番字母。每番三十四字，都計三百七十四字。足前第一番，共有四百八字之本母。若先於此四百八字調舌呼吸，親得梵音，即五音輕濁自分，其次便用十二轉聲裝戴，逐番字母調經〔註15〕，輕重審的呼之，及〔註16〕名生字。其生字者，且如第一番字母第一箇葛字，先將十二轉聲裝成生字一十二箇，明辯輕重，呼轉精熟，即向下一十一番生字，例上可明。

十二轉聲十二番字母各分五音第一

十二番字母合辯五音第二

十二轉聲十二番字母略譯義旨第三

單開十二番生字第四

單開十二番生字第五

單開十二番生字第六

單開十二番生字第七」

其十二轉聲云：「准《天竺聲明字源》及《涅槃經》有十六轉聲。然天竺學人傳授只，分十二轉聲，良以餘之四聲已在第三、第四二聲之中收訖，又向下生字，別無裝戴去處，所以只用十二轉聲。十六聲者，遏、阿、引。壹、翳、引。嗢、污、引。哩、梨、魯、慮、伊、愛、引。鄔、奧、引。暗、惡。十二聲者，遏、阿、引。壹、翳、引。嗢、污、引。伊、愛、引。鄔、奧、引。暗、惡。十二番字母各分五音。牙音：葛、𑖎。渴、𑖏。哶、五割切。𑖐。竭、𑖑。誐。迎〔註17〕可切。𑖒。齒音：拶、左末切。𑖓。擦、七曷切。𑖔。惹、仁左切。𑖕。嵯、昨何切。𑖖。倪。倪也切。𑖗。舌音：吒、陟轄切。𑖘。詫、丑轄切。𑖙。疕、尼轄切。𑖚。茶、𑖛。拏。𑖜。喉音：怛、𑖝。撻、他達切。𑖞。捺、𑖟。達、𑖠。那。𑖡。脣音：鉢、𑖢。登、𑖣。末、𑖤。婆、𑖥。摩。𑖦。下九字融轉舌喉二音。耶、𑖧。羅、歷加切。𑖨。羅、𑖩。嚩、𑖪。設、𑖫。沙、𑖬。薩、𑖭。訶、𑖮。剎。𑖎𑖿𑖬。」以下十二番三十四字母，皆各分牙、齒、舌、喉、脣五字，融轉舌喉二音。九字有二合，有三合，有四合。十二番字母之外，有一番文字，上下裝戴有二囉字，只是於第十番字母中向下添一囉字，別無正體。天竺經典或用一字，二字多不用之。卷二則於十二番字母中各取牙音等五字，就第一番字母牙音等字一處排列，

〔註15〕「經」，《景祐天竺字源》作「習」。

〔註16〕「及」，《景祐天竺字源》作「乃」。

〔註17〕按：稿本、刻本均作看過，據《景祐天竺字源》補。

所以每番字母逐一音中共六十字。五音合論，總三百字，向下每番融轉舌、喉二音，各有九字，一十二番計一百八字。合前三百，都四百八字。牙齒喉舌脣各六十字，字不錄。如上十二番，每番三十四字母中，各除牙齒舌喉脣五字外，餘有九字融、轉舌喉二音。聲明謂之邊際處音、吸氣音等。

《大唐內典錄》卷一云：「梵稱此方為脂那，或云真丹，或云震旦。此蓋承聲有夏楚耳。」脂那與震旦為一聲之轉，惟道宣知之。《翻譯名義集》誤作兩解。

《天竺字源》卷三序云：「天竺文字，搆義至多。諸經論中，委悉明辯。所謂字緣字界、義緣義界，二三相合，以義承義，此不具錄。今依《文殊問字母經》及《涅槃經》略明一二。」又卷四序云：「單開十二番生字者，逐番各以十二轉聲，裝戴字母，單單而開，兼本合數，都計四千八百九十六字，十二轉聲，不計其數。」自卷四至卷六共列九番生字，無序說。

唐一行禪師《字母表》云：「不生寂靜根災禍，譬喻損減通類例。染沉沒求及自在，執瀑流化邊遠離。如是十六摩多字，是名諸字大莊嚴。作業等空行合支，遷變影像生戰智。慢長怨對執特諍，如如住施法界名。第一不堅縛有我，乘離塵染相言說。本性寂鈍諦因盡，但除乞沙重字故。此等三十三字門，一一皆生十二字。阿迦羅等三十四，是為男聲智惠字。伊等里等十二字，是為女聲三昧字。仰等五字為大空，野等八字為涅槃。如是五十字義門，名遍一切處法門。大日如來法身體，乘離塵相言我名。如次第二第三四，第五第六第七章。冠頂上字生重字，第八迦等佉等字。冠離塵染羅字門，第九迦等一一字。冠塵乘足成重字，已上九章初段中。不生十二十九字，第十章阿迦羅等。冠塵塵足成重字，第十一章諸字門。冠塵相足成重字，第十二章三十四。冠塵言足成重字，第十三章迦等字。冠塵我足成重字，第十四章皆字門。冠塵名足成重字，第十五章不定章。迦等佉等牙字門，冠諸法支仰字門。遮等磋等齒聲門，冠諸法智孃字門，吒等侘等舌聲門，冠法諍論網字門，多等他等喉聲門，冠一切名曩字門，跛等頗等脣音門，冠一切我莽字門，野等羅等遍口聲，皆冠支分仰字門。第十六章加等字，皆足類例摩多字。此章加點唯行盡，是故字數六十八。第十七章難覺章，諦諦施施冠牙四，支業如塵成第五。言言言言冠齒四，但生一字居智上。鈍鈍施施鈍五字，此如次第冠舌五。諦諦言言戴喉四，塵如諦名混第五。諦諦施施戴脣四，塵業鈍我四第五。離塵離作鈍言乘，離垢業鈍言染乘。如是二七十四字，合五合六作二字。

性相真如如作言，上字二合下三合。憍慢諦言添後四，但合沙賀除重覽。此等三十三字門，一一皆生十二字。第十七章互字相，依理難覺更作頌。第十八章四字門，第一如如成第一，支分作業成第二，施諦言說成第三，支分鈍影離塵染。上二字門二重字，中字三重下四重。後段九章諸字中，不生十二十九字。此外無盡無盡字，猶攝第十八章字，有正章外孤合字。二九十八悉曇章，五相五輪觀行字。一二三四五重字，並加莊嚴十二點。百千萬億阿僧祇，出生無量[illegible]門。一一變作金剛尊，是名心蓮廣金剛。阿等伊等十六字，並及字母三十四。但合五十字義門，是名心蓮斂金剛。一聞妙法真言義，即滅先世一切惡。何況當書寫轉諸章，即得毘盧遮那身，利益無量眾生界。　真言不思議，觀誦無明除。一字含千理，即身證法如。一見比[illegible]，證於金剛身。入於蓮華門，往往密嚴土。」

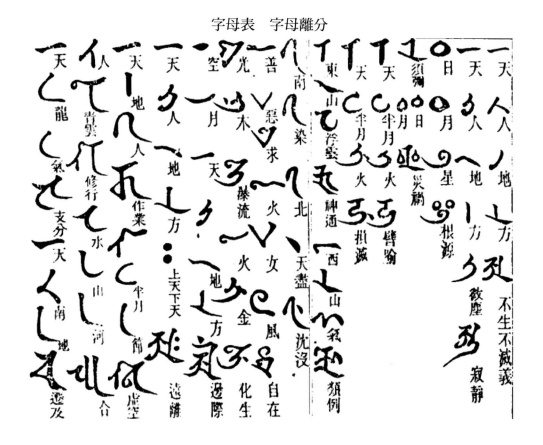

字母表　字母離分

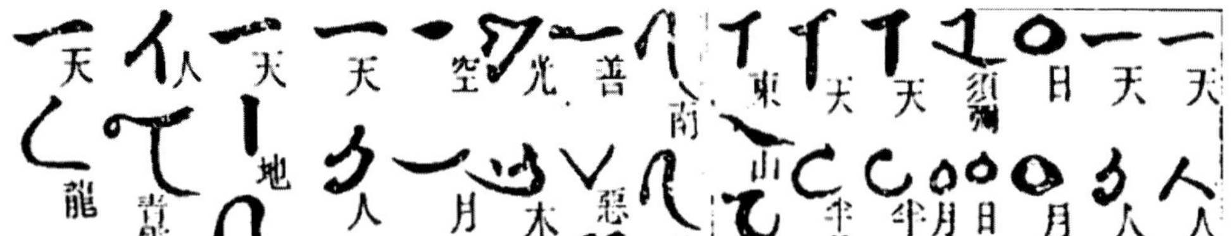

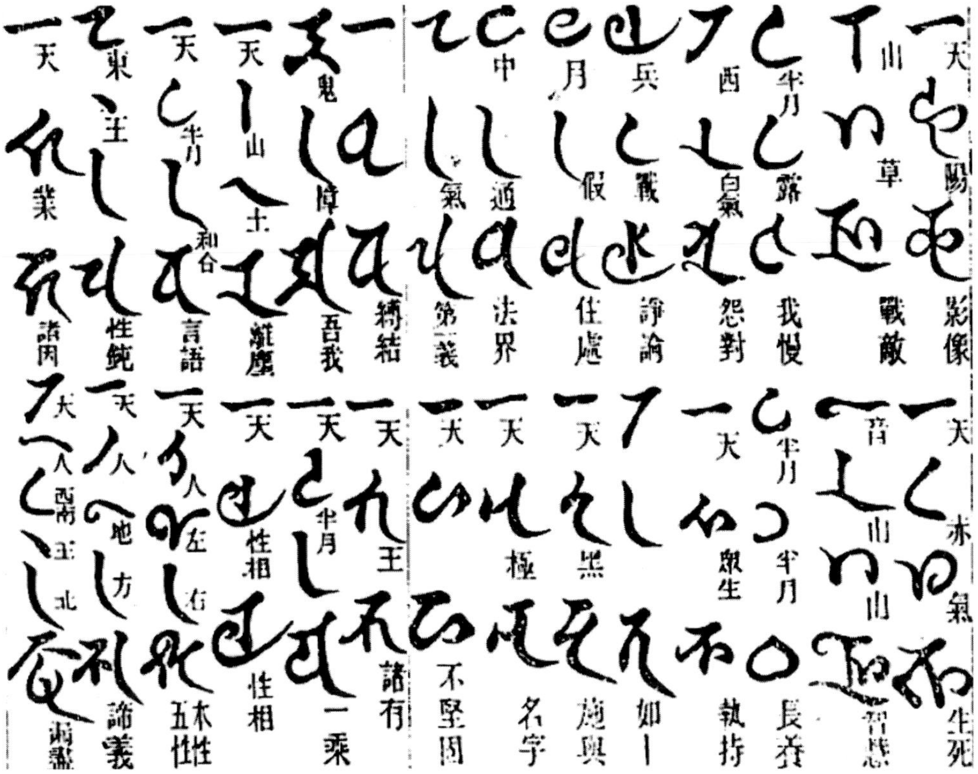

按：此字母離分表，其行式悉依原書鈔錄。余未諳竺文，不知其解。《同文韻統》卷四《天母西竺字母分陰陽說》云：「天竺翻切前二十五字分屬五類：嘎、喀、噶、嘺、𨔵五字屬天，匝〔註18〕、攃、雜、嗏雜、鶆尼五字屬風，查、叉、楂、嗏、那五字屬火，答、塔、達、噠、納五字屬土，巴、葩、拔、嚍、嘛五字屬水。」此文火風瀑流等義固符合矣。

沙門空海《梵字悉曇並釋義》云：「夫梵字悉曇者，印度之文書也。《西域記》云梵天所製，五天竺國皆用此字。然因地隨人，稍有增減。語其骨體，以此為本。劫初之時，世無法教，梵王下來，授以此悉曇章，根原四十七言，流派餘一萬。世人不解元由，謂梵王所作。若依《大毘盧遮那經》云，此是文字者，自然道理之所作也。陀羅尼，唐翻總持。此總持略有四種：一法陀羅尼，二義陀羅尼，三呪陀羅尼，四菩薩忍陀羅尼。」空海，日本唐時高僧，尤精《說文》、《玉篇》之學。

〔註18〕「匝」字原無，據《欽定同文韻統》補。稿本僅作「攃、雜、嗏雜、鶆尼五字屬風」，顯缺一字。刻本則於「五」前空一格。

又云：「梵字梵語，於一字聲，含無量義。改為唐言，但得片玉，三隅即失，故道安法師著五失之文，義淨三藏興不翻之歎。是故不空、三藏等教授密藏真言，悉用梵字。」然則諸教之根本，蓋在此字母乎！

右四字題目，梵云悉曇囉窣覩，唐云成就吉祥章。

音阿，上聲呼。訓無也、不也、非也。凡最初開口之音，皆有阿聲。若離阿聲，則無一切言說，故為眾聲之母，又為眾字之根本。余按：《欽定同文韻統．天竺字母譜》云：「天竺字，阿為元聲，中華無此音。以二字合聲讀之，今酌用見鴉切。」 又按：《韻統》所書文字，與此悉異。蓋天竺古今字，茲不悉出。

音阿，去聲，長引呼。一法諸法寂靜不可得義。《同文韻統》：「音阿，阿喉。」

音伊。上聲。一切法根不可得義。《韻統》：音伊、乙、衣，切喉。

伊。去聲，長引呼。一切諸法災禍不可得義。《韻統》：「音伊，伊喉。」

塢。一切法譬喻不可得義。《韻統》：「音烏、屋、巫，切喉。」

污。長引。一切諸法損減不可得義。《韻統》：「音烏，烏喉。」

哩。彈舌呼。一切法神通不可得義。《韻統》：「音利，御伊切，彈舌。」

哩。彈舌，去聲，引呼。一切法染例不可得義。《韻統》：「音唎，彈舌。」

呂。彈舌，上呼。一切法染不可得義。《韻統》：「音利，力伊切，半舌。」

嚧。彈舌，長呼。一切法沉沒不可得義。《韻統》：「音利、伊，半舌。」

曀。一切法永不可得義。《韻統》：「音厄、吾、禾，切喉。」又云：「今用遏綱切。」

愛一切法自相不可得義。《韻統》：「音厄，厄喉。」

污。長聲。一切法軌瀑流不可得義。《韻統》：「音鄂，五格切，喉。」又云：「今用烏倭切。」

奧。去引聲。一切法化生不可得義。《韻統》：「音鄂鄂，喉。」

闇也。一切法邊際不可得義。《韻統》：「音昂，阿剛切，喉。」

惡也。一切法遠離不可得義。《韻統》：「音阿斯，半喉半齒。」

余按：以上十六字，所謂轉聲，後人或取十四字，或取十二字，余別有考。《韻統》以上文十六字為音韻字，下文三十四字為翻切字。

迦。上聲呼。一切法離作業不可得義。《韻統》:「音嘎，古黠切，不緊。」又云：「今用歌阿切。」

佉。上呼。一切法等虛空不可得義。《韻統》:「音喀，苦格切，牙。」又云：「今用珂阿切。」

誐。上呼。一切法行不可得義。《韻統》:「音噶，歌阿切，牙緩。」

伽。去引。一切法一合不可得。《韻統》:「音⿰石葛，葛右切，半牙半喉。」

仰。鼻聲呼。一切法支分不可得。《韻統》:「音⿰阝迎，迎阿切，半鼻半喉。」

遮。上聲。一切法遷變不可得。《韻統》:「音匝，諮阿切，齒頭緊。」

磋。一切法影像不可得。《韻統》:「音擦，⿰山但阿切，齒頭。」

惹也。一切法生不可得。《韻統》:「音雜，資阿切，齒頭緩。」

酇。上聲。一切法戰敵不可得。《韻統》:「音⿰口雜，雜哈切，半齒半喉。」

孃。上聲。一切法智不可得。《韻統》:「音⿰身尼，尼鴉切，舌頭。」

吒。上聲。一切法慢不可得。《韻統》:「音查，支阿切，正齒緊。」

吒。上。一切法長養不可得。《韻統》:「音義，蚩阿切，正齒。」

拏。上。一切法怨對不可得。《韻統》:「音楂，之阿切，正齒緩。」

荼。去。一切法執持不可得。《韻統》:「音⿰口楂，楂哈切，半齒半喉。」

拏。陀夾反，鼻聲呼。一切法諍不可得。《韻統》:「音那，吶阿切，捲舌。」

多。上。一切法如如不可得。《韻統》:「音荅，得阿切，舌頭緊。」

他。上。一切法住處不可得。《韻統》:「音塔，咸阿切，舌頭。」　余按：咸字疑有誤。

娜也。一切法施不可得。《韻統》:「音達，德阿切，舌頭緩。」

馱也。一切法界不可得。《韻統》:「音⿰口達，達哈切，半舌半緊。」

曩也。一切法名不可得。《韻統》:「音納，納阿切，舌頭。」

跛也。一切法第一義諦不可得。《韻統》:「音巴，道阿切。重脣緊。」余按：「道」字當是「逋」字之誤。

頗也。一切法不堅如聚沫義。《韻統》：「音葩，紨阿切，重脣。」

麼也。一切法縛不可得。《韻統》：「音拔，峏阿切，重脣緩。」此字似有誤。

婆。重上呼。一切法一切有不可得。《韻統》：「音（哈+拔），拔哈切，半各半喉。」　余按：「各」字有誤。

莽也。一切法吾我不可得。《韻統》：「音嘛，摃此字疑有誤。阿切。重脣。」

野也。一切法一切乘不可得。《韻統》：「音鴉，衣阿切，喉。」

囉也。一切法離諸塵染義。《韻統》：「音喇，哷阿切，彈舌。」

羅也。一切法相不可得。《韻統》：「音拉，勒阿切，半舌。」

縛也。一切法語言道斷義。《韻統》：「音斡，無阿切，輕脣。」

捨也。一切法本性寂義。《韻統》：「音沙，即阿切，正齒。」

灑也。一切法性鈍義。《韻統》：「音卡，溘阿切，喉。」

娑上。也。一切法一切諦不可得。《韻統》：「音薩，思阿切，齒頭。」

賀也。一切法因不可得。《韻統》：「音哈，阿阿切，喉。」余按：「阿」字疑誤。

乞灑二合也。一切法盡不可得。《韻統》：「音䙾〔註 19〕，螭阿切，正齒。」

右十二字者，一箇迦字之十二轉也。從此一迦字門出，生十二字。如是一一字母，各各出生。十二字一轉有四百八字，如是者有二合三合四合之轉，都有一萬三千八百七十二字。此《悉曇章》本有自然真實不變常住之字也。

唐山陰沙門智廣《悉曇字記》云：「悉曇，天竺文字也。《西域記》云：『梵王所製，原始垂則，四十七言。寓物合成，隨事轉用。流演支派，其源浸廣。因地隨人，微有改變。而中天竺特為詳正，邊裔殊俗，兼習訛文。語其大較本源，莫異斯梗概也。』頃嘗誦陀羅尼，訪求音旨，多所差舛。會南天竺沙門般若菩提賫陀羅尼梵挾，自南海而謁五臺，寓於山房，因從受焉。與唐書舊翻，兼詳中天音韻，不無差反。考核源濫，所歸悉曇。梵僧自云：『少字學於先師般若瞿沙，聲明文轍，將盡微致。南天祖承摩醯首羅之文，此其是也。而

〔註 19〕「䙾」，稿本作「嘎刹」。

中天兼以龍宮之文，有與南天少異，而綱骨必同。健馱羅國憙多迦文獨將尤異，而字之由，皆悉曇也。』因請其所出，研審翻注，即其杼軸，科以成章，音雖少殊，文軌斯效。絕域之典，弗尚詭異。以真言唐書，召梵語髣髴而已，豈若觀其本文哉！俾學者不逾信宿而懸通梵音。字餘七千，功少用要。懿夫聖人利物之智也，總持一文，理合眾德，其在茲乎！雖未具觀彼史誥之流別，而內經運用固亦備矣。然五天之音，或若楚夏矣。中土學者，方審詳正，竊書簡牘以記遺文，古謂梵書為胡書者。按《西域記》：閻浮地之南五天之境，梵人居焉。地周九萬餘里。三垂大海，北背雪山。時無輪王膺運，區分七千餘國，總曰五天竺，亦曰身毒，或云印度。有曰大夏，人承兼梵王。雖大分四姓，通謂之婆羅門國。佛現其中，非胡土也。而雪山之者，旁臨蔥嶺，即胡人居焉。其字元製有異，良以境臨天竺，文字參涉所來。經論或依梵挾，而風俗則效習其文，粗有增損。自古求請佛經，多於彼獲之。魚魯渾淆，直曰胡文謬也。其始曰悉曇，而韻有六。長短兩分，字十有二，將冠下章之首。對聲呼而發韻，聲合韻而字生焉。即、阿上聲短呼。平聲長呼。等是也。其中有紇里二合等四文，悉曇有之，非生字所用，今略也。其次體文三十有五，通前悉曇，四十七言明矣。聲之所發，則牙齒舌喉脣等合於宮商，其文各五，遍口之聲文有十。此中工囉曷力遐三聲合也。於生字不應遍諸章，諸章用之，多屬第〔註20〕八。及成當體重，或不成字，如後具論。羅聲全闕。生用則初章通羅除之一，除羅字，羅鑒反。餘單章除之二，除羅羅二字，即第二、第三及第四、第八、第九、第十章也。字非重成，簡於第一，故云餘單章也。重章除之三，重成也，即第四、五、六、七及第十一以下四章。異章句末為他所用兼下除之六。即盎迦章字牙齒舌等句末之第五字，為上四字所用，亦不可更自重，故除之也。自除之餘，各遍能生，即、迦、佉等是也。生字之章一十有七，各生字殆將四百，則梵文彰焉。正章之外有孤合之文，連字重成，即字名也。有十一摩多，阿阿等韻，生字用十摩多。後字旁點，名毘灑勒沙尼。此去去聲，非為摩多。訖里章用一別摩多，里耶半體用，祇耶兼半體，囉此猶點畫兩箇半體，兼合成文。」

初章將前三十四文，對阿阿等十二韻呼之，增以摩多，生字四百百八，即、迦、上。、平。等是也。迦之聲下十有二文，並用迦為字體，以阿阿等韻呼之，增其摩多，合於聲韻，各成形也。佉伽等聲下例之以成，於一章次下十有四章，並用初章為字體，各隨其所增，將阿阿等韻對所合聲字

〔註20〕「第」，稿本作「弟」。

呼之，後增其摩多。遇當體兩字將合，則容之勿生，謂第四章中重羅、第五重嚩、房柯反。第六重麼、第七重那等是也。十一已下四章如次，同上之四章，同之除。

第二章將半體中祇耶合於初章迦迦等字之下，名枳也。枳耶生字三百九十有六。枳字幾爾反。今詳衹耶，當是耶字之省也。若然，亦同。除重唯有三百八十四。先書字體三百九十六，然將衹耶合之，後加麼多，夫重成之字下者，皆省除頭也。以下並同。

〔註21〕第三章將囉字合於初章迦迦等字之下，名迦上。略上。迦平。略，平。生字三百九十有六。上略力價反，下略力迦反。上迦下並同，略之，平上取聲，他皆傚之也。

第四章將攞字合初章字之下，名迦攞。迦攞生字三百八十有四。攞字，洛下反。

第五章將嚩字合初章字之下，名迦嚩。上。迦嚩生字三百八十有四。嚩字，房可反。

第六章將麼字合初章字之下，名迦麼。迦麼生字三百八十有四。

第七章將囊字合初章字之下，名迦那。迦那生字三百八十有四。

第八章將半體囉加初章字之上，名阿勒迦。阿勒迦生字三百九十有六。勒字，力德反。下同。

第九章將半體囉加第二章字之上，名阿勒枳耶。阿勒枳耶生字三百九十有六。若祗耶是耶省，亦同，除重。

第十章將半體囉加第三章字之上，名阿勒迦略。阿勒迦略生字三百九十有六。略平上。

第十一章將半體囉加第四章字之上，名阿勒迦羅。阿勒迦羅生字三百八十有四。

第十二章將半體囉加第五章字之上，名阿勒迦嚩。阿勒迦嚩生字三百八十有四。

第十三章將半體囉加第六章字之上，名阿勒迦麼。阿勒迦麼生字三百八十有四。

第十四章將半體囉加第七章字之上，名阿勒迦那。阿勒迦那生字三百八十有四。

〔註21〕按：稿本第三章接第二章，不另起行。

第十五章以迦遮吒多波等句末之第五字各加於當句前四字之上，及初句末字加後耶等九字之上，名盎迦、安遮、安吒、安多、唵波、盎耶等。其必不自重，唯二十九字不由韻合，名為異章，各用阿阿等韻呼之，生字三百四十有八。盎字，阿黨反。安字，並阿亶反。唵字，阿感反。

第十六章用迦等字體以別摩多合之，謂之訖里，成字三十有四。或有加前麼多，得成字用，非遍能生，且據本字言之。今詳訖里之麼多，祇是悉曇中里字也。

第十七章用迦等字體參互加之，有三十三字。隨文受稱，謂阿索迦等，各用阿阿等韻呼之，生字三百九十有六。

第十八章正章之外，有孤合之文，或當體兩字重之，但依字大呼；謂多闍吒拏等字，各有重成也。或異體字重之，即連聲合呼；謂悉多羅等是也。或不具通麼多止，為孤合之文；即瑟吒囉等字。有通三五麼多也。或雖生十二字之文，而字源不次，其猶之孤；即阿悉多囉等也。或雖異重，不必依重以呼之，此五句之末字加其句之初；即名盎迦等，屬前章也。或兩字聯聲，文形其後，聲彰其前；如麼盎迦三合字似云莽迦等也。或字一而名分；如沙字有沙乎府珂反。二音，猶假借也。或用摩多之文，重增其摩多，而音必兼之；如部林力合字從裒菩侯反。婁力鉤反。與第十一摩多也。或形非摩多，獨為嚴事之文；如字之上有仰月之畫也。或有所成而異其名；謂數字重成一字，而其下必正呼。中上連合短呼之，不必正其音。如上下迦稱阿索迦等也。或有其聲而無其形；此即阿索迦章等字，字則無阿讀之，皆帶其音。或不從字生，獨為半體之文；如怛達祇耶等用則有之，字體無也。或字有所闕，則加怛達之文，而音掣呼之；如迦佉等字下有畫則云秸、古八反。褉苦八反。等也。或源由字生，增於異形；如室梨字猶有奢羅之象，錯成印文，若篆籀也。或考之其生，異之其形。如訖里、俱羅、俱婁等，從迦之省。及胡盧等文、摩多之異，猶草隸也。斯則梵書之大觀焉。

悉曇字紀〔註22〕

《悉曇字紀》稿本書影

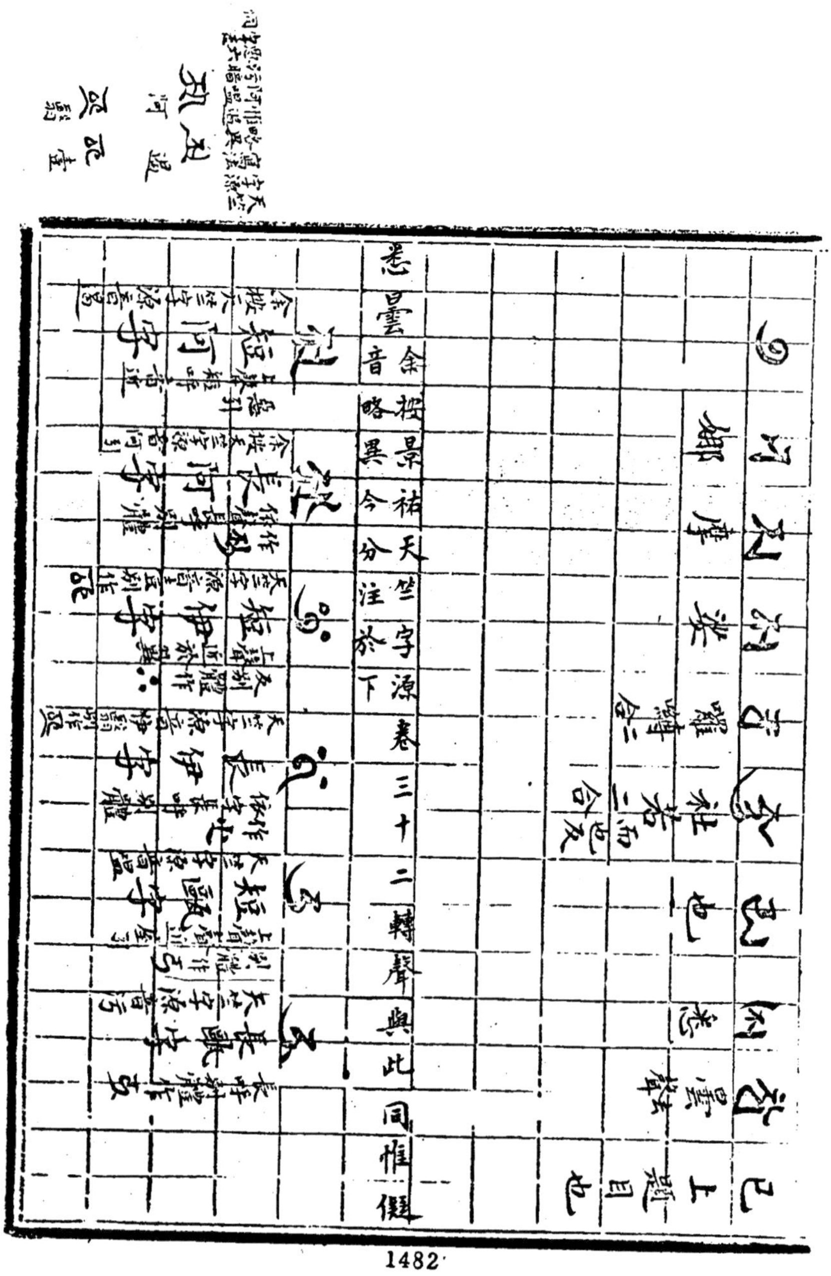

〔註22〕按：文本及圖不作整理，錄稿本、刻本書影。

𑖁 [illegible] 𑖂 [illegible] 𑖃 [illegible] 𑖄 [illegible]

𑖀 短 [illegible]	𑖁 長 [illegible]	𑖂 短 [illegible]	𑖃 長 [illegible]	𑖄 短 [illegible]	𑖅 長 [illegible]

右悉曇十二字為後章之韻義淨三藏云上之三對上短下長下之三對上長下短如用𑖎迦字之聲對阿伊甌等十二韻呼之則生得下𑖎迦𑖎𑖰機𑖎𑖲鉤矩反倶等十二字次用𑖏佉字之聲則生得𑖏佉𑖏𑖰欺𑖏𑖲丘區反倶等十二字次𑖐伽𑖐𑖰其𑖐𑖲求瞿反庚等十二字已下例然且先書短迦字一十二文從第二字已下加其摩多即字形別也用悉曇韻呼之則識其字名也佉伽已下至叉字例然以成一章舊云十四

1483

音若即於悉曇十二字中甌字之下次有丟紇里丟紇
梨乀里乀梨四字即除前悉曇云中宸後兩字謂之界
畔字也餘則為十四音今約
生字除紇里等四字也
體文亦四字毋

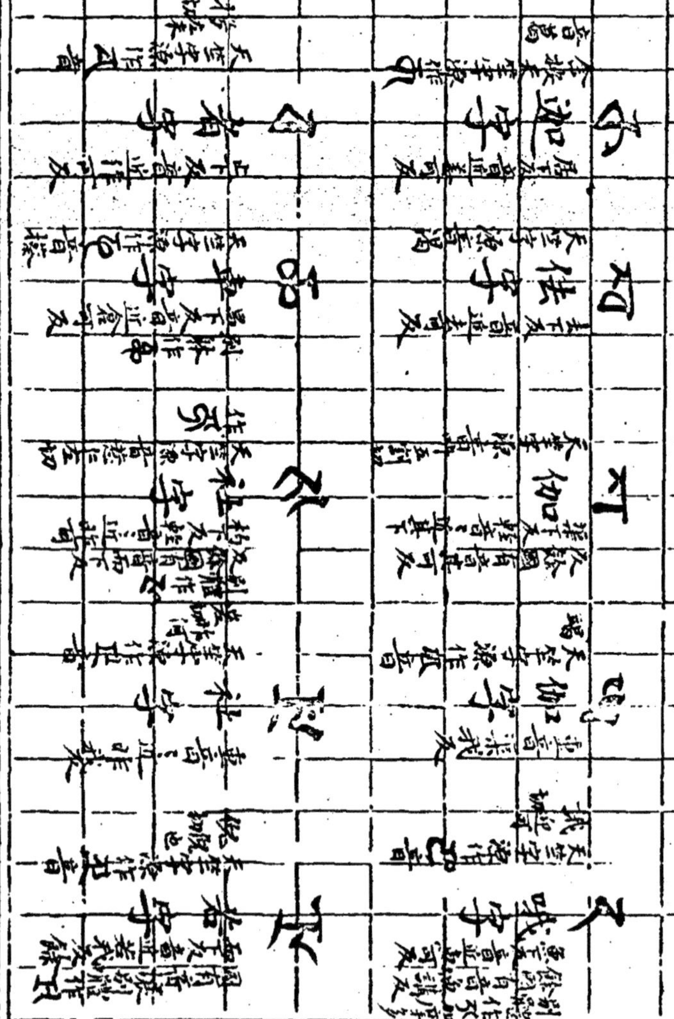

1484

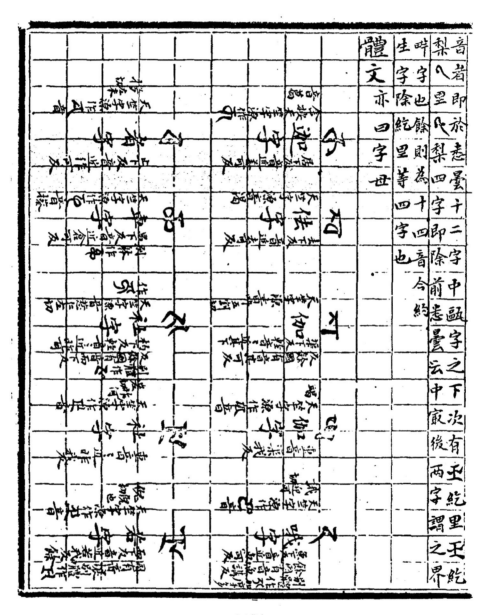

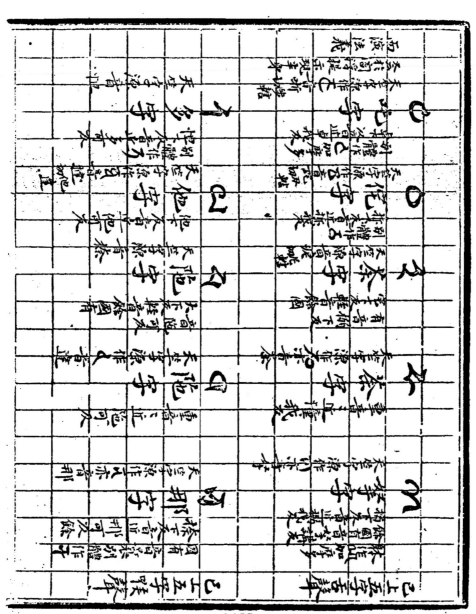

已上五字舌聲

拏字
餘國有音拏講反
搦下本音近搦我反
天竺字源作亦音拏

茶字
重音〻近擇我反
天竺字源作亦音茶

荼字
有音㑭下反
宅下反輕音餘國
天竺字源音泥吒䩦

侘字
別體作
拆下本音近拆我反
天竺字源作音託加切

吒字
別體作加摩多
卓下反音近卓我反
天竺字源作音晰曀
姿於商淨提示現半身
西濱法義

已上五字喉聲

那字
國有音泥別體作
捺下反音近那可反餘
天竺字源作亦音那

陀字
重音〻近陀可反
天竺字源作音達

陁字
音陀可反
大下反輕音餘國有
天竺字源音捺

他字
他下反音近他可反
天竺字源作音撻他切

多字
別體作
怛下反音近多可反
天竺字源音怛

1485

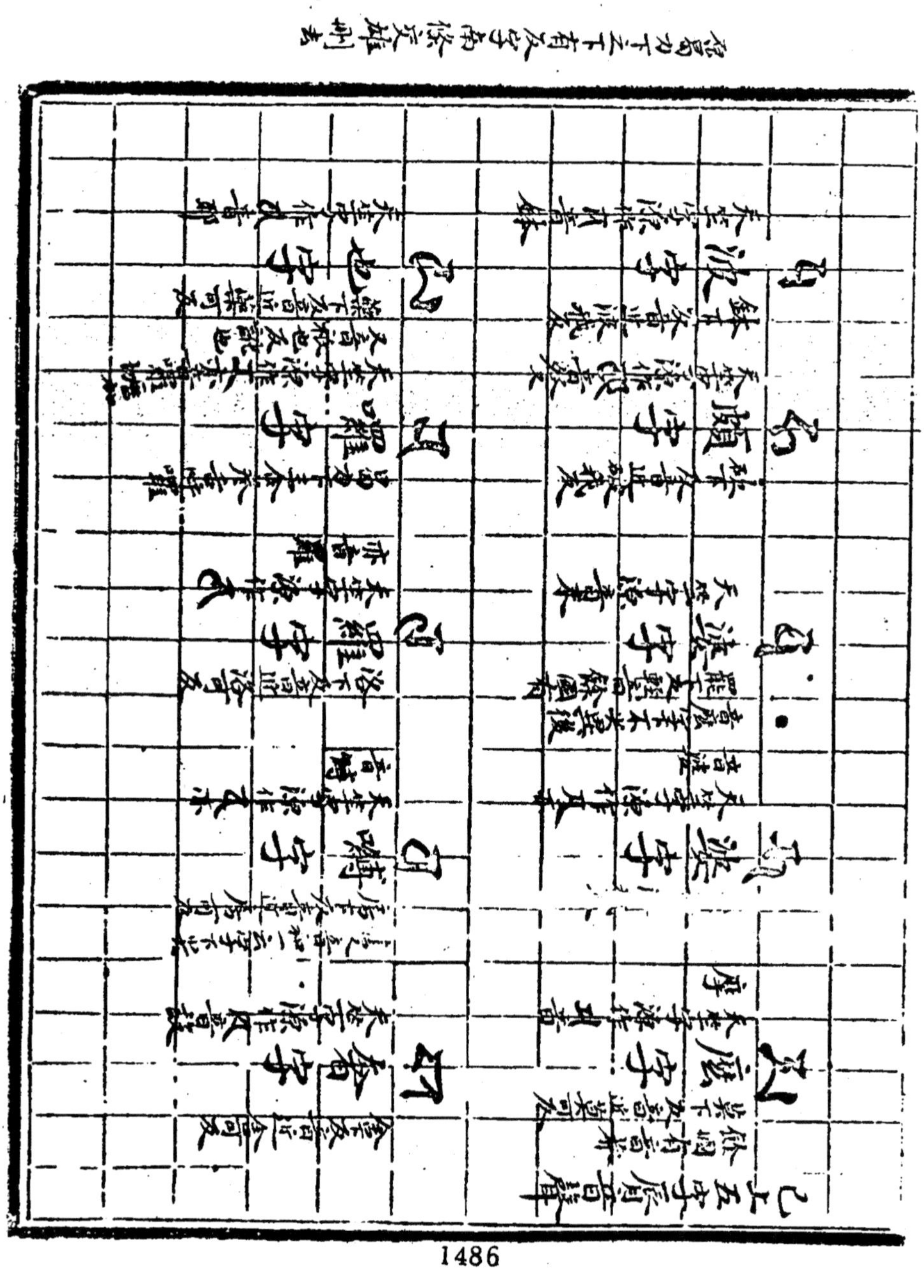

𑖬 沙字 沙上音所下反一音所何反 天竺沙作音沙

𑖭 娑字 娑上音娑可反 天竺[illegible]作又[illegible]

𑖮 訶字 訶上音許可反 去聲呼字 [illegible]

𑖩𑖿𑖩𑖽 濫字 力陷反上音郎紺反 [illegible]

𑖎𑖿𑖬 叉字 楚下反上音楚可反 天竺[illegible]作乞叉音[illegible] 已上十字[illegible]

右字體三十五字後章用三十四字為體唯包濫字全不能生餘隨所生具如當章論之

第一章

𑖎 迦 𑖎𑖯 迦

右初章生字四百有八先於字母中每字平書一十二文次將摩多如次點之則字形別也用悉曇韻呼之則

識其字名也其摩多有別體者任逐便用之皆通此初章為後相次六章之體先書此章字但除重及囉羅二字合三十二字所生三百八十四字即將乙也等字如次於下合之後加摩多則字字別也將悉曇十二韻相對呼之則識其字名也恐未曉晤更每章頭書一二數字以為規準後皆效此

第二章

□已也（二合）□紀耶（二合）□紀以（二合）□紀夷（二合）□矩庚（二合）□矩俞（二合）□枳曳（二合）□枳䯤（與蓋反）□句喻（二合）□句曜（庚告反）

□矩皎□迦（上）夜

已上第二章初字所生一十二文後皆效此讀者連帶轉聲調韻呼之

1488

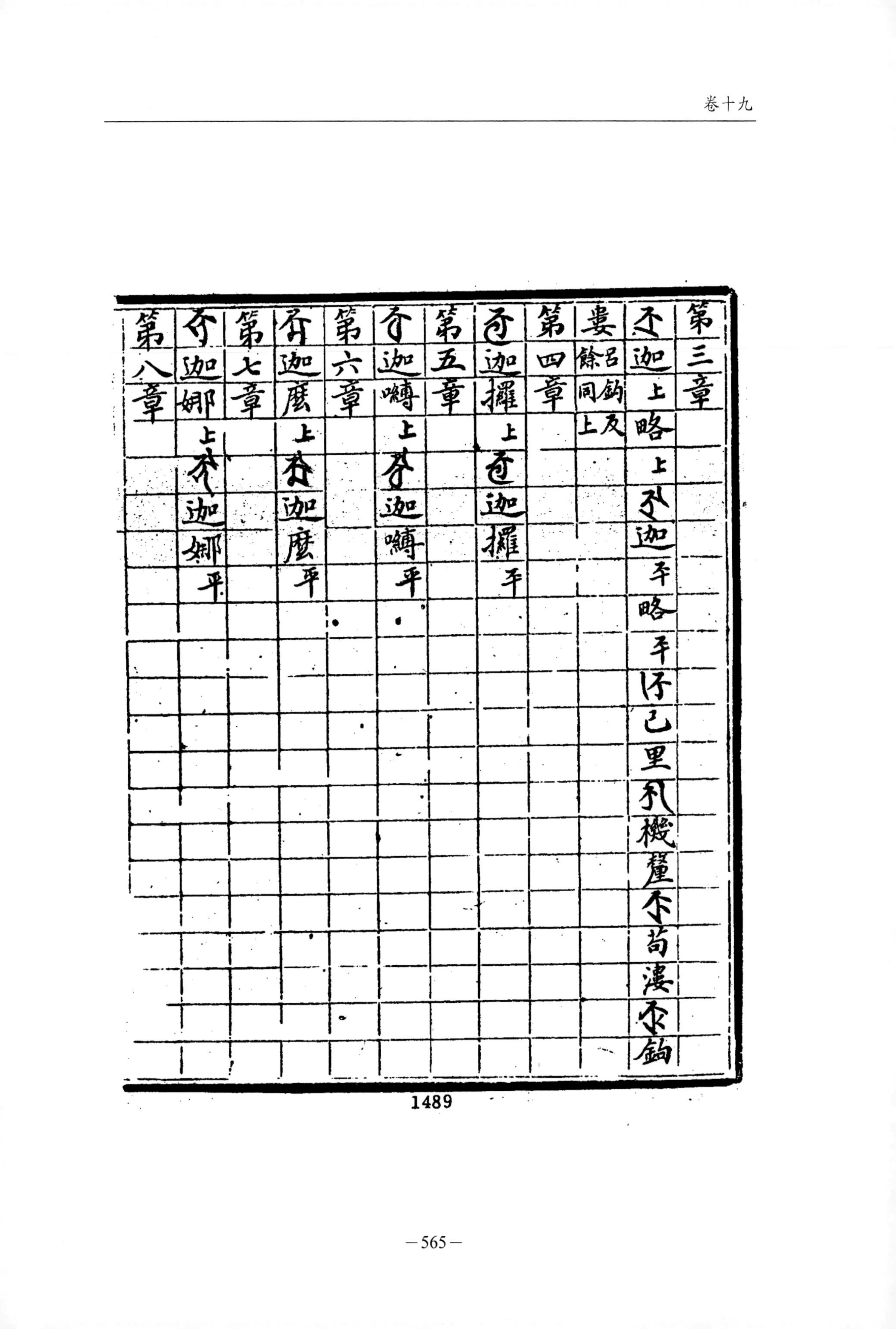

第三章

[illegible]迦上略上[illegible]迦平略平[illegible]已里[illegible]機釐[illegible]苟漊[illegible]鉤

婁呂鉤反餘同上

第四章

[illegible]迦攞上[illegible]迦攞平

第五章

[illegible]迦嚩上[illegible]迦嚩平

第六章

[illegible]迦麼上[illegible]迦麼平

第七章

[illegible]迦娜上[illegible]迦娜平

第八章

阿勒迦上 阿勒迦平 伊上力紀 伊力機 歐

鹿茍上 歐鹿鈎平 醫力蒯 醫力介 阿勒句

阿勒憍脚弓反 阿勒劍 阿勒迦去

右第八章字同初章但用半體丁囉加諸字上後點摩

多也又此章為後相次六章字體同前第二巳下也但

加半體丁囉也

第九章

阿勒巳也 阿勒枳耶

第十章

阿勒迦略上 阿勒迦羅平

第十一章

阿勒迦攞上 阿勒迦攞平

1490

第十二章

□阿勒迦嚩上□阿勒迦嚩平

第十三章

□阿勒迦履上□阿勒迦履平

第十四章

□阿勒迦娜□阿勒迦娜

第十五章

□盎迦上□盎迦平□應上紀□應機□翁苟反俱口□

翁鉤反俱俁□蘡於項反蔚□蘡介□擁句□擁憍□盎鑑

□盎迦去已上迦字上用〻多反呼字轉聲流下同盎字冠之生十二字用摩

□盎佉上□盎佉平聲生十二字同上迦字

□盎伽上□盎伽平生十二字同上

1491

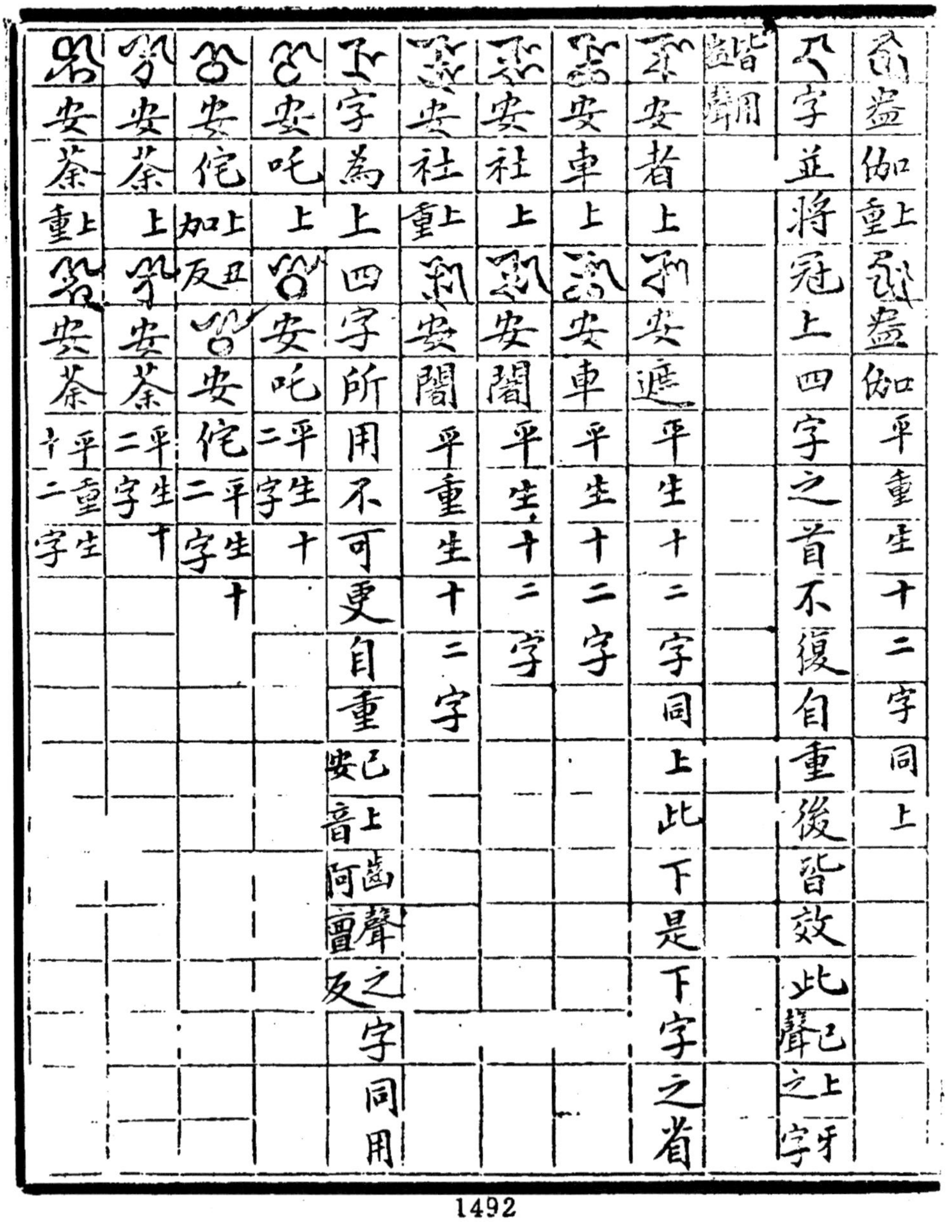
[illegible]盎伽上[illegible]盎伽平重生十二字同上
[illegible]字並將冠上四字之首不復自重後皆效此已上牙聲之字
皆用齒聲
[illegible]安者上[illegible]安遮平生十二字同上此下是下字之首
[illegible]安車上[illegible]安車平生十二字
[illegible]安社上[illegible]安闍平生十二字
[illegible]安社重上[illegible]安闍平重生十二字
[illegible]字為上四字所用不可更自重已上齒聲之安音阿罝反字同用
[illegible]安吒上[illegible]安吒平生十二字
[illegible]安侘上丑加反[illegible]安侘平生十二字
[illegible]安茶上[illegible]安茶平生十二字
[illegible]安茶重上[illegible]安茶平重生十二字

1492

[悉曇字]字為上四字所用不可更自重此字有自重者便屬

別章則大呼拏音非盎拏也餘並同此也字已上同用舌聲安聲之

[悉曇字]安多上[悉曇字]娑多平生十二字

[悉曇字]安他上[悉曇字]安他平生十二字

[悉曇字]安拕上[悉曇字]安拕平生十二字

[悉曇字]安陁上重[悉曇字]安陁平重生十二字

[悉曇字]字為上四字所用不可更自重若重屬別章則大呼

那字已上同用喉聲安聲之

[悉曇字]唵跛上[悉曇字]唵跛平生十二字

[悉曇字]唅頗上[悉曇字]唵頗平生十二字

[悉曇字]唵婆上[悉曇字]唵婆平生十二字

[悉曇字]唵婆上重[悉曇字]唵婆平重生十二字

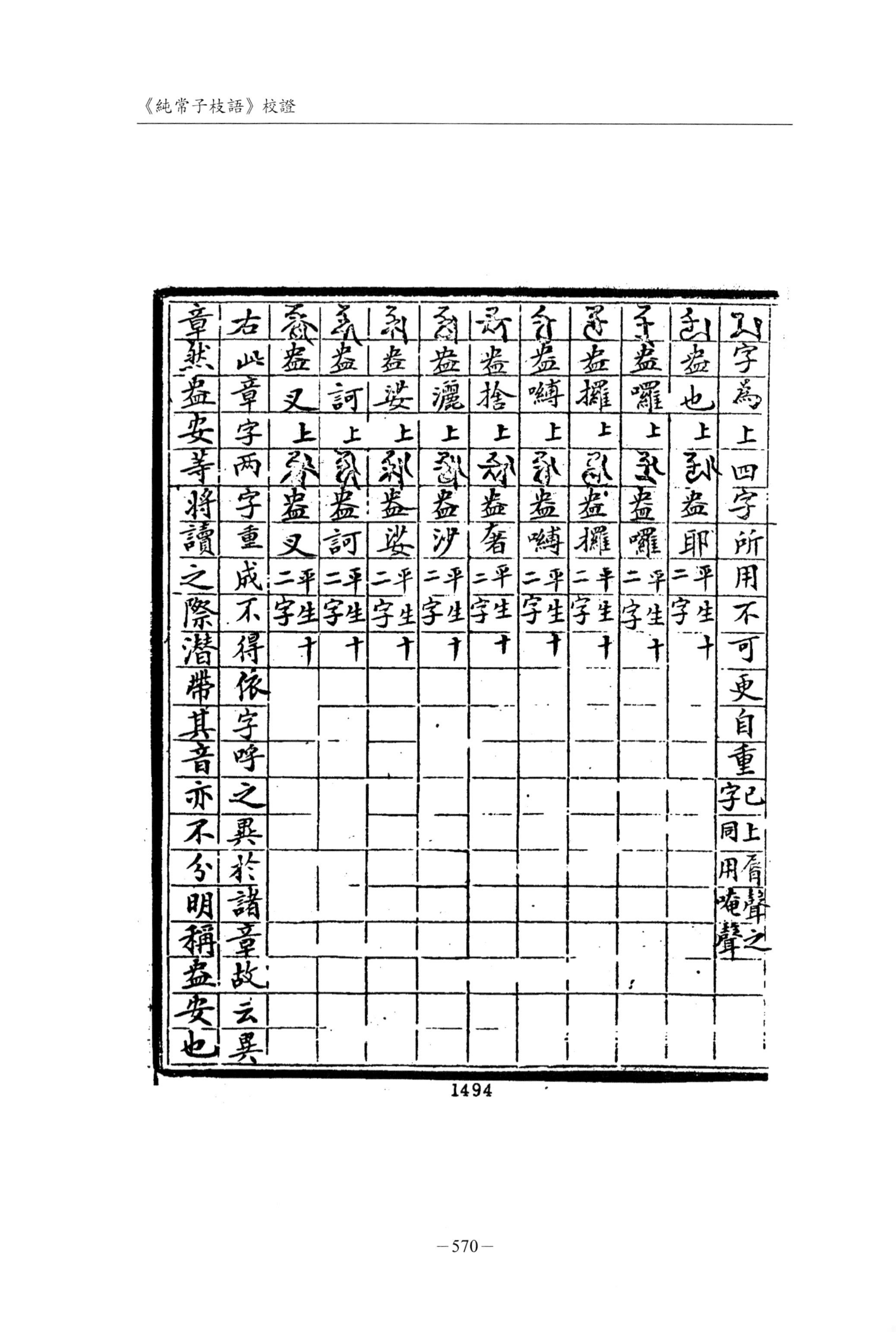

[illegible]字為上四字所用不可更自重已上脣聲之字同用唵聲

[illegible]盎也　上[illegible]盎耶平生二字十

[illegible]盎囉　上[illegible]盎囉平生二字十

[illegible]盎攞　上[illegible]盎攞平生二字十

[illegible]盎嚩　上[illegible]盎嚩平生二字十

[illegible]盎捨　上[illegible]盎奢平生二字十

[illegible]盎灑　上[illegible]盎沙平生二字十

[illegible]盎娑　上[illegible]盎娑平生二字十

[illegible]盎訶　上[illegible]盎訶平生二字十

[illegible]盎叉　上[illegible]盎叉平生二字十

右此章字两字重成不得依字呼之異於諸章故云異

章然盎安等將讀之際潛帶其音亦不分明稱盎安也

1494

第十六章

訖里乞里佉里佉里重音齕里齒里質

里聲里實里重音日里已下並同吉里乃但用於

下合之讀者取其聲勢亦有用摩多得重成字用非遍

能生也

第十七章

阿索迦生十二字阿索佉已下各生十二字阿拕伽阿拕

伽重盎迦怛囉

阿嚩遮阿伐車阿伐社阿伐闍重阿社若

阿瑟吒阿瑟侘阿拕茶阿拕茶重阿瑟拏

阿薩多阿薩他阿伐拕阿伐拕重阿勒多

薩耶

1495

[illegible]阿薩波[illegible]阿薩頗[illegible]阿拕婆[illegible]阿拕婆重[illegible]阿勒叉

麼

[illegible]阿勒叉徹耶[illegible]阿勒叉徹釐耶[illegible]阿剌多[illegible]阿多迦

嚩[illegible]阿吒奢[illegible]阿吒沙[illegible]阿沙訶[illegible]阿婆叉

已上一章重文讀之皆帶阿聲連促呼之此章亦除[illegible]

濫字又合[illegible]娑[illegible]訶二字唯三十三字皆通十二字加

摩多也其於字母不次者分入後章

第十八章孤合文

[illegible]阿跛多[illegible]阿吒迦[illegible]阿娜薩嚩[illegible]阿吒瑟車囉

右此章字類派無盡或通三五摩多讀之並同上章當體重字[illegible]兩多字則

[illegible]社[illegible]吒[illegible]筝[illegible]那等並依本木字大呼云多不得訶多多也聯聲字[illegible]蕃迦上山麼下

[illegible]盎迦後字之聲入於前字似去蕃迦也用此章字皆然兩重摩多字[illegible]部林去

1496

齒林去[illegible]吽巴上字有第六及第十一摩多讀之皆帶兩聲也此人是第六摩多分布於傍也半體文の多達又作乀皆同也乙祇耶當是耶字之省也印文字𠘨是室梨字西域為印也此類甚多略出其狀也前敘云工囉於生字不應遍諸章謂第二第四五六七章用之其字則屬第八章也若第三及第八章用之成當體重非此章字也若第九已下四章用之則更重重全非字也其工囉字當體重及重章中當體重書者至此但存一重字不須生十二也雖或有用處亦通三五摩多非遍能生故不入此生字之內緣存一當體重字故云容之力生也後第十八章云或當體兩字重之但依字大呼謂亻多正闍乙吒ㄇ等等各有重成也等若等餘多囉囉邏字母並有重成之用也但大呼之不得言多

按日本人跋此書云元清二祖造字皆有取於此余觀十二囀聲除暗惡二聲外其餘十聲即英吉利法蘭西等國之AEUIO五有音字其長短二音共十音也然則各國拼音之法同出一源惟中國文字獨別耳

《悉曇字紀》刻本書影

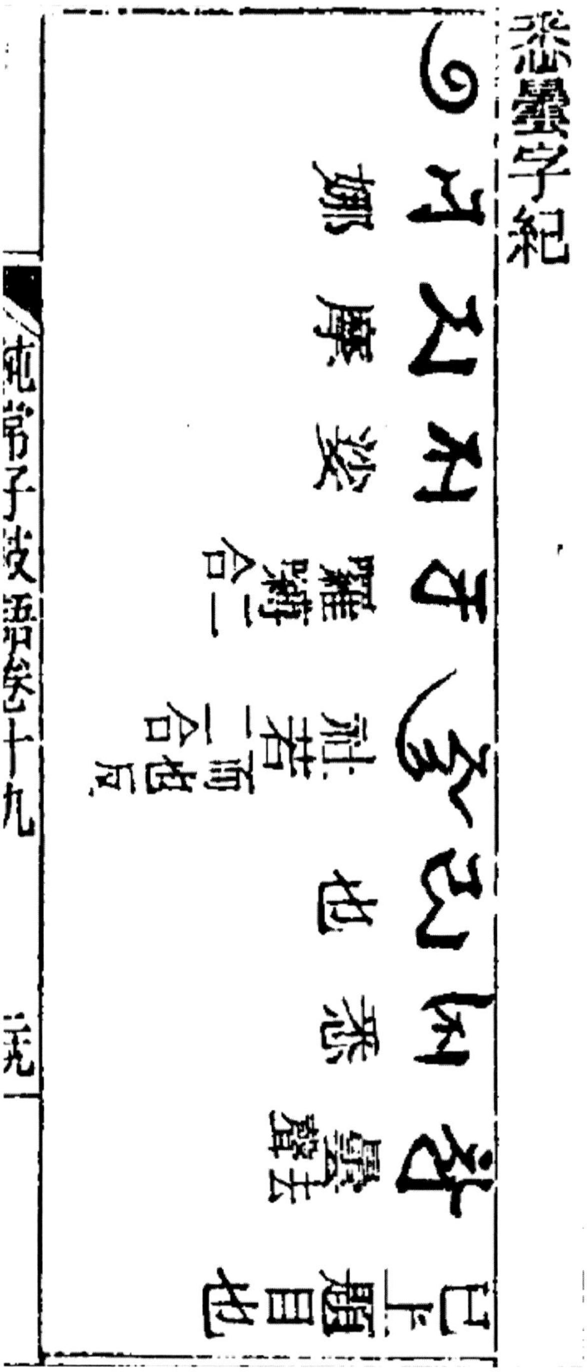

宋公鼎余按景祐天竺字源卷三十二轉聲與此同惟擬音略異今分注於下

長甌字 長呼別體作
天竺字源音汚

短甌字 上聲近屋引 別體作
天竺字源音嘔

長伊字 依字長呼別體作
天竺字源音翳別作

短伊字 上聲近於翼反別體作∴
天竺字源音壹別作

長阿字 依聲長呼別體作
余按天竺字源音阿引

短阿字 上聲短呼音近惡引
余按天竺字源音遏

天竺字源寫法畧異惟遏阿嘔污暗惡六字悉同

遏 壹 嘔

阿 翳 污引

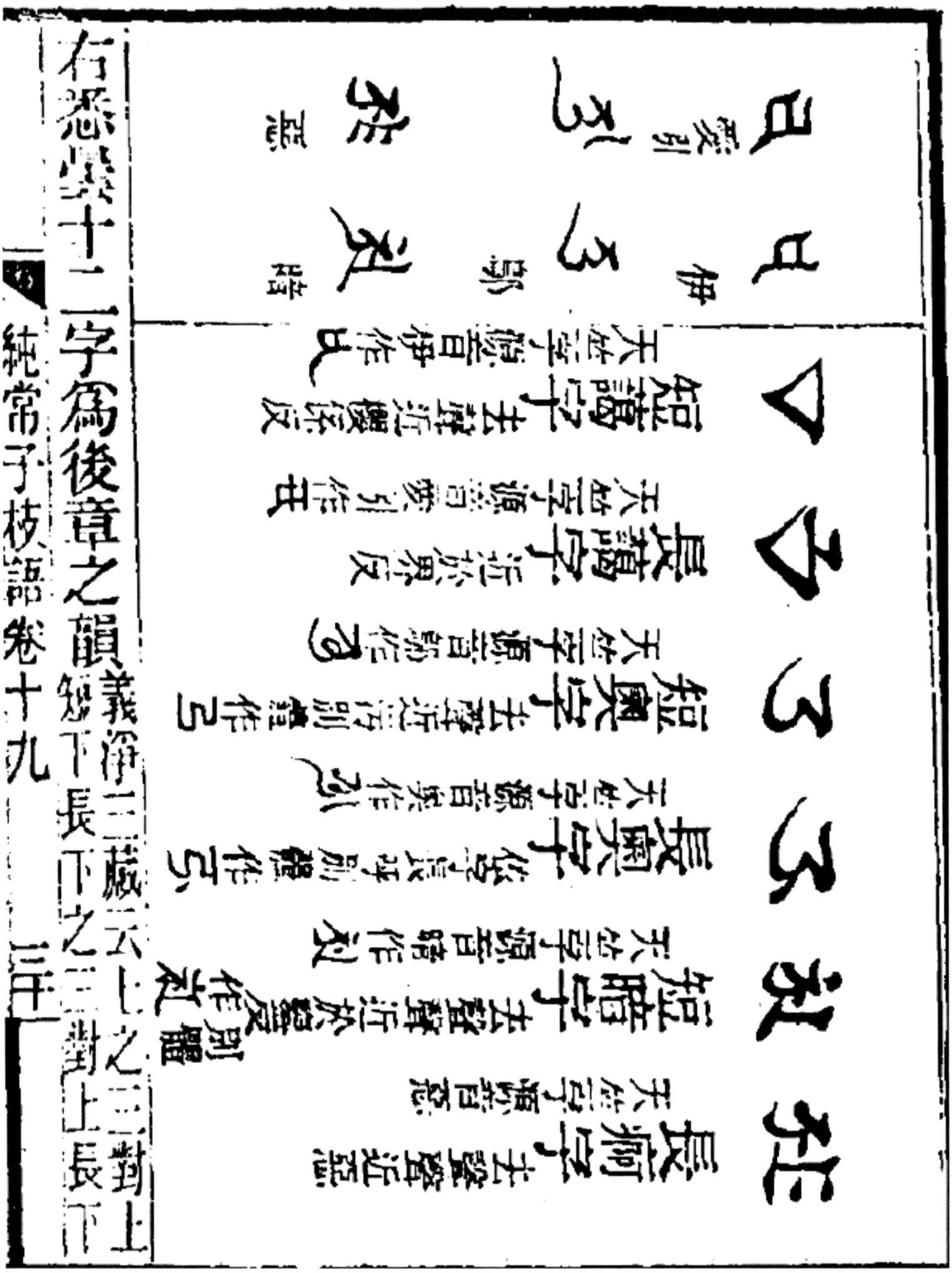
右悉曇十二字為後章之韻義淨三藏云上之三對上長下短下長上短
純常子枝語卷十九

矩 如用𑖎迦字之聲對阿伊甌等十二韻呼之則生得
下𑖎迦𑖰𑖎機𑖎𑖺鉤反 矩侯 等十二字次用𑖏佉字之聲則
生得𑖏佉𑖏𑖰欺𑖏𑖺丘反 區侯 等十二字次生𑖐伽𑖐𑖰其𑖐𑖺
求反 渠侯 等十二字已下例然且先書短迦字一十二文
從第二字已下加其摩多即字形別也用悉曇韻呼之
則識其字名也佉伽已下至叉字例然以成一[illegible]
音者師於悉曇十二字中甌字之下次有玉紇里玉紇
梨𑖩中𑖩梨四字即除前悉曇中最後兩字謂之界畔
字也餘則爲十四音今約
生字紇里等四字也
體文 亦曰字母

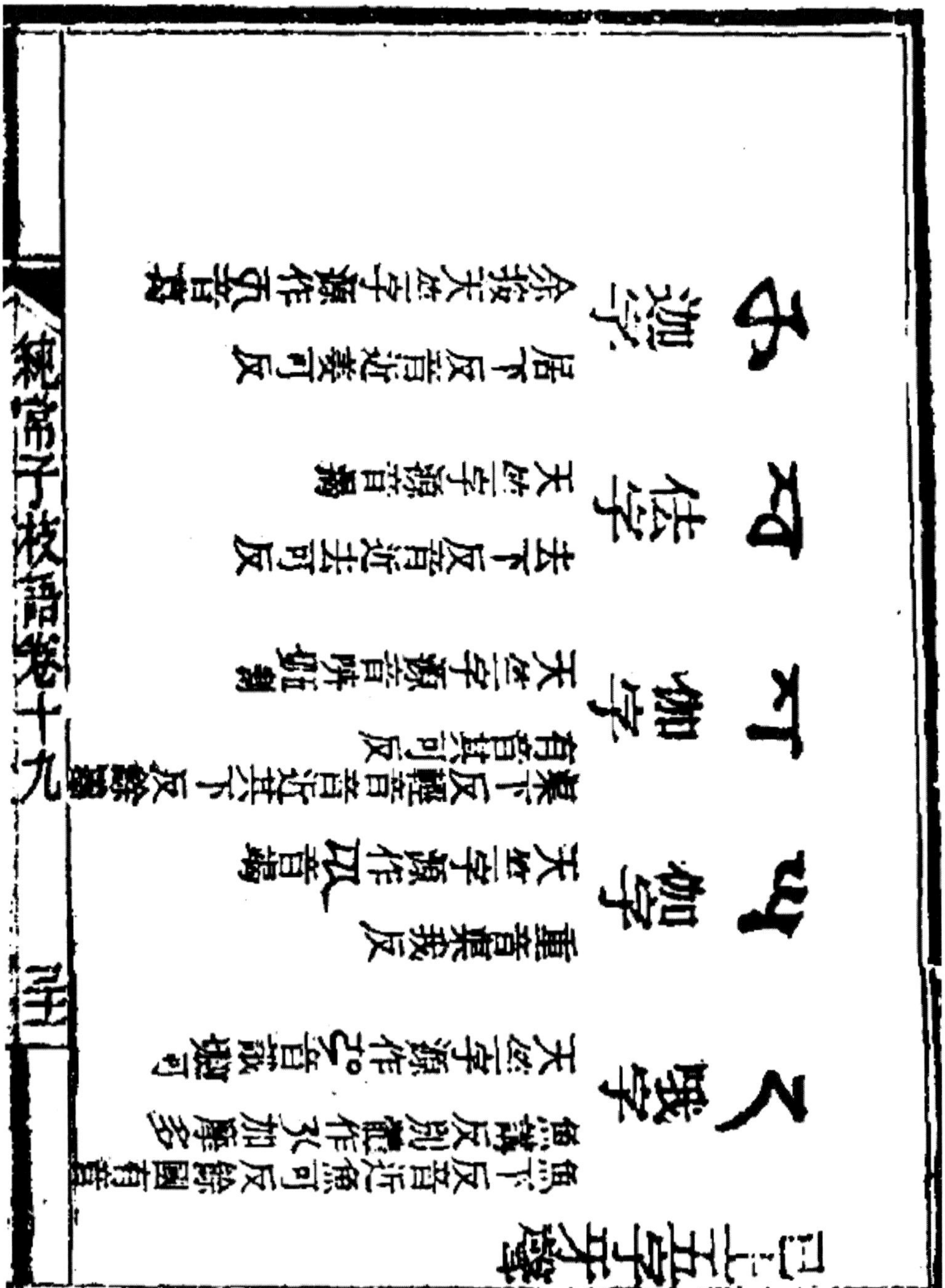

已上五字牙聲

哦字 魚下反音近魚可反餘國有音 魚講反別體作孓加摩多 天竺字源作[illegible]音誐[illegible]可

伽字 重音渠我反 天竺字源作[illegible]音竭

伽字 渠下反輕音音近其下反餘國有音其可反 天竺字源音吽[illegible]

佉字 去下反音近去可反 天竺字源音竭

迦字 居下反音近姜可反 余按天竺字源作[illegible]音葛

純常子枝語卷十九 卅

已上五字齒聲

 若字 而下反音近若我反餘區有音壤別體作 天竺字源作音倪嬾也

 社字 重音近昨我反 天竺字源作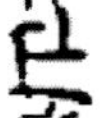音嵳嫐何

 社字 杓下反輕音近昨可反餘國有音而下反別體作 天竺字源音惹仁左切作

 車字 昌下反音近倉可反別體作 天竺字源作音蔡

 者字 止下反音近作可反 天竺字源作音拶䟤末

已上五字古聲

拏字 搦下反音近搦我反餘國有音拏荷反別體作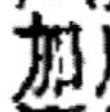加摩多 天竺字源作亦音拏

茶字 重音音近幢我反 天竺字源作亦音茶

茶字 宅下反輕音餘國有音搦下反 天竺字源音痆嚨轄

侘字 拆下反音近拆我反別體作 天竺字源作音詫砌轄

吒字 卓下反音近卓我反別體作加摩多 天竺字源作音吩嚇轄 又云闍梨提示現半身而演法義

純常子枝語卷十九 三

已上五字喉聲

 那字 捺下反音近那可反餘國有音 擬別體作
天竺字源作亦音那

 陁字 重音音近陁可反
天竺字源作音達

 陁字 大下反輕音餘國有音陁可反
天竺字源音馱

 他字 他下反音近他可反
天竺字源作音撻馳

 多字 怛下反音近多可反別體作
天竺字源音怛

已上五字脣音聲

𑖦 麼字 莫下反音近莫可反餘國有音莽　天竺字源作𑖦音摩

𑖥 婆字 重音薄我反　天竺字源作𑖥亦音婆

𑖤 婆字 罷下反輕音餘國有音麼字下不尖異後　天竺字源音末

𑖣 頗字 破下反音近破我反　天竺字源作𑖣音叅

𑖢 波字 鉢下反音近菠我反　天竺字源作𑖢音鉢

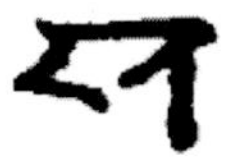

奢字 舍下反音近舍可反
天竺字源作凡音設

輸字 房下反音近房可反舊又音和
一云字下尖
天竺字源作乙亦音輸

羅字 洛下反音近洛可反
天竺字源作瓦亦音羅

囉字 曷力下三合卷舌呼囉
天竺字源作工亦音囉哪

也字 藥下反音近藥可反又音祇也
反訛也
天竺字源作乙音耶

原曷力下之下有反字兩條交雄刪去

已上十字遍口音

[illegible] 叉字　楚下反音近楚可反　天竺字源作[illegible]音刹

[illegible] 灑字　力陷反音近郎紺反　天竺字源二十四字母無此字

[illegible] 訶字　許下反音近許可反一本音賀

[illegible] 婆字　婆下反音近婆可反　天竺字源作[illegible]音薩

[illegible] 沙字　沙下反音近沙可反一音府下反　天竺字源作[illegible]亦音沙

右字體三十五字後章用三十四字爲體唯𑖩𑖿𑖩𑖽濫字全不能生餘隨所生具如當章論之

第一章

𑖎迦𑖎𑖯迦

右初章生字四百有八先於字母中每字平書一十二文次將摩多如次點之則字形別也用悉曇韻呼之則識其字名也其摩多有別體者任逐便用之皆通此初章爲後相次六章之體先書此章字但除重及囉羅三字合三十二字所生三百八十四字即將𑖧也等字如次於下合之後加摩多則字字別也將悉曇十二韻相

對呼之則識其字名也恐未曉悟更每章頭書一二數
字以爲規準後皆效此

第二章

□已也二合□紀耶二合□紀以二合□紀夷二合□矩庚二合□
矩俞二合□枳曳二合□枳膭反與蓋□句(喻)二合□句曜反庚告
□矩餤□迦上夜

已上第二章初字所生一十二文後皆效此語者連帶
轉聲調韻呼之

第三章

□迦上略上□迦平略平□已里□機釐□苟漊□鉤

婁呂斛反餘同上

第四章

𑖎𑖿𑖩迦攞上 𑖎𑖿𑖩𑖯迦攞平

第五章

𑖎𑖿𑖪迦嚩上 𑖎𑖿𑖪𑖯迦嚩平

第六章

𑖎𑖿𑖦迦麼上 𑖎𑖿𑖦𑖯迦麼平

第七章

𑖎𑖿𑖡迦娜上 𑖎𑖿𑖡𑖯迦娜平

第八章

禾阿勒迦上禾阿勒迦平（禾）伊上力紀禾伊力機禾歐

鹿訶上禾歐鹿鉤平禾醫力鮘禾醫力介禾阿勒勾禾

阿勒憍反翻號禾阿勒劍禾阿勒迦去

右第八章字同初章但用半體丁囉加諸字上後點摩

多也又此章爲後相次六章字體同前第二巳下也但

加半體丁囉也

第九章

禾阿勒巳也禾阿勒枳耶

第十章

禾阿勒迦略上禾阿勒迦羅平

第十一章
[illegible]阿勒迦攞上 [illegible]阿勒迦攞平
第十二章
[illegible]阿勒迦嚩上 [illegible]阿勒迦嚩平
第十三章
[illegible]阿勒迦麼上 [illegible]阿勒迦麼平
第十四章
[illegible]阿勒迦娜[illegible]阿勒迦娜此不分平上仄故
第十五章
[illegible]搤迦上 [illegible]搤迦平 [illegible]應上 紀[illegible]應機[illegible]翁荷反俱口[illegible]

翕鉤反俱侯 [illegible]反於項 [illegible][illegible]擁句[illegible]擁憍[illegible]盘鑑

[illegible]盘迦去已上迦字上用[illegible]盘字冠之生十二字用摩多及呼字轉聲流下同

[illegible]盘佉上 [illegible]盘佉平生十二字同上迦字

[illegible]盘伽上 [illegible]盘伽平生十二字同上

[illegible]盘伽上重 [illegible]盘伽平重生十二字同上

[illegible]字並將冠上四字之首不復自重後皆效此已上牙聲之字皆用盘聲

[illegible]安者上 [illegible]安遮平生十二字同上此下是下字之省

[illegible]安車上 [illegible]安車平生十二字

[illegible]安社上 [illegible]安闍平生十二字

純常子枝語卷十九　三七

□安社重上 □安闍平重生十二字

□字爲上四字所用不可更自重已上齒聲之字同用安音阿寘反

□安吒上 □安吒平生十二字

□安侘上丑加反 □安侘平生十二字

□安荼上 □安荼平生十二字

□安荼重上 □安荼平重生十二字

□字爲上四字所用不可更自重此字有自誑者便屬別章則大呼拏音非奔拏也餘並同此也已上舌聲之字同用安聲

□安多上 □安多平生十二字

□安他上 □安他平生十二字

[illegible]安托上 [illegible]安托平生十二字

[illegible]安陁上重 [illegible]安陁平重生十二字

[illegible]字爲上四字所用不可更自重若重屬別音則大呼

那已上喉聲之字同用安聲

[illegible]唵跛上 [illegible]唵跛平生十二字

[illegible]唵頗上 [illegible]唵頗平生十二字

[illegible]唵婆上 [illegible]唵婆平生十二字

[illegible]唵婆上重 [illegible]唵婆平重生十二字

[illegible]字爲上四字所用不可更自重已上脣聲之字同用唵聲

[illegible]益也上 [illegible]益耶平生十二字

純常子枝語卷十九 三十八

[illegible]益囉上 [illegible]益囉平生十二字

[illegible]益攞上 [illegible]益攞平生十二字

[illegible]益嚩上 [illegible]益嚩平生十二字

[illegible]益捨上 [illegible]益奢平生十二字

[illegible]益灑上 [illegible]益沙平生十二字

[illegible]益娑上 [illegible]益娑平生十二字

[illegible]益訶上 [illegible]益訶平生十二字

[illegible]益乂上 [illegible]益乂平生十二字

右此章字兩字重成不得依字呼之異於諸章故云異

章然益安等將讀之際濟帶其音亦不分明稱益安也

第十六章

[illegible]訖里[illegible]乞里[illegible]佉里[illegible]佉里音重[illegible]齕里[illegible]齒里[illegible]質

里[illegible]質里[illegible]實里音重[illegible]日里已下並同吉里乃但用於

下合之讀者取其聲勢亦有用摩多得重成字用非遍

能生也

第十七章

[illegible]阿索迦生十二字[illegible]阿索佉已下十二字各生[illegible]阿拕伽[illegible]阿拕

伽重[illegible]捺迦怛囉

[illegible]阿䑏遮[illegible]阿伐重[illegible]阿伐社[illegible]阿伐闍重[illegible]阿社若

[illegible]阿瑟吒[illegible]阿瑟侘[illegible]阿拕茶[illegible]阿拕茶重[illegible]阿瑟拏

純常子枝語卷十九　三九

□阿薩多□阿薩他□阿伐拕□阿伐拕重□阿勒名

隡那

□阿隡波□阿薩頗□阿拕婆□阿拕婆重□阿勒乂

麽

□阿勒乂微耶□阿勒乂微[illegible]耶□阿剌多□阿

多迦嚩□阿吒奢□阿吒沙□阿沙訶□阿婆乂

已上一章重文讀之皆帶阿聲連促呼之此章亦除□

濫字又合利婆□訶字唯三十三字皆通十二字加摩

多也其於字母不次者分入後章

第十八章孤合文

□阿跛多□阿吒迦□阿娜薩嚩□阿吒瑟玨囉

右此章字類流派無盡或通三五摩多讀之並同上章當體重字□兩多

字則□社□吒□拏□那等並依卜字大呼云多不得言多多也聯聲字□莽迦上山摩下

□盤迦從字之聲入於前字例去莽迦也用此章字皆然兩重摩多字□部林去齒

林去□阼已上字有第六及第十一摩多讀之皆帶兩

聲也此□是第六摩多孕亦於傍也半體文□多達又作皆同也□祇耶當是

耶字之者也印文字□是室梨字西域爲用也此類甚多略出其狀也

前敘云工囉於生字不應遍許章謂第二第四五六七

章用之其字則屬第八章也若第三及第八章用之成

當體重非此章字也若第九已下四章用之則更重重

全非字也其工囉字當體重及重章中當體重重者至

此但存一重字不須生十二也雖或有用處亦通三五

摩多非遍能生故不入此生字之內緣存一當體重字

純常子枝語卷十九　四十

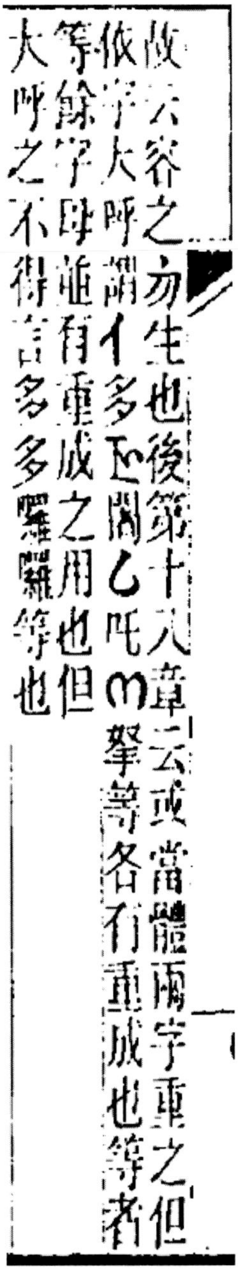
故云吞之[illegible]生也後第十八章云或當體兩字重之但依字大呼謂[illegible]多[illegible]闍[illegible]吒[illegible]拏等各有重成也等者等餘字母並有重成之用也但大呼之不得言多多囉囉等也

按：日本人跋此書云：「元清二祖造字，皆有取於此。」余觀十二轉聲，除暗惡二聲外，其餘十聲即英吉利、法蘭西等國之 A、E、U、I、O。五有音字，其長短二音，共十音也。然則各國拼音之法同出一源，惟中國文字獨別耳。

釋家呪語，譯經者每用對音，而不譯其義。以為依聲唱誦，始有靈驗。朱子又疑其原文鄙俚，故不傳譯。今有日本東都靈雲沙門淨嚴譯《佛頂最勝陀羅呪》云：「敬禮三世，最殊勝覺者。世尊所謂：凡古譯「即說呪曰」，今皆譯作所謂。三身清淨，平等普徧，照耀舒徧，六趣稠林。自性清淨，灌頂我善逝殊勝，教甘露灌頂，唯願攝受堅住持。壽命清淨最清淨，如虛空清淨，佛頂最勝清淨，千光明警覺。一切如來神力加持，印契金剛身，鉤鎖清淨。一切障清淨，隨轉壽命，皆得清淨。誓願加持，世寶法寶，真實清淨，摧吒智清淨，最勝最勝。念持一切諸佛加持，清淨金剛，金剛藏願成如金剛。我一切諸有情身得清淨，一切趣皆清淨，一切如來安慰令得清淨。所覺所覺，能令覺悟，速能令覺悟，速得清淨，速得清淨。一切業障，平等普徧皆清淨。為一切如來加持，所加持究竟，成就佛說，最勝總持，成就已竟。」按：此唯「摧吒」二字不可曉，餘悉文義明白。若依譯之，亦與所譯諸偈等耳，無所謂鄙俚也。

薛叔芸《出使日記》云〔註23〕：「西國數目字不外兩種，曰羅馬，曰阿喇伯。羅馬即漢之大秦，阿喇伯即唐之大食。兩國強盛時，跨歐、亞、阿三洲之地。故其所用數目字，迄今流傳。羅馬之法，取臘丁二十五字母中之六字。余按：其用凡七字，I、V、X、L、C、D、M。D者，五百也。叔芸誤脫漏耳。分六數，曰一也，五也，十也，五十也，百也，千也。羅馬創之，凡天主、耶蘇、希臘教等國皆用之。如書中之章數，公曆之年分，鐘錶日晷之時刻是也。阿喇伯之法，原於印度。漢時天竺國已用之，既而流衍於其毘連之國。迨回教興，所用數目字分東西二式。亞洲之回教用東式，歐洲之回教用西式。至北宋時，西式字漸傳歐洲諸國，遂以阿喇伯數目字名之。凡回教諸國及數學中咸重之。其法與中華算術字碼蓋同類云。即1、2、3、4、5、6、7、8、9等字是也。」余按：回教曆法文字多出於印度，即此亦可推而知也。

《瑜伽師地論》卷二十一云〔註24〕：「瘖瘂以手代言。」按：此即西人教啞人以手作字母之始。〔註25〕

《瑜伽論》卷十一云〔註26〕：「何而不舒泰？謂於所緣雖強令住而不愛樂故。」此俗語不舒泰之所本。

〔註23〕見光緒十六年十一月二十日記。（蔡少卿整理《薛福成日記》，吉林文史出版社2004年版）

〔註24〕見《瑜伽師地論》卷二十一《本地分中聲聞地第十三初瑜伽處種姓地第一》。又見卷二十六《本地分中聲聞地第十三第二瑜伽處之一》、卷二十九《本地分中聲聞地第十三第二瑜伽處之四》。

〔註25〕眉批：「……抄」，漫漶不可識。

〔註26〕見唐·玄奘《瑜伽師地論》卷十一《本地分中三摩呬多地第六之一》。（大正新修大藏經本）

字以孳乳而多。凡後世器物，古人所無，則別造一字，或借用古字，皆可依用，不為俗也。今世之卓倚，通行殆千餘年，而詩文中竟鮮有用之者。然其字則或作卓倚，或作棹椅，皆不可謂之俗也。宋楊文公《談苑》云：「咸平、景德中，主家造檀香倚卓。」《洪武正韻．椅子下》云：俗呼坐凳為椅子。余按：五代沙門崇仁《磁州武安縣定晉山重修古定晉禪院千佛邑碑》云〔註27〕：同光三年九月十日，特然修換，材木皆新，棚上有阿彌陀佛一尊，聖僧一坐，椅子一隻，蓋一頂。是椅子字相沿已久，借倚借椅，均可通用。〔註28〕

唐釋齊己有《謝人寄南榴卓子》詩〔註29〕。

杜牧之《懷鍾陵舊遊》詩〔註30〕：「微漣風定翠湉湉。」張文昌《寒食》詩〔註31〕：「女郎相喚擺階簩。」「湉」字、「簩」字，字書均失載。釋貫休《經孟浩然鹿門舊居》詩〔註32〕：「欃深黃貁小。」「欃」字亦不見字書。又《山居》詩〔註33〕：「薜蘿山帔偏能緝。」「緝」字亦罕見。謝靈運《山居賦》自注云：「猛狸之黃黑者似貁。」按：「貁」字，字書不收，疑即俗所謂黃斑，亦或謂之黃獺，即貫休詩之黃貁也。〔註34〕

《宋史．交趾傳》：「咸平四年，貢象二、象狦二。」「狦」字，字書不載，不知當今何物也。〔註35〕

乾隆御製《回疆》詩云：「其三即和闐，譯謂漢人字。」注云：「回人謂漢人為黑臺，猶國語尼堪也。和闐即黑臺之訛音。自漢及今，皆稱于闐國，今定曰和闐。」愚按：《元史》西北地附錄有忽炭，亦黑臺之轉音。國語稱漢人為

〔註27〕見王昶《金石萃編》卷一百十九，稱「重修古定晉禪院千佛邑碑，天成四年九月立，釋道清撰」。又見《全唐文》卷九百二十一，作者為道清，稱：「道清，後唐天成中沙門。」

〔註28〕眉批：「小學。字體」、「原注：入卓字條」。
按：以下兩則，稿本在卷四十「《唐書．藝文志》兵家類張道吉《兵論》一卷」一則後。

〔註29〕見唐．釋齊己《白蓮集》卷六。

〔註30〕見唐．杜牧《樊川文集》第四《懷鍾陵舊遊四首》之三。

〔註31〕見《全唐詩》卷三百八十六。

〔註32〕見唐．釋貫休《禪月集》卷九。

〔註33〕見《禪月集》卷二十三。又見《全唐詩》卷八百三十七。

〔註34〕按：此條下稿本有「許詢《農里詩》曰」一條。眉批：「原注：入卅八許洵詩條。」此條見卷四十。

〔註35〕按：以上兩則又見卷四十。
另，此條下稿本有「錢可廬《說文統釋自序》云」一條，眉批：「此與廿六冊重複。」此條見稿本第二十六、第四十，已補入卷四十中。

尼堪者，尼堪實漢字之對音。回人稱漢人為黑臺者，黑臺實唐字之對音。猶之印度稱中國為支那，支那急呼則成秦字矣。各國互稱，必以國名，其譯支那為瓷器、為文明之象者，皆後起義也。黑臺或契丹之音轉，亦未可知。

李鳳苞《德字初桄序》〔註 36〕云：「西國文字因族類而異，商、周時惟吉利司最著，即今希臘地，為諸國興學之祖。秦、漢時有拉丁，今意大利地。迄今各國猶採用其字。迤北為日耳曼族類，各小邦星羅碁布，草昧漸開。分薩克孫一支赴西北島，與英侖土民參雜，為今之英國。分佛朗福一支赴迤西境，與高耳土民參雜，為今之法國。又迤北丹、荷、比、瑙諸國，皆其分支，與土著參雜。故英、法等國文字，皆源於日耳曼，即今之德意志也。」按：薩克孫，各書多作沙克遜；高耳，各書多作高盧。〔註 37〕

〔註 36〕清·蔣煦纂譯《德字初桄》，有清光緒十三年（1887）鉛印本。
〔註 37〕眉批：「第四十二頁。」

卷二十〔註1〕

西晉竺法護譯《舍頭諫太子二十八宿經》:「弗袈裟問:『摩登王頗學諸宿變乎?』答曰:『學之。一曰名稱,二曰長育,三曰鹿首,四曰生眚,五曰增財,六曰熾盛,七曰不覲,八曰土地,九曰前德,十曰北德,十一曰象,十二曰彩畫,十三曰善元,十四曰善格,十五曰悅可,十六曰尊長,十七曰根元,十八曰前魚,十九曰北魚,二十曰無容,二十一曰耳聰,二十二曰貪財,二十三曰百毒,二十四曰前賢迹,二十五曰北賢迹,二十六曰流灌,二十七曰馬師,二十八曰長息,是為二十八宿。』」又曰:「名稱宿日生,名聞遠達。長育宿日生,則富難極。鹿首宿日生,憙鬭諍訟。生眚宿日生,多有飲食。增財宿日生,憙佃作犂種。熾盛宿日生,奉護禁戒。不覲宿生日,放逸多欲。土地宿日生,得大豪貴。前德宿日生,薄祿短命。北德宿日生,修齋戒護正法。象宿日生,性憙盜竊。彩畫宿日生,憙自莊嚴伎樂歌舞。善元宿日生,亦復薄命,又工計校書。善格宿日生,身屬縣官,若作吏卒。悅可宿日生,憙販賣求利。尊長宿日生,亦短命少財業。根元宿日生,多子生,名德遠聞。前魚宿日生,樂在閒居,獨行獲定。北魚宿日生,工便乘騎,通利五兵。無容宿日生,幼有名稱,猛勇難及。耳聰宿日生,為國王家所恭敬。貪財宿日生,剛強難化,不知羞慚。百毒宿日生,憙行醫藥符呪之術,若幻蠱道。前賢迹宿日生,憙作賊魁,劫掠無辜。北賢迹宿日生,憙伎樂工,五音。流灌宿日生,多作船師。馬師宿日生,常樂牧馬。長息宿日生,憙作屠魁。」按此以星推命之始。〔註2〕

〔註1〕按:稿本題「《純常子枝語》第十九」。稿本乙封題「純常子枝語　第十九冊」,然闕起首數條,從「《尉繚子·兵議篇》」開始。(此條刻本無,稿本位於「《月喻品》云」條下)。

〔註2〕眉批:「術數。」

宋施護譯《十二緣生祥瑞經》，以正月一日為名色支，二月一日為六入支，三月一日為觸支，四月一日為受支，五月一日為愛支，六月一日為取支，七月一日為有支，八月一日為生支，九月一日為老死支，十月一日為無明支，十一月一日為行支，十二月一日為識支。十二支從寶沙十。麼洗月。始，即從無明支起，逆推驗人生於某月某日，某年有難，富貴貧賤，壽當若干。此推年命中之別一術，疑婆羅門之舊法也。又云十二緣生，謂從無明乃至老死，月日分位次第，羅列鼠、牛、虎、兔、龍、蛇、馬、羊、猴、雞、犬、豕十二相狀，本形輪轉。然則世所傳十二屬雖本星象，亦出釋家矣。梅定九《曆學答問》〔註3〕云：「以星推命，不知始於何時。呂才闢祿命，只及干支。韓潮州始有我生之辰月宿南斗之說。由是徵之，亦在九執以後耳。每見推五星者，率用溪口曆，則於七政躔度疏遠。若依新法，則宮度之遷改不常。二者已如枘鑿之不相入，安望其術之能精乎？欲求變通，或姑以古法分宮而取今算之七政布之，雖未知驗否何如，而於理庶可通矣。」

日本釋圓通《佛國曆象編》云：「《大集經．虛空目分淨目品第五》說東方海中有瑠璃山，其山有三窟，有一毒蛇住第一窟，一馬住第二窟，一羊住第三窟。南海中有玻璃山，亦有三窟，有一獮猴住第一窟，一雞住第二窟，一犬住第三窟。西海中有銀山，又有三窟，有一豬住第一窟，一鼠住第二窟，一牛住第三窟。北俱盧州海中有金山，有三窟，一獅子住第一窟，一兔住第二窟，一龍住第三窟。《七佛所說神呪經》十二獸名體與支那全同。」此經有獅子而無虎，故是傳文之異耳。

梁元帝《金樓子》卷六云：「吉凶在天，猶影之在形，響之應聲。」〔註4〕此出漢安世高譯《阿難問事經》。經云：「禍福由人，如影追形，響之應聲。」

曹子桓《襍詩》，不知何指也。其詞云：「吳會非我鄉，安得久留滯。」殆作於征吳之時乎？王者以四海為家，乃言客子畏人〔註5〕，知長江天塹之歎，其神荼氣懾久矣。〔註6〕

〔註3〕梅文鼎《曆學答問》，有叢書集成初編本。

〔註4〕《三國志》卷六十一《吳書十六．陸凱傳》，陸凱上疏：「臣聞吉凶在天，猶影之在形，響之在聲也。」

〔註5〕《文選》卷二十九曹丕《雜詩》：「棄置勿復陳，客子常畏人。」

〔註6〕眉批不清。

焦弱侯《老子翼》引《老君實錄》〔註 7〕云〔註 8〕：「觀復高士謝守灝曰：『《道德經》，唐傅奕考核眾本，勘數其字，云項羽妾本。齊武平五年，彭城人開項羽妾冢得之。』」〔註 9〕按：古冢雖開，何由知為項羽之妾？此之坿會，尤異《竹書》。然美人虞有五言之詩，此妾復弃伯陽之作。重瞳霸氣，猶未寂寥。「拔山」一歌，正未必史遷點染耳。〔註 10〕

《大般涅槃經．長壽品》云：「譬如國王髻中明珠，付典籢臣藏。臣得已，頂戴恭敬，增加守護。」《如來性起品》云：「汝當如是受持頂戴。」清制「頂戴」二字，蓋取此義。其以珠作頂，惟皇帝冠飾用之。〔註 11〕

國朝制度，凡賞某品頂戴者，皆當作頂帶，今則概作頂戴，蓋軍機大臣述旨時，或有誤書者矣。惟大學士徐桐門封猶作頭品頂帶字。〔註 12〕

《涅槃經．四相品》：「佛言：『從今日始，不聽聲聞弟子食肉。』」是佛住世時，諸弟子未嘗斷肉。至涅槃日，感迦葉言，始悉令禁斷也。「迦葉言：『如來何故先聽比邱食三種浮肉？』佛言：『是三種淨肉，隨事漸制是也。』」〔註 13〕

〔註 7〕清．沈曾植《海日樓箚叢》卷三《太上混元聖紀》（第 147 頁）：
《混元聖紀》十卷，錄於《道藏》與字號。〔《至元辨偽錄》，此書在焚毀目內。〕余所有，輯安刻本也。其結銜稱觀復大師高士謝守灝。陳君舉為作序，稱其「字曰懷英，永嘉人，嘗為舉子，與余為同舍生，去為道士」云云。又稱其「摭拾百家，詮次無遺」。今觀其詮次，固不能稱君舉之譽也。進表署紹熙二年，陳序四年，《佛祖統紀》引此書，謂之《老君實錄》。志磐云：「守灝孝宗時人，林靈素舊徒也。」《溫州府志》：「謝守灝，字懷英。年十四能屬文，遊太學，讀臧谷亡羊，遂有出塵之想。遊方外三十年，遇道士沈若水，授以許真君《石函秘文》。後從王垣入見孝宗。及光宗立，賜號觀復先生。注解《老子》，及為《混元實錄》十二卷。」〔《辛丑箚記》〕

〔註 8〕見明．焦竑《老子翼》卷七。

〔註 9〕明．李日華《紫桃軒雜綴》卷二（第 282 頁）：
觀復高士謝守灝曰：「唐傅奕考核《道德經》眾本，有項羽妾本。齊武平五年，彭城人開項羽妾冢得之。」此妾事喑嗚叱吒之主，不理管絃粉黛，以逢其豪侈之習，而獨嗜元默虛無之典，至以為殉，其超出虞姬輩不啻數十等矣。意亦墉城中女真，不厭囂塵惡境，而特一示現耶？
又，《古今筆記精華錄》卷十《美人．項王妾》（第 428 頁）：
清陳錫路《黃妳餘話》云：唐傅奕考核《道德經》眾本，有項羽妾本。齊武平五年，彭城人開項羽妾冢得之。羽美人之見幸者，人知有虞耳，乃復有耽嗜玄虛，整理鉛槧，如此一侍兒，亦是大奇。

〔註 10〕眉批：「人物」、「考證」。

〔註 11〕眉批：「佛經」、「掌故」。

〔註 12〕眉批：「又。」

〔註 13〕眉批：「佛學」，「《邪正品》云：『佛先聽食五種牛味及以油蜜憍奢耶衣革屣等又云：「我又示現冢間，作大鳥身，為欲度彼諸鳥鷲。」故此文先言鳥，後言鷲，實依天竺文義。《迦葉菩薩品》云：「須名無漏，陀洹名修習。修習無漏，故名須陀洹。」文法亦倒，與中國異。今西方諸國稱物名皆先言族類，與天竺同。〔註 14〕

又云：「解脫者名無上上。譬如北方之於東方為無上上。」按：此即地圓之理。

《邪正品》：「牀敷臥具。」「敷」，後世作「鋪」。古無輕脣音，「敷」固與「鋪」一音也。《金剛般若經》：「敷座而坐」，「敷」亦「鋪」字。

《如來性起品》云：「譬如大海，雖同一鹹，其中亦有上妙之水，味同於乳。」按：海水有上妙味，此必當時泛海者所說，今當問之西人者也。又云：「如有人在大海中，乃至無量百千由旬，遠望大舶樓櫓堂閣，久視乃生必定之心。」知是樓櫓，蓋是時海舟已有甚大者矣。

《月喻品》云：「如人見月不現，皆言月沒，而此月性實無沒也。轉現他方，彼處眾生復謂月出，而此月性實無出也。」此則月繞地球之理。〔註 15〕

《嬰兒行品》云：「如來說於大字，所謂婆啝啝者有為，婆者無為。」按：「啝」字，字書不載。

《大般涅槃經．菩薩品》云：「譬如金剛，無能壞者，悉能破壞一切之物，唯除龜甲及白羊角。」按：白羊角蓋即羚羊角。若金剛不能破龜甲，則他書所未聞。〔註 16〕

《聖行品》云：「彗星出，現天下一切人民飢饉病瘦嬰諸苦惱。」西人《天文啟蒙》云：「耶蘇前九百七十五年，時埃及人與古實人見彗星顯於天，國中遭災異。時國王名帶分，即以帶分名其彗星。」按：耶蘇之生，約後於釋迦六百年，則此事在佛前三四百年許。埃及之風與印度相同如此，蓋其政教固有相擩染者矣。〔註 17〕

物』」，見《大般涅槃經》卷七《如來性品第四之四》。

〔註 14〕眉批：「又。」

〔註 15〕按：此條下稿本有「《尉繚子．兵議篇》：『市也者，百貨之官也。提天下之節制，而無百貨之官，無謂其能戰也。』平準之法，肇端於此。漢武帝所以窮兵也」一條，眉批：「此條□撤去不錄。」

〔註 16〕眉批：「佛經。」

〔註 17〕眉批：「又。」

《梵行品》:「迦葉言:『何如來昔為國王,行菩薩道時,斷絕爾所?』按:所猶許也。婆羅門命佛告迦葉:『菩薩摩訶薩乃至螘子尚不故殺,況婆羅門菩薩常作種種方便,施惠衆生無量壽命。』」按:佛未為國王,迦葉所難,自是夙命之事。然印度之教,釋氏與婆羅門互為勝負,其來遠矣。後文云:「婆羅門命終,後入地獄,即便自知乘謗方等大乘經典,不信因緣,為國主所殺而來生此。」然則大乘經典,如來為國王時,已出世邪?

又云:「又復天者為日,日有光明,故名日為天。」按:此當是婆羅門義。是祭日者即以日為天也。

又云:「拘睒彌國有二弟子」云云。文多不錄。「爾時,波旬悉燒一切經典。其中或有遺餘。諸婆羅門即共偷取,處處采捨,安置己典。以是義故,諸小菩薩佛未出時,率共信受婆羅門語。諸婆羅門雖說我有齋戒,而諸外道真實無也。諸外道等雖復說言有樂我淨,而實不解樂我淨義。直以佛法一字二字一句二句說,言我典有如是義。」此段雖出《懸記》〔註 18〕,疑佛徒於維樓勒王滅佛法後,鄭重錄之耳。然則今印度之婆羅門教,亦頗參佛法矣。

又云:「日雖不吉,當復占星。若是火星、奎星、昴星、閻羅王星、濕星、滿星如是星時,病亦難治。」按:此等占驗,當出婆羅門書。《隋書·經籍志》有《竭伽仙人》及《海中仙人占書》〔註 19〕,必有其說。閻羅王星、濕星、滿星,天文家所未載,不知當中國何星也。又穆尼閣《天步真原》以火星為凶星,與此文同。當然印度舊說。下文云:「如來法中無有選擇良日吉星。」故知此是婆羅門法。

《高貴德王菩薩品》云:「光明者,即是一切聲聞緣覺不共之道。」竊謂此三乘密語也。

又云:「如婆羅門值穀踊,貴為壽命,故食啖狗肉。」又云:「如婆羅門性不受牛肉。」據此,則婆羅門教禁食牛犬。又卷二十四云:「菩薩受持禁戒,乃至不受狗戒、雞戒、牛戒、雉戒。」此等戒疑皆出婆羅門。《迦葉菩薩品》云:「身口意戒,是名善戒。牛戒、狗戒,是名惡戒。是人深信是二種戒,俱有善果。是名戒不具足。」蓋身口意戒者,佛法也。牛戒、狗戒者,婆羅門法也。佛住世時,未盡勅弟子斷肉也。〔註 20〕

〔註 18〕眉批:「俟檢。」
〔註 19〕稿本作「《隋書·經籍志》有《竭伽仙人書》及《海上占書》」,眉批:「俟檢。」
〔註 20〕眉批:「又。」

又云：「如來非天，然諸眾生亦復稱佛為天中天。」按：西人亦以非天議佛，是經已先言之。特佛所證者，尚非淨天義天，況於世間天與生天也。〔註 21〕

又云：「如來出在東天竺地，住舍婆城，或王舍城。」按：此尤足證佛生錫蘭之妄說。

又云：「我今名為真婆羅門。婆羅門者，名修淨行。」〔註 22〕

又云：「毗舍佉者即是星名。」此亦不知當中國何星。〔註 23〕

又云：「如優陀延山，日從中出。」卷二十四。又云：「如閻浮提，日入之時，眾生不見，以黑山障故。」卷二十三。《獅子吼菩薩品》：三十二。〔註 24〕「譬如日月，無有能遮，令不得至頞多山邊。」〔註 25〕按：此二文皆不言須彌，與他經異。

又云：「如水乳雜臥，至一月終不成酪。以一渧頗求樹汁投之，即便成酪。」頗求樹俟考。〔註 26〕

《師子吼菩薩品》云：「譬如胡瓜，名為熱病，何以故？能為熱病作因緣故。」按：胡瓜疑即中國之辣椒。〔註 27〕

又云：「眾生悉皆有心。凡有心者，定當得成阿耨多羅三藐三菩提。」按：即心即佛，禪家大旨。此經此言，最為顯淺矣。〔註 28〕

又云：「首楞者，名一切事竟。嚴者，名堅。一切畢竟而得堅固，名首楞嚴。」今人於《首楞嚴經》，但稱楞嚴，於義似誤。〔註 29〕

又云：「甘蔗因緣，故生石蜜黑蜜。」按：石蜜、黑蜜蓋即今白糖、黑糖。又云：「石蜜治熱，黑蜜治冷。」〔註 30〕

又云：「日月光明，雖念念滅，亦能增長樹林草木。」按：此言樹木之長，

〔註 21〕眉批：「又。」

〔註 22〕眉批：「又。」

〔註 23〕眉批：「又。」

〔註 24〕原作「三十」，據《大般涅槃經》補「二」。

〔註 25〕按：稿本天頭補入「《獅子吼菩薩品》：〔三十。〕『譬如日月，無有能遮，令不得至頞多山邊』」。

〔註 26〕眉批：「又。」

〔註 27〕眉批：「又。」

〔註 28〕眉批：「又。」

〔註 29〕眉批：「又。」

〔註 30〕眉批：「又。」

由於日月之光，與近世談植物學者相合。至於光「念念滅」，尤為如實而知者矣。〔註31〕

又云：「六師唱言諸婆羅門，經年積歲，修習苦行，護持禁戒，尚言未有真實知見。何況瞿曇，年少學淺，不修苦行，云何而有真實知見？」蓋佛初設教時，如不禁肉食之類，尚寬於婆羅門。後世釋家偏重苦行持戒，亦兼採婆羅門之舊學也。〔註32〕

又云：「如紝婆蟲樂紝婆樹。」按：紝婆蟲疑是野蠶。〔註33〕

又云：「劫初之時，一切眾生皆悉化生。」〔註34〕

《迦葉菩薩品》云：「佛言：『我久知善星比丘，當斷善根，猶故共住滿二十年，畜養共行。我若遠棄，不近左右，是人當教無量眾生造作惡業。』」按：提婆達兜，佛之親屬。善星比丘，佛之弟子。一則已獲神足，見《增一阿含經》。一則曾證四禪，而公作闡提，撥無因果。此知性惡之輩要不全無，而少正之誅，聖門之所宜不恕也。

又云：卷三十二。「譬如孔雀聞雷震聲而便得身，又如青雀飲雄雀淚而便得身，如命命鳥見雄者舞即便得身。」按：此皆妊身之異。孔雀聞雷震有聲，中土書所未見。《師子吼菩薩品》云：「施婆羅比丘、優婆施羅比丘、彌迦羅長者母、尼枸陀長者母、半闍羅長者母，各五百子同於卵生。當知人中，則有卵生。如今所說菴羅樹女、迦不多樹女。當知人中，則有濕生。」此又人中受生之異。天竺固多異聞，惜未得譯婆羅門教書而盡讀之也。

又云：「如尸利沙果，先無形質。見昴星時，果則出生，足長五寸。」

又云：卷三十二。「如是煖法，是色界法，非欲界有。」又云：「是無漏道，煖者即是十六行也，火者即是須陀洹果，煙者即是修道斷結。」又云：「得煖法人一十三種，欲界十種。」按：此言煖法、從觀、不淨數等法，次第得之。惜智顗禪波羅蜜中未為解釋。道家取之，則以為煉丹事矣。

《憍陳如品》：「阿闍世王言：『如其鬼病，家兄耆婆善能去之。』」「家兄」二字見此。

又云：「婆羅門闍提首那言：『我亦曾從先舊智人聞說是語。佛若出世，

〔註31〕眉批：「又。」
〔註32〕眉批：「又。」
〔註33〕眉批：「又」、「《迦葉菩薩品》云：『如紝婆果，其子苦，故華果莖葉一切皆苦』」。
〔註34〕眉批：「又。」

言則無二。瞿曇今者說於二語，復言佛即我身是也，是義云何？』」據此，則佛之名稱本婆羅門書所有，特釋迦未生時，無人取承當此號耳。

又云：「諸婆羅門為清淨身，殺羊祀祠。」據此，則婆羅門不戒羊。

又云：「若有定性，甘蔗一物，何緣作漿、作蜜、石蜜酒、苦酒等？」是蔗亦可作酒。

中國文字下行，阿剌伯書左行，印度暨西洋各國書右行。然中國每字成文，雖舊習直下而令左行。右行書之，使通人讀之，自能解也。惟直行之氣長，故中國文字五千年不變；橫行之氣博，故西洋文字七萬里可通。鄭漁仲《通志·六書略·論便從》云〔註 35〕：「人之體理從，故文字便從不便衡。坎、離、坤，衡卦也，以之為字則必從，故☵必從而後能成水〔註 36〕，☲必從而後能成火，☷必從而後能成巛。」余謂此既有文字之後，取其點畫茂美耳。若庖犧畫卦之時，則八卦非旁行不能盡錯綜變化之妙，實足為中國文字不必直行之證。《說卦》曰：「天地定位，山澤通氣，雷風相薄，水火不相射」，是旁行之義也。周表已旁行邪上，是中國文字古來已用旁行矣。〔註 37〕

漢魏人多言黃老，或言老莊，皆不及《列子》。《列子》出於東晉，殆偽書也。錢辛楣已疑其參入輪迴之說〔註 38〕，且其文義不類周秦。日本伊藤長胤《東涯漫筆》云：「列子之名始見於《莊子》，稱其御風，蓋高於莊子一等矣。想非著書之人。今觀其書，冗雜膚淺，掇拾他書，殆不類先秦書，何足望老子」云云。又云：「『西方有化人』一節，分明說佛。其論理，自佛民出者居多。先儒朱子及郝京山皆既辨之。郝京山《時習新知》曰：『列子之書，殆見佛入中國後，好事者勦襲。如《周穆王》、《仲尼》等篇，渾是佛旨。雖不用其語，渾襲其意。』可謂卓見矣。」余謂西晉之亂，典籍淪亡，作偽之徒乘虛而入，故張霸百兩不行於漢世，而枚頤古文乃盛於南朝。《略》、《錄》既亡，而玄言彌暢，中國秦、漢以來學術，至此亦一大轉關也。聚斂以成《文子》，影射而作《家語》，蓋皆在斯時矣。

〔註 35〕見鄭樵《通志》卷三十五《六書略第五》。

〔註 36〕「水」，稿本作「巜」。

〔註 37〕眉批：「繙譯」、「語文」。

〔註 38〕錢大昕《十駕齋養新錄》卷十九《釋氏輪迴之說》：

《列子·天瑞篇》：「林類曰：『死之與生，一往一反，故死於是者，安知不生於彼？』釋氏輪迴之說，蓋出於此。《列子》書，晉時始行，恐即晉人依託。」

《〈禮記・王制〉正義》引鄭康成《釋廢疾》曰:「四時皆田，夏殷之禮。《詩》云:『之子于苗，選徒囂囂』，夏田明矣。孔子雖有聖德，不敢顯然改先王之法以教授於世。若其所欲改，其陰書於緯，藏之以傳後王。《穀梁》四時田者，近孔子故也。」案:此即近人素王改制之說所自出。臧鏞堂《拜經日記》云〔註 39〕:「《尚書正義・泰誓上》云:『《公羊傳》曰:王者孰謂?謂文王。其意以正為文王所改。《公羊傳》，漢初俗儒之言，不足以取正。《春秋》之王，自是當時之王，非改正之王。晉世有王愆期者，知其不可，句。注《公羊》以為《春秋》制，句。文王指孔子耳，非周昌也。《文王世子》稱武王對文王云:西方有九國焉，君王其終撫諸。呼文王為王，是後人追為之辭。』以上皆王注。案《釋文序錄》，公羊有王愆期注十二卷，字門子，河東人。『《春秋》制，文王指孔子』者，門子用緯說言《春秋》之法，以孔子為文王。《禮記正義・曲禮下》曰:『《鉤命決》云:丘為制法之王，與黃謂作主誤。黑綠不代蒼黃。』《禮記正義・中庸》引《援神契》文同。「代」舊誤「伐」，今據訂正。是孔子為文王之事，又或稱素王。」余按:《文選》司馬相如《諭巴蜀檄》,《注》引《論語素王受命讖》曰:「莫不喁喁，延頸歸德。」應劭《風俗通・窮通篇》:「孔子自衛反魯，制《春秋》之義，著素王之法。」《論語崇爵讖》曰:「子夏共操仲尼微言，以當素王。」《文選》曹攄《思友人》詩注。《公羊・成十年》:「齊人來媵。」何休《注》曰:「唯天子娶十二女。」徐彥《解》曰:「保乾圖文，孔子為後王〔註 40〕，非古禮也。」《文選》卷四十三《注》引《論語讖》:「孔子曰:『丘作《春秋》，王道成。』」劉歆《移太常博士書》注。　按:《論語》有《素王受命讖》，此條當出是書。又魏武帝《短歌行》,《注》引《論語素王受命讖》:「河授圖，天下歸心。」《公羊獲麟疏》引《春秋說》云:「丘以匹夫，徒步制正法。」《公羊序疏》引《春秋說題辭》:「孔子曰:『丘作《春秋》，以改亂制。』」董仲舒《對賢良策》云:「孔子作《春秋》，先正王而繫萬事，見素王之文焉。」又曰:「《春秋》受命，所先制者，改正朔，易服色，所以應天也。」《〈禮記・儒行〉正義》曰:「孔子為制法之主，所行之事多用殷禮，不與尋常同也。」〔註 41〕此皆改制之說。然漢人之義，則以孔子改制為漢先命。班孟堅與諸儒

〔註 39〕見清・臧庸《拜經日記》卷十《王門子公羊注》。

〔註 40〕見《春秋公羊傳注疏》卷十七，此處有「制」字。

〔註 41〕按:自「董仲舒《對賢良策》云」至此，係天頭補入文字，並注:「以上在『以改亂制』句下。」

撰《白虎通》，而其《典引》一篇，實用斯義。《續漢・祭祀志》引《孝經鉤命決》云：「予誰行，赤制《通典》「制」作「劉」。用。帝三建，孝九會。備專茲竭，行封岱青，河洛命后。」《御覽》八百八十九引《孝經右契》：「孔子夜夢豐沛之邦有赤煙起」云云「麟蒙其耳，吐書三卷。」以上《御覽》所引。其言赤劉當起，曰周亡赤氣，起火燿，與玄丘制命帝卯金。數語見孫瑴《古微〔註 42〕書》。《後漢書・郅惲傳》：「《春秋感精符》曰：『墨孔生，為赤制。』」《公羊序疏》引《春秋說》：「孔子曰：『丘〔註 43〕覽史記，援引古圖，推集天變，為漢帝制法。』」《陳序圖錄》又曰：「丘〔註 44〕水精製法，為赤制功。」《藝文類聚》引《春秋演孔圖》云：「孔子論經，有鳥化為書，孔子奉以告天，赤爵集書上，化為黃玉，刻曰：『孔提命作，應法為赤制。』」亦見《御覽》九百十四。班孟堅《幽通賦》云：「素文信而底麟兮，漢賓祚於異代。」應劭引《春秋緯》曰〔註 45〕：「麟出周亡，故立《春秋》，制素王，授當興也。」《典引》李善《注》引《春秋孔演圖》曰〔註 46〕：「玄丘制命帝卯行。」《後漢書・公孫述傳》引《尚書考靈曜》云：「孔子為赤制，故作《春秋》。」魯相史晨祀孔子奏引《考靈曜》云：「丘〔註 47〕生倉際，觸期稽度，為赤制，故作《春秋》以明文命。綴記撰書，修定禮義。」《御覽》八十七亦引《考靈曜》云：「卯金出軫，握命孔符。」注曰：「卯金，劉字之別。軫，楚分野之星。」《符圖書》：「劉所握天命，孔子製圖書。」哀十四年，《公羊傳》云：「制《春秋》之法，以俟後聖。」何《注》曰：「待聖漢之王以為法也。」蓋漢自以為承堯之後，而儒術上述堯、舜，《尚書》獨載堯以來。故《中候》以卯金為復堯之常，而漢儒以孔子為為漢制作。二說實相比附，不可離也。〔註 48〕

《永樂大典》卷一萬四千一百二十五「剃」字韻下，有元人《淨髮須知》二卷，乃薙匠書也。有帝王剃髮及各色人剃髮祝詞〔註 49〕，鄙俚可笑。惟中有《大元新話》云：「按大元體例，世圖改變，別有數名，還有一答頭、二答

〔註 42〕「微」，刻本誤作「徵」，據稿本改。
〔註 43〕「丘」，稿本作「邱」。
〔註 44〕「丘」，稿本作「邱」。
〔註 45〕眉批：「據《選》注。」按：此語出《文選》卷十四《幽通賦》注。
〔註 46〕見《文選》卷四十八。
〔註 47〕「丘」，稿本作「邱」。
〔註 48〕眉批：「□（按：殘，疑為「儒」）術」、「制度」、「此應全校」。
〔註 49〕「詞」，刻本作「祠」，據稿本改。

頭、三答頭、一字額、大開門、花鉢蕉、大圓額、小圓額、銀錠、打索綰角兒、打辮綰角兒、三川鉢浪、七川鉢浪、川著練縋兒」云云。蓋元時薙髮與今制異。今時幼孩初留髮時，亦有各種不同。至成丁後，則皆薙前半髮，留後半髮。日本人以為一半類僧，理或然耶？《法苑珠林》卷十《鬍髮部》引《佛本行經》云：「須曼那華化作淨髮人。」是「淨髮」二字所本。又元至元二年《敕修百丈清規》卷五云：「選日既定，則隔宿剃頭，頂心留髮。」注云：「名曰周羅。」梵語周羅，此云小結也。余謂花鉢蕉蓋即小結之類。〔註 50〕

《孟子》〔註 51〕：「許行為神農之言。」即農家之學也。《漢書．藝文志》云〔註 52〕：「農家者流，蓋出於農稷之官。及鄙者為之，以為無所事聖王，欲使君臣並耕，誖上下之序。」然《漢志》所錄者九家，今可略見者，《神農》、《野老》、《氾勝之》、《蔡癸》四家，實無誖序之言。班生云云，蓋即本孟子立說。惟《論語》樊遲請學稼圃，而孔子以小人斥之，且申之以上好禮、好義、好信，而民繈負而至，焉用稼為？蓋當時必以不耕不織責之於上。素餐之義，詩人媿之。而君民同等，即出於農家之志，與三代以來君主之政截然異趨。秦、漢尤尊君卑臣，故農家古說在所必黜矣。班《志》列諸雜家之後、小說之前，職是故歟？〔註 53〕

《韓非子．說疑篇》云：「燕君子噲親操耒耨，以修畎畝，苦身以憂民。」按：戰國之君，魏文侯為儒家，〔註 54〕韓昭侯為法家，〔註 55〕子噲蓋真行農家之說者。〔註 56〕其讓國於子之，亦略近君民同等之意也。〔註 57〕

〔註 50〕眉批：「下接二十冊鄭所南《心史》一條」，即卷二十一「鄭所南《心史》卷下云」一條。

〔註 51〕見《孟子．滕文公上》。

〔註 52〕見《漢書》卷三十。

〔註 53〕眉批：「農務。」

〔註 54〕《史記》卷四十四《魏世家》：

文侯受子夏經藝，客段干木，過其閭，未嘗不軾也。秦嘗欲伐魏，或曰：「魏君賢人是禮，國人稱仁，上下和合，未可圖也。」文侯由此得譽於諸侯。

〔註 55〕《史記》卷四十五《韓世家》：「（昭侯）八年，申不害相韓，脩術行道，國內以治，諸侯不來侵伐。」

〔註 56〕《韓非子．說疑第四十四》（第 408 頁）：

燕君子噲，邵公奭之後也，地方數千里，持戟數十萬，不安子女之樂，不聽鍾石之聲，內不湮汙池臺榭，外不畢弋田獵，又親操耒耨以修畎畝，子噲之苦身以憂民如此其甚也，雖古之所謂聖王明君者，其勤身而憂世不甚於此矣。

〔註 57〕眉批：「又。」

古欲齊君民之等者，出於農家。今欲均貧富之等者，出於工家。蓋民勞則善心生，勞而不已則悖心亦起也。故《詩》曰「民亦勞止，汔可小康。」

《漢書．地理志》云〔註58〕：「自日南障塞、徐聞、合浦船行可五月，有都元國；又船行可四月，有邑盧沒國；又船行可二十餘日，有諶離國；步行可十餘日，有夫甘都盧國。自夫甘都盧國船行可二月餘，有黃支國。自黃支船行可八月，到皮宗；船行可二月，到日南、象林界云。黃支之南〔註59〕，有已程不國，漢之譯使自此還矣。」《志》又言黃支「多異物，自武帝以來皆獻見。有譯長，屬黃門，與應募者俱入海市明珠、璧流離、奇石異物，齎黃金雜繒而往」。按：此當係記其往來之路，蓋由都元、邑盧沒往，由皮宗回也。於時漢使所齎者，黃金雜繒，則彼國所重者，在此特未知。已程不國當今何地耳，以音求之，當與岌朴為對音，即後世所謂鴿島也。未敢質言，姑存此以備考。〔註60〕

《西遊記》〔註61〕：蒙古目漢人有桃花石之稱。余嘗疑為唐兀惕之轉，而未有以證也。近譯《西人交涉紀事本末》云：「有希臘國人名條非辣脫者，曾講中亞細亞洲內地通商之事，並言該處有一種土耳其人，甚為驍健，其名為叨伽司，殊不知即中國人也。其所以名為叨伽司者，大約從希音譯唐字之誤，維時正唐室開國之初也。」按：叨伽司與桃花石音極相近。叨伽司為唐室之轉音，桃花石又由叨伽司而再轉，可無疑義。希人稱中國為突厥，即土耳其。亦由近時歐人謂中國為蒙古種，皆舉其先通者而言。洪鈞《元史譯文證補．西域補傳》：「王曰：『聞彼征服大賀氏，然否？』」自注云：「多桑書，字音如曰唐喀氏，義不可解。其所謂唐，必非唐宋之唐。及注《西遊記》，有謂漢人為桃花石一語，循是以求，乃悟即契丹之大賀氏也。蒙古稱中國為

〔註58〕見《漢書》卷二十八下。

〔註59〕「船行可二月，到日南、象林界云。黃支之南」，稿本原作「船行可二月，船行可二月，到日南、象林界云。黃支支之南」，後改「二月」之「二」為「八」，刪後一句「船行可二月」，並後一「支」字。天頭批曰：「按：□取《漢書》校之，知『船行可八月』一語重出一句，『八』又誤作『二』，『支』字亦重複。蓋鈔書有未經意也。」

〔註60〕眉批：「輿地。」

〔註61〕「西遊記」，稿本原作「輟耕錄」，後改之。眉批：「俟檢。」另參卷十一「誌伯愚侍郎改官烏里雅蘇臺參贊」一條腳注。
農者亦決渠灌田，土人惟以瓶取水，戴而歸，及見中原汲器，喜曰：「桃花石諸事皆巧。」桃花石，謂漢人也。

契丹，今俄羅斯人尚然。」余謂蒙古及俄羅斯稱中國為契丹，蓋先通遼之故，事理所有。必謂其因此稱中國為大賀氏，則事理所必無。試問中西各書稱金人有不曰女直〔註 62〕而曰完顏者乎？稱元人有不曰蒙古而曰卻特者乎？西人重部族，不重氏族。即其稱契丹，亦斷不曰大賀氏可知。且大賀氏絕於實古後之有遼者耶律氏也。文卿之言，近於附會蘇爾灘云云。即對太祖「已平女直」〔註 63〕之語而言，作唐喀氏者，稱中國為唐而喀為襯字，與希臘人叨伽司之音若合符節，不必更生異議矣。〔註 64〕

又按：《遼史》大賀氏，今譯作達呼爾氏，唐初契丹之稱。至武后時，達呼爾氏微，別部長果珍代之。果珍滅，部長泥禮立。迪輦紇里為阻卜可汗，更號遙輦氏。至太祖受哈陶汗津之禪，而遙輦氏亡。太祖姓耶律氏。遼氏世紀世表及近人所著《遼史紀事本末》載之甚詳。然則契丹之稱大賀氏者，僅數十年耳，西域必不沿是稱之也。

趙新《續琉球國志略》簡率無可採，惟記官制較詳。其以贊議官為吟味官，不可解。其筆帖式官則效法本朝。其寺社又名理梵司，則所設僧官也。若遏闥理官、築登之官、地頭代各、大掟、南掟、西掟，地頭代各以下皆土官。或因其地名，或用其國語。今其國已亡，存此一編，亦略見小邦之制度矣。又吟味官，日本佐原希元言當作查辦解。其法律官亦為吟味官。或琉球與日本近，用「吟味」字義相同歟？希元又言琉球語惟與薩摩略近，餘則迥異，以兩地人往來甚稔故也。〔註 65〕

日本菊岡沾涼《近代世事談》云：「琉球有訓語文字五十字。不見文字，不能得其意義。」是琉球文字與日本迥然不同。重野安繹《沖繩縣志序》云：「琉球髻簪髭鬚仿漢裝，獨其國名用邦語，語言文字同我邦。俗世之說琉球者，曰源為朝航海，而子孫始王；島津氏出師，而朝貢乃通。殊不知彼以天孫氏為開國祖，實為我皇孫，源為朝特承其餘烈而已。」重野之言，顯與菊岡異趣。恐琉人自言所始，正復不然耳。

〔註 62〕按：稿本正文作「直」，有旁注「真」。眉批：「『直』字必『真』字之誤。」

〔註 63〕按：稿本正文作「直」，有旁注「真」。

〔註 64〕眉批：「繙譯」、「語文」；「此條之後應加入廿四冊第廿四頁黃楙材《印度箚記》一條」，即卷二十五「黃楙材《印度箚記》云」一條；「廿六冊第一頁《黑龍江外紀》一條似應加入此條之後，但須再檢」，即卷二十七第一、二條；「此條又應加入廿九冊十三頁一條」。

〔註 65〕眉批：「□情。」上字殘，當是「夷」。

洪文卿《元史譯文證補・術赤補傳》云：「孛兒臺被掠時，孕已數月。比歸，術赤生。太祖喜曰：『此不速之客也，故名曰術赤。』」自注云：「此據拉施特阿卜而嘎錫。案：汪罕蔑兒乞皆與太祖所居不遠，計被掠至歸，不過數月。如西書所云，則龍種更無疑義。然《秘史》敘此事，端緒分明，其後又有察合臺一言為證，遂成疑案，雖太祖亦噤不發聲。欲斥《祕史》而從西書，苦無他書可助。專從《祕史》，又恐誣巇興王。兩存其說，庶乎其可。」余案：《祕史》記孛兒帖事，惟被擄後，配與赤列都弟赤勒格兒為妻，較西書為詳耳。余亦無甚異同。西書言孕已數月，實較《祕史》為備。元太祖之求救兵於土罕也，王罕說：「去年你與我將貂鼠襖子來時」，則事隔一年之言也。及平蔑兒乞後，帖木真、札木合兩相親愛，同住了一年半。一日，自那營盤裏起時，正是夏四月十六日。據此，則合兵平蔑兒乞當在八、九月間，其被擄實未淹久。至察阿歹詆拙赤時，下文記「太祖語云：『如何將拙赤那般說？』」安得謂「噤不發聲」乎？文卿讀書未審，妄生疑竇，不必兩存其說也。〔註 66〕

《涅槃經・梵行品》又〔註 67〕云：「云何世間所知見覺？所謂梵天、自在天、八臂天，性時微塵法及非法，是造化主世界。」按：造化主即西人所謂天主矣。又婆羅門見帝釋來，稱以天主。〔註 68〕

《弘明集》卷五桓君山《論形神》云：「余嘗夜坐飲，內中然麻燭。燭半壓欲滅，即自曰敕視，見其皮有剝䶨，乃扶持轉側，火遂度而復。」又云：「鐙燭盡，當益其脂，易其燭。人老衰，亦如彼自蹷鑽。」杜詩〔註 69〕：「物情惡衰歇，萬事隨轉燭」，即用此意。君山又云：「人之養性，如彼促脂轉燭者。」尤為「轉燭」二字之所本。〔註 70〕

中國帝王之信佛教者，始於漢明帝，而盛於梁武帝。至唐之武后、明之成祖，則皆以慘酷負咎之故，而欲求懺悔於佛者也。中國帝王之信天主教者，或云始於元定宗，見洪文卿《元史譯文補證》。而繼之者明莊烈帝。見文秉《烈皇小識》。然未譯其書，未見於政事，則未知信其教者若何也。若大清聖祖之用天主教人，而但採其曆算；世宗之深通禪學，而不雜於治術。其斯為用中於民者歟？〔註 71〕

〔註 66〕眉批：「論史。」
〔註 67〕「又」，刻本無，據稿本補。
〔註 68〕眉批：「佛經」、「宗教」。
〔註 69〕見《杜詩詳注》卷七《佳人》。
〔註 70〕眉批：「考證。」
〔註 71〕眉批：「宗教。」

又按：近譯《交涉紀事本末》：「教皇遣使往韃靼，勸令存心慈愛庫裕克可汗。庫裕克，元定宗名，實貴由之轉音。覆書云：『來書云我等應受洗禮，以作耶蘇教中之人，是言殊屬不合。爾我種類各殊，何得強我等為汝教中人？』」又云：「爾西方人民僅知以基督教為重，而於其他各教一概藐視，亦殊非有國家者之所為。」是定宗之不信天主教，具有明文。迨法皇魯意第十一遣羅勃魯奎斯使元時，則定宗已崩，更無從入基督之教。西書殆因其覆書有云「爾知我國亦崇奉上帝」，故附會為說。洪侍郎不察，而採之誤矣。〔註 72〕

《墨子・非樂上篇》曰：「古者聖王亦嘗厚措斂乎萬民，以為舟車。既以成矣，曰：『吾將惡許用之？』曰：『舟用之水，車用之陸。君子息其足焉，小人休其肩背焉，故萬民出財齎而予之，不敢以為慼恨者。何也？以其反中民之利也。』」余按：《呂覽・察今篇》云〔註 73〕：「舟車之始制也，三世然後安之。」蓋當時不獨以為奪民之利，且厚斂以成，必以為朘民之財也。凡勸工之事，非國家竭力維持之，未有能濟者也。〔註 74〕

天下萬國，或君主，或民主，或君民共主，論者紛紛，莫定其是非。夫君有無限之權，則民或受其荼毒；民保自主之權，則君必等於贅旒。即君民共主之國，亦權歸執政而已。蓋為民所共仰，則可以上侵君權，為君所重任，又可以下侵民權。惟議院廣樹私人，而是非聽其予奪矣。綜斯三者，不能無弊。且國之樹立，必資於法。法之行否，莫要於刑。小刑所不能懲者，必威以甲兵。此史記述古之義所由，以律志合於兵志也，其執兵之大權者，非有戰勝攻取之略、安內禦外之功，則不能久任。有其才其功而久任，則威可以逼上，而力足以制下，故可以變民主為君主，亦可變君主為民主焉。蓋國勢之所趨，一由於議論之既成，一由於威權之所湊實。則伊古以來，兵主即為國主，固自然之理、必然之勢也。《孟子》曰：「民為重，君為輕。」葛稚川述鮑生之論，曰：「有君不如無君。桀紂之徒，得燔人，辜諫者，脯諸侯，葅方伯，剖人心，破人脛，窮驕淫之惡，用炮烙之虐。若令斯人並為匹夫，性雖凶奢，安得施之？使彼肆酷恣虐，屠割天下，由於為君故也。」《抱朴子外篇・詰鮑第四十八》。是民主之說，中國亦久有之。孔子曰：「夷狄之有君，不如諸夏之亡也。」蓋失其禮樂征伐之權，則有君亦如無君矣。《白虎通》曰：「不擾匹夫匹婦，故

〔註 72〕眉批：「又。」
〔註 73〕見《呂氏春秋》第十六卷《先職覽第四・樂成》，非出《察今》。
〔註 74〕眉批：「工藝。」

為皇。」又曰：「五帝德大能禪，以民為子，成於天下，無為立號也。」其斯為君主之至道也夫。〔註 75〕

德國伯倫知理《國家學》卷二曰：「近世行公權普及之法。法國一千七百九十三年，始設此法，而璲西、德意志、北美合眾國相繼行之。方今民權張皇，幾極其盛。此法不唯最適時勢，且所益亦甚大，能將闔國一切社會並民人之心結諸國家，使知國家為何物，與己當盡於國家之責。由是議員之權力益強，國家之威力彌盛也。」夫公權普及，元不適於君主國。然就各國實迹驗之，不見其助長民權，使之逞勢，卻見其裨補君權不淺。此則言民智既開，民權之有益也。〔註 76〕

梁釋寶《唱經律異相》卷一云：「虛空雲中有時地大與水相觸，有時與火風等大相觸，水火風大更互相觸，皆生虛空雲中雷聲。」又云：「電有四種，東方名身光，南方名難毀，西方名流炎，北方名定明。何以虛空雲中有此電光四方之電，又共相觸有此光起？」並出《長阿捨經》第二十卷。是釋家言雷電之理，與王充《論衡》之說不甚相遠。其電有四方異名者，猶《史記·律書》不周風、明庶風之類耳。〔註 77〕

《論衡·雷虛篇》云：「實說雷者，太陽之激氣也。盛夏之時，太陽用事。陰氣乘之，陰陽分事則相校軫，校軫則激射。何以驗之？試以一斗水灌冶鑄之火，氣激㸌裂，若雷之音矣。」按：激射而火出，即《阿含》所謂相觸光起也。《史記·天官書》曰：「天雷電蝦，虹闢歷夜。明者，陽氣之動者也。春夏則發，秋冬則藏。」〔註 78〕

《白虎通·性名篇》云：「《春秋》譏二名何？所以譏者，乃謂其無常者也。若乍為名祿甫，元言武庚。」按：此以二名為無定名，猶後世之隨宜更名也。「元言武庚」、「乍名祿甫」，即改名之證，與《公羊》異義，似較得經意。〔註 79〕

傅維鱗《明書》一百七十一卷，其體例之不善，《四庫提要》論之〔註 80〕。

〔註 75〕眉批：「治略」、「制度」。

〔註 76〕眉批：「又。」

〔註 77〕眉批：「天文。」

〔註 78〕眉批：「又。」

〔註 79〕眉批：「氏族」、「考證」、「入《春秋》譏二名條」，即卷三「凌曉樓《群書答問》云」一條。

〔註 80〕《四庫全書總目》卷五十史部六別史類：
《明書》一百七十一卷
國朝傅維鱗撰。維鱗初名維楨，靈壽人，順治丙戌進士，官至工部尚書。是

然其《敘傳》自稱「搜求明興以來行藏印抄諸本與家乘文集碑誌，得二百餘部，九千餘卷，參互明朝實錄，考訂同異」，則其所得亦必有出張廷玉、王鴻緒之外者。又云：「奉簡命纂《明史》，列局分曹，不能悉窺全冊，又止采實錄，嚴禁旁搜」，則當時修史之弊，亦略可知也。維麟文俗識淺，要未足為良史。至如學校有志，不入於選舉；土田有志，不併於食貨；雖前史所無，後世殆必有用之者矣。〔註81〕

書為其子汀州府知府夔詞所鐫，冠以移取諮送諸案牘。蓋康熙十八年詔修《明史》，徵其書入史館。凡《本紀》十九卷、《世家》三十三卷、《宮闈紀》二卷、《表》十二卷、《志》二十二卷、《記》五卷、《世家列傳》七十六卷、《敘傳》二卷。自謂搜求明代行藏印抄諸書，與家乘文集碑誌，聚書三百餘種、九千餘卷。參互實錄，考訂異同，可謂博矣。然體例舛雜，不可縷數。《學士祭酒表》已病其繁矣，乃又有《制科取士年表》，上列考官，下列會試第一人、殿試一甲三人。此以志乘之例施之國史也。《司天》、《曆法》分二志，以一主占候、一主推步也。而象緯之變，既已載於《司天》，又別立一《禨祥志》，不治絲而棼乎！嘉靖時更定祀典，最為紛呶，仿《漢書》別志郊祀可也。《綸涣》一志，惟載詔令，此劉知幾之創說，史家未有用之者。循是而往，不用其載文之例不止矣。《土田》、《賦役》、《食貨》分三志，《服璽》、《輿衛》分二志。此《通典》、《文獻通考》類書之體，非史法也。所謂《記》者，蓋沿《東觀漢記》載記之名，而皇子諸王與元末群雄合為一類，未免不倫。《世家》止列王公，其侯伯以下則別入《勳臣傳》，不知《史記·蕭相國世家》、《曹相國世家》皆侯爵也。豈王公世及，侯以下不世及歟？《列傳》分《勳臣》、《忠節》、《儒林》、《名臣》、《孝義》、《循良》、《武臣》、《隱逸》、《雜傳》、《文學》、《權臣》、《藝術》、《列女》、《外戚》、《殘酷》、《奸回》、《宦官》、《異教》、《亂賊》、《四國》、《元臣》二十一門。無一專立之傳，已與古體全乖。其分隸尤為不允。《忠節傳》列遜國諸臣至盈四卷，而梁良玉、雪菴和尚、補鍋匠乃別入《隱逸傳》中。如曰以死不死為別，則《忠節傳》中之程濟、葉希賢、楊應能固未嘗死，《隱逸傳》中之東湖樵夫又未嘗不死，是何例也？劉基不入《勳臣》，宋濂不入《文學》，以嘗仕元，均與危素等入之《雜傳》是也。納哈出元色目人，何以又入《勳臣傳》乎？張玉、譚淵以其為靖難佐命，入之《亂賊傳》，與唐賽兒聯名，已不倫矣。朱能、邱福，事同一例，何以又入《武臣傳》中。姚廣孝首倡逆謀，尤為亂首，何以又入《異教傳》中乎？《儒林傳》中列邱濬，《名臣傳》中列嚴震直、胡廣、徐有貞、李東陽、呂本、成基命，其於儒林名臣居何等也。嚴嵩入《權臣傳》，與張居正並列。溫體仁、周延儒、薛國觀並泯其姓名。而劉吉、萬安、尹旻、焦芳則入《奸回傳》。嵩等罪乃減於四人耶。石亨、石彪，實有戰功，但跋扈耳。仇鸞交結嚴嵩，冒功縱惡，亦未嘗得幸世宗，與馬昂、錢玏同入佞倖則非其罪。陸炳有保全善類之事，乃入之《殘酷》，而許顯純、田爾耕竟不著名。此亦未足服炳也。蓋一代之史，記載浩繁，非綜括始終，不能得其條理。而維麟節節葉葉，湊合成編，動輒矛盾，固亦勢使之然矣。

〔註81〕眉批：「論史」、「著述」。

新譯《交涉紀事本末》云：「考知經傳內，伊塞阿稱華夏之地為西寧，西人稱中國為採納，又古稱為剎哀那，或稱塔哀那，或稱僾哀那，音韻拼法雖不同，均指中國而言。古史云塔哀那城在極東，約與西哀相近，亦殊難信。此一大城，前在亞細亞洲貿易之西人較以後著書之人先知其詳，彼時又稱中國為西爾利司，此稱更前於僾哀那。凡臘丁國記載之士均，專稱中國為西爾利司，因中國與臘丁其時已以絲相貿易也。西爾利司、僾哀那雖均指中國，惟西爾利司則專指中國北部米拉，以為其國介印度及西鐵安間。托勒密稱中國曰西利司，稱其都城曰西爾臘，又通爾稱曰西尼，猶中國不知不列顛英吉利同為英國也。托勒密云：『自波斯至拔克脫利阿以抵西爾臘，道阻且長，須歷高山峻險之途，幾及一年。』又羅馬國書中云：『西爾利司，廣大蕃庶之國，東至於大洋，以地球不能居人為限。西至於伊毛司及拔克脫利阿。』」按：此文疑西爾利司以絲得稱，與近人疑支那以瓷得稱，同一誤說。且即據此書上文而言，其稱中國為聽時，已知中國有極好蠶絲矣。余謂聽者，天之轉音。《漢書》匈奴稱中國為天漢〔註 82〕，是其證。西寧、塔哀那、剎衷那、西爾利司之類，皆秦字之轉音，特有舌頭、舌腹之異譯耳。拔克脫利阿，蓋即拔克達山。〔註 83〕

明譚希思《大政纂要》〔註 84〕卷四十五：「嘉靖二年，佛郎機國人別都盧寇廣東，守臣禽之。巡撫張嶺、巡按涂敬以聞，都察院覆奏。上命就彼誅戮梟示。」此泰西與中國交涉要事。〔註 85〕夏謙甫作《明通鑒》採摭極博，於此

〔註 82〕眉批：「俟檢。」

〔註 83〕眉批：「語文。」

〔註 84〕明．譚希思《明大政纂要》六十三卷，山西省圖書館藏清光緒二十一年湖南思賢書局刻本，見《四庫全書存目叢書》史部第 14～15 冊。

〔註 85〕何喬遠《名山藏》卷一百七《王享記三．東南夷三．滿剌加》（3010～3013 頁）：
滿剌加國，古哥羅富沙也，在占城極南，諸番之會也。……世宗即位，佛郎機復以接濟使臣衣糧為名，請以所齎番物如例抽分，詔復絕之。率其屬疏世利等千餘人破巴西國，入寇新會縣西草灣。指揮柯榮、百戶王應恩截海御之，生擒別都盧、疏世利等四十二人，斬首三十五級。餘賊復來接戰，應恩死之。海道副使汪鋐遂得其銃以獻，名佛郎機銃。自是佛郎機諸番夷舶不市粵，而潛之漳州。
清．查繼佐《明書》列傳之三十六《外國列傳．佛郎機國》：
佛郎機國，近滿剌加，向不通中國。……世宗初，復絕不與通。乃率其屬疏老利、別都盧等千餘人，破巴西國，入寇廣東新會縣。指揮柯榮、千戶王應恩截海御之，鹵別都盧、疏老利等四十二人，斬首三十五級。餘賊復來，應恩死之。海道副使汪鋐與戰，大捷，遂得其統以獻。自是番舶不市粵，而潛之漳州。

事乃獨失載，當由未見此書故也。〔註 86〕

《大周刊定眾經目錄》十五卷，武后天冊萬歲元年奉勅撰。沙門明佺序云：「謹按梁朝釋僧皎、釋僧祐、釋寶唱、隋朝僧法經等所撰《一切經目錄》，隋朝翻經學士費長房所撰《開皇三寶錄》，唐朝僧道宣所撰《內典錄》等，已編入正目大小乘經律論並聖賢集傳合二千一百四十六部，六千二百三十五卷。其後唐朝至聖朝新譯經論，及有雖是前代舊翻而未經入目者，並雖已入目而錯注疑偽、審共詳校、事須改正者，前後三件，大小乘經律論合一千四百七十部，二千四百六卷。悉依明旨，咸編正目。今新入正目及舊入正目大小乘經律論並聖賢集傳，都合三千六百一十六部，八千六百四十一卷。」按：智升《開元釋教錄》云：「自後漢孝明皇帝永平十年，歲次丁卯，至大唐神武皇帝開元十八年庚午之歲，凡六百六十四載，中間傳譯緇素，總一百七十六人，所出大小二乘三藏聖教及聖賢集傳並及失譯，總二千二百七十八部，都合七千四十六卷。」蓋智升總括群經錄，別分乘藏錄，區別較嚴，非有佚脫也。惟《開元釋教錄》卷十七以此書為沙門儉等奉勅撰，「儉」字當是「佺」字之誤。又此書卷末題校經僧名，有翻經大德中大雲寺都維那象城縣開國公玄範、翻經大德佛授記寺主昌平縣開國公德感、翻經大德大福光寺都維那豫章縣開國公惠儼，則武后時封爵之濫，不足異也。〔註 87〕

唐釋智升《續古今譯經圖紀》云：「沙門般剌密帝，唐云極量，中印度人也。懷道觀方，隨緣濟度，展轉遊化，達我支那。乃於廣州制旨道場居止，眾知博達，祈請亦多。利物為心，敷斯祕賾。以神龍元年乙巳五月己卯朔二十三日辛丑歲於灌頂部中誦出一品，名《大佛頂如來密因修證了義諸菩薩萬行首楞嚴經》一部十卷，烏萇國沙門彌迦釋迦釋迦稍訛，正云鑠佉，此曰雲峯。譯語，菩薩戒弟子前正議大夫同中書門下平章事房融筆受，循州羅浮山南樓寺沙門懷迪證譯。其僧傳經事畢，汎舶西歸，有因南使，流通於此。」按：今本彌迦作彌伽，又不題懷迪名，較唐時已訛略矣。惟此經在灌頂部之一品，故今日西藏僧流或未之見，要不可因章嘉國師一言，遂疑此經之依託。且《隋法經眾經目錄》以《隨願往生經藥師經》、《梵天神策經》、《仁王經》、《寶如來三昧然占察經》、《梵網經》、《五苦章句經》、《安宅神呪經》、《遺教論》等並編疑偽，而智升《開元釋教錄》辨之，云：「《隨願》、《往生》等三經出大灌頂，《仁

〔註 86〕眉批：「掌故。」
〔註 87〕眉批：「佛經。」

王》等七經並翻譯有源，編為疑偽，將為未可。」卷十八。然則大灌頂部法經且猶未檢，況邇日之喇嘛耶？惟《圓覺經》一卷，智升以為此經近出，不悉何年，且弘道為懷，務甄詐妄，但真詮不謬，豈假具知年月，此則特設疑辭，宜滋後人之擬議矣。《至元法寶勘同錄》卷三有《圖覺經》，不言蕃本闕，是蕃本亦有之，非偽經也。〔註 88〕

又按《至元法寶勘同總錄》卷五：「《大佛頂如來密因修證了義諸菩薩萬行首楞嚴經》十卷，唐循州沙門懷迪共梵僧於廣州譯注。」云「蕃疑折辨入藏」。又云「蕃本闕」。然則元時合臺薩里齋牙答思諸僧已頗疑此經矣。惜折辨之詞，錄中不載。錄中如金剛智不空所譯密宗之書，蕃本闕者甚多，亦不獨《楞嚴》一帙也。

又按《法寶勘同錄》，大般若經總二十萬頌，西蕃本唯有萬四千五十頌，比漢本少三萬五千九百五十頌。《大乘地藏十輪經》十卷，第十三分八品；《大方廣十輪經》八卷一十五品。二經同本異譯。其第十四分本，在西方未流於此，蕃本亦無。《佛說大集會正法經》五卷，與蕃本對，彼經稍少。是漢本有而蕃本無，漢本多而蕃本少，歷歷可數。又《華嚴經》，蕃木從漢本譯。《大般涅槃經》，未見蕃本，彼云對同。是蕃之傳經，每後於漢蕃之有無，不足定經之真偽也。晉鳩摩羅什所譯《仁王護國般若經》、帛尸梨密多羅所譯《大灌頂經》、北齊那連提耶舍所譯《施燈功德經》、唐不空所譯《成就妙法蓮華經》、《王瑜伽觀智儀軌》，又鳩摩羅什所譯《大智度論》，皆以蕃疑折辨入藏，是其所疑亦每有不必疑者矣。

《續譯經圖記》：「沙門那提，唐曰福生，具依梵言，則云布如烏伐耶，以言煩多，故此但訛賂而云那提。按：此唐人譯文之例。然何以布如烏伐耶訛略則云那提，殆不可解。《西域記》各國名亦多此類，俟見通竺文者考之。曾往執師子國，又東南上楞伽山、南海諸國，隨緣遊化。承支那東國盛轉大乘，佛法崇盛，贍洲稱最，乃搜集大小乘經律論五百餘夾，合一千五百餘部，以永徽六年創達京師。」按：此南佛教之入中國者。贍洲蓋指南洋而言，以其地為南贍部洲也。又云：「顯慶元年，勅往崑崙諸國採取異藥。」《開元釋教錄》云：「南海真臘國為那提素所化者，思見其人，互相牽率，假途遠請，乃云國有好藥，唯提識之，請自採取。下勅聽往返，亦未曾有。」然則唐時求藥，亦適為真腦所欺，不異彩桑甚於東海矣。

〔註 88〕眉批：「佛經」、「入十二冊十四頁《楞嚴經》一條」，即卷十二「今釋藏靡字函尚有首《楞嚴經》三卷」一條。

元人稱僧為吉祥。錢辛楣以《至元法寶錄》證史〔註 89〕，固為得之。余按：《錄》中有《巨力長者所問大乘經》三卷，宋西夏三藏智吉祥等譯。是元人用西夏舊制。《大明三藏法數》卷二十五云：「薄伽梵六義，出《華嚴經隨疏演義鈔》。五吉祥義，謂如來既具勝妙之德，故一切世間讚歎供養者亦獲吉祥，故曰吉祥。」《文獻通考》卷三百三十八云：「天聖五年二月，僧法吉祥等五人以梵書來獻。」按：亦見《佛祖統紀》。《巨力長者所問經》，題宋西天同譯，經寶法大師賜紫沙門智吉祥等奉詔譯。〔註 90〕

《宋史・王欽若傳》〔註 91〕：「欽若閱《道藏》，得趙氏神仙事蹟四十人，繪於廊廡。」是道書有藏，在北宋以前。蘇東坡集亦有《閱道藏》詩〔註 92〕。〔註 93〕

《邱長春西遊記》卷上：「譯者再至，曰：『舊奚呼奏：以山野四人事重陽師學道，三子羽化，惟山野處世人呼以先生。』」按：元太祖雖以神仙稱長春，而有元一代詔書稱道士為先生，即本諸此。

〔註 89〕錢大昕《十駕齋養新錄》卷九《僧稱吉祥》：
予讀《元史・仁宗紀》：延祐六年二月，「特授僧從吉祥榮祿大夫、大司空、加榮祿大夫、大司徒、僧文吉祥開府儀同三司。」初未解吉祥之名。後閱《釋藏》，有《至元法寶勘同總錄》十卷，奉詔編修者為順德府開元寺佛日光教大師沙門慶吉祥、平灤路水巖寺傳法輔教大師沙門恩吉祥，執筆者為大寶集寺傳法潮音妙辨大師沙門海吉祥、真定府興化寺傳法通元大師沙門溫吉祥，校勘者為大都大憫忠寺傳法通辨大師沙門瑞吉祥、大都大昊天寺傳法元悟大師沙門習吉祥、上都黃梅寺住持通慧大師沙門溫吉祥、大都宏法寺通顯密二教演祕大師沙門瀓吉祥、大崇國寺臨壇大德圓融崇教大師沙門演吉祥、大聖壽萬安寺臨壇大德崇教大師沙門應吉祥，校證者濟寧路金山寺妙辨通義大師沙門慶吉祥，證義者大聖壽萬安寺傳大乘戒臨壇大德沙門理吉祥、宣授江淮釋教都總攝扶宗宏教大師釋行吉祥、聖壽萬安寺都總統佛覺普安大師沙門揀吉祥、宣授諸路釋教都總統道通真智大禪師昭吉祥。乃知元時以吉祥為僧之美號。演吉祥名定演，趙子昂為撰碑者也。

〔註 90〕眉批：「佛經。法」、「僧徒」；「『天聖五年』以下數語又錄入廿八冊第一頁」，即卷三十「《宋史・仁宗紀》天聖五年」一條。

〔註 91〕見《宋史》卷二百八十三。

〔註 92〕即《東坡詩集注》卷四《讀道藏》。

〔註 93〕眉批：「道流。」

卷二十一〔註1〕

《孔穎達傳》劉煦〔註2〕《唐書》。云：「字仲達。」《新書》云：「字沖遠。」案：歐陽文忠《跋唐孔穎達碑》云：「碑，于志寧撰。質於《唐書》列傳，傳所闕者，不載穎達卒時年壽。其與魏鄭公奉敕共脩《隋書》亦不著。又其字不同，傳云字仲達，碑云字沖遠，可以正傳之繆。」《六一題跋》卷五。然則《新書》正用唐碑，後人以金石考史，文忠且據金石以脩史矣。且以知列傳中亦有歐筆，不盡出於景文也。

酈道元《水經注》引書之例，於撰書人名隨宜而舉。如應劭或稱應仲瑗，杜預或稱杜元凱，謝靈運或稱謝康樂，郭頒或稱郭長公是也。然於先儒如孔安國、楊雄、班固、服虔、馬融、鄭玄〔註3〕、王肅諸人，無不直舉其名。即後魏大臣如崔司徒者，雖兼舉其官，亦未嘗不稱為崔浩。而獨於郭璞所注《爾雅》、《山海經》及所撰《江賦》，全書引之者不下百數十條，皆稱郭景純，而不斥其名。如庾仲初、袁山松，亦不言庾闡、袁崧。然引據無多，不在此例。蓋未嘗不在敬仰之列。然則謂《水經》為景純所撰，固未必然。謂道元此《注》為述景純而作，固無不可也。且景純所箸書，善長皆及見之，獨其所注《水經》，善長顧未之見何耶？〔註4〕

酈善長，北人也。然《水經注》所引書，則多南人箸述。西晉以前無論已。東晉以後，如伏韜即伏滔。《北徵記》、袁山松《郡國志》、袁宏《宜都山川

〔註1〕按：稿本題「《純常子枝語》第二十冊」。稿本乙封題「純常子枝語　第二十冊」。
〔註2〕「煦」當作「昫」。
〔註3〕「玄」，原作「元」。
〔註4〕眉批：「著述。」

記》、庾闡《揚都賦注》、郭景純《爾雅注》、《山海經注》、孫盛《魏春秋》、《晉陽秋》、晉灼《漢書注》、干寶《搜神記》、《晉紀》、葛洪《抱朴子》、《神仙傳》、習鑿齒《漢晉春秋》、《襄陽記》、孔衍《春秋後傳》、俞益期《交州牋》、遠法師《廬山記》、羅含《湘中記》、王隱《晉書》、戴祚《西征記》、釋法顯《行傳》、徐廣《史記音義》、郭緣生《述征記》、伍緝之《續述征記》、臧榮緒《晉書》、雷次宗《豫章記》、庾仲雍《江水記》、范泰《古今善言》、范蔚宗《後漢書》、劉澄之《永初山川記》、鄧德明《南康記》、王歆之《始興記》、周景式《廬山記》、謝靈運《記》、謝靈運《記》，《沔水篇》引之，記永嘉事，俟考。劉敬叔《異苑》、郭仲產《襄陽記》、孫暢之《書記》、《畫記》、沈約《宋書》、王智深《宋紀》之類，不下數十種。其但引書而不箸撰人名氏者，如《嵇氏譜》、《益州記》、《湘州記》〔註5〕、《尋陽記》、《南越記》、《林邑記》、《交州外域記》、《錢唐記》、《東陽記》、《武昌記》、《荊州圖副記》、《吳地記》、《江東舊事》之類，大抵皆南人書也。又如孫綽之《孫登傳》、王彪之之《廬山賦》、謝靈運之《山居賦》、酈誤作「記」。吳均之《劍騎詩》、劉道民謝莊之詩，並見採錄。而北方之典籍，則僅車頻《秦書》、田融《趙記》、闞駰《十三州志地理志》、《穀水注》引闞駰《地理志》。段國《沙州記》、伏琛《齊地記》、晏謨《齊記》、伏晏無可考，姑列之北人。崔浩《西征賦注》。其不知撰人者，則《魏土地記》、《浮圖澄別傳》、《河南十二縣境簿》、《燕書》、《秦州記》、《東燕錄》、《陽氏譜敘》、《鄒山記》、《三齊略記》、《漢中記》、《中山記》、《嵩高山記》寥寥十數種而已。豈南土之載籍較易流傳，北地之圖書轉難甄錄乎？是以元朗《釋文》，多用江南之學；沖遠《正義》，不重河北之傳。揆厥由來，非無故也，豈獨世主好尚足以轉移風氣乎？

《水經注》記古人遺迹，如呂望釣溪、重華陶地、堯陵、周墓，傳記紛如，固由古籍異辭，益徵甄采之博。《易水注》云：「遺聞舊傳，不容不詮，庶廣後人傳聞之聽。」善長固自言其例矣。凡誌地理者，不可不師此意也。

《漢書・王莽傳》記莽之敗，特詳其日月。云十月戊申朔、二日己酉、三日庚戌、六日癸丑，既書其干支，又記其日數，所以使閱者動目，不厭繁複也。顧亭林《日知錄》云〔註6〕：「古人文字，年月之下，必繫以朔，必言朔

〔註5〕眉批：「湘州記或是誤字。」按：《水經注》卷三十八四引《湘州記》。

〔註6〕眉批：「俟檢。」

見《日知錄》卷二十《年月朔日子》。

之第幾日，而又繫之干支。魯相瑛《孔子廟碑》云元嘉三年三月丙子朔廿七日壬寅，又云永興元年六月甲辰朔十八日辛酉；史晨《孔子廟碑》云建寧二年三月癸卯朔七日己酉；樊毅《復華下民租碑》云：光和二年十二月庚午朔十三日壬午是也。此日子之稱所自起。若史家之文，則有子而無日，《春秋》是也。」自注云：「《後漢書》隗囂檄文曰漢復元年七月己酉朔，己巳不言廿一日。」然亭林所引漢碑，皆在班孟堅後，則偶失檢耳。然記事之體，但記干支，有不如但記日數者。〔註 7〕《〈水經・穀水〉注》記石人脇下文，云「泰始七年六月二十三日，大水迸瀑」云云，「以其年十月二十三日起作，功重人少，到八年四月二十日畢」；又云：「東晉惠帝造石樑於水上，按橋西門之南頰。」文稱「晉元康二年十一月二十日改治石巷水門」云云，「到三年三月十五日畢訖」。是金石文又一例也。《漢書・趙充國傳》〔註 8〕：宣帝敕讓充國，曰「以七月二十二日擊罕羌」，亦不言甲子。〔註 9〕

《朱子語類》九十一〔註 10〕云：「三代之君，見大臣多立。漢初猶立見大

〔註 7〕此下稿本有「《宋書・元兇劭傳》……（開林按：空二十一格，即一行之字數）是其例」，眉批：「檢錄。」

按：《宋書》卷九十九《二凶列傳・元兇劭》：

十九日，義軍至新林，劭登石頭烽火樓望之。二十一日，義軍至新亭。時魯秀屯白石，劭召秀與王羅漢共屯朱雀門。蕭斌統步軍，褚湛之統水軍。二十二日，使蕭斌率魯秀、王羅漢等精兵萬人攻新亭壘，劭登朱雀門躬自督率，將士懷劭重賞，皆為之力戰。將克，而秀斂軍遽止，為柳元景等所乘，故大敗。劭又率腹心同惡自來攻壘，元景復破之；劭走還朱雀門，蕭斌臂為流矢所中。褚湛之攜二子與檀和之同共歸順。劭駭懼，走還臺城。其夜，魯秀又南奔。時江夏王義恭謀據石頭，會劭已令濬及蕭斌備守。劭並焚京都軍籍，置立郡縣，悉屬司隸為民。以前軍將軍、輔國將軍王羅漢為左衛將軍，輔國如故，左軍王正見為太子左衛率。二十五日，義恭單馬南奔，自東掖門出，於冶渚過淮。東掖門隊主吳道興是臧質門人，冶渚軍主原稚孫是世祖故史，義恭得免。劭遣騎追討，騎至冶渚，義恭始得渡淮。義恭佐史義故二千餘人，隨從南奔，多為追兵所殺。遣濬殺義恭諸子。以輦迎蔣侯神像於宮內，啟顙乞恩，拜為大司馬，封鍾山郡王，食邑萬戶，加節鉞。蘇侯為驃騎將軍。使南平王鑠為祝文，罪狀世祖。加濬使持節、都督南徐會二州諸軍事、領太子太傅、南徐州刺史，給班劍二十人；征北將軍、南兗州刺史南平王鑠進號驃騎將軍，與濬並錄尚書事。二十七日，臨軒拜息偉之為太子，百官皆戎服，劭獨袞衣。下書大赦天下，唯世祖、劉義恭、義宣、誕不在原例，餘黨一無所問。

開林按：日期邊框為著者所加，以便醒目。

〔註 8〕見《漢書》卷六十九。

〔註 9〕眉批：「考證。」

〔註 10〕「九十一」，稿本為小字注文。

臣。如贊者云：『天子為丞相起。』後世君太尊，臣太卑。」李文貞《榕村語錄》二十七云：「古者君臣如朋友，情意相浹，進言亦易，畏憚亦輕。朱子云：『金人初起，君臣席地而坐，飲食必共，上下一心，死生同之，故強盛無比。及入汴，得一南人，教他分辨貴賤，體勢日益尊崇，而勢隨衰。』」余按：尊君卑臣，本法家之學，非儒家之學，故朱子再三言之。文貞當康熙朝，而能述朱子之說，其意固當有在也。〔註 11〕

唐釋法琳《辯正錄》第八引道士陸修靜《答宋明帝所上目錄》云：「《文子》十一卷，文陽所撰。」按：李暹以文子為辛鈃，固屬非是。〔註 12〕修靜

〔註 11〕眉批：「制度」、「掌故」。

〔註 12〕洪邁《容齋隨筆》卷十六《計然意林》：

《漢書．貨殖傳》：「粵王句踐困於會稽之上，乃用范蠡、計然，遂報強吳。」孟康《注》曰：「姓計名然，越臣也。」蔡謨曰：「『計然』者，范蠡所著書篇名耳，非人也。謂之計然者，所計而然也。群書所稱句踐之賢佐，種、蠡為首，豈復聞有姓計名然者乎？若有此人，越但用半策，便以致霸，是功重於范蠡，而書籍不見其名，史遷不述其傳乎？」顏師古曰：「蔡說謬矣。《古今人表》，計然列在第四等，一名計研。班固《賓戲》：『研桑心計於無垠。』即謂此耳。計然者，濮上人也，嘗南遊越，范蠡卑身事之，其書則有萬物錄，事見《皇覽》及《晉中經簿》。又《吳越春秋》及《越絕書》，並作計倪。此則倪、研及然，聲皆相近，實一人耳。何云書籍不見哉？」

予按：唐貞元中，馬總所述《意林》一書，抄類諸子百餘家，有《范子》十二卷，云：「計然者，葵丘濮上人，姓辛字文子，其先晉國之公子也，為人有內無外，狀貌似不及人，少而明，學陰陽，見微知著，其志沉沉，不肯自顯，天下莫知，故稱曰『計然』。時遨遊海澤，號曰『漁父』。范蠡請其見越王，計然曰：『越王為人鳥喙，不可與同利也。』」據此則計然姓名出處，皎然可見。裴駰注《史記》，亦知引《范子》。《北史》：「蕭大圜云：『留侯追蹤於松子，陶朱成術於辛文。』」正用此事。曹子建表引《文子》，李善《注》以為計然，師古蓋未能盡也。而《文子》十二卷，李暹注，其序以謂范子所稱計然。但其書一切以《老子》為宗，略無與范蠡謀議之事，《意林》所編《文子》正與此同，所謂《范子》，乃別是一書，亦十二卷。馬總只載其敘計然及他三事，云：「余并陰陽曆數，故不取。」則與文子了不同，李暹之說誤也。《唐藝文志》：《范子計然》十五卷，注云：「范蠡問，計然答。」列於農家，其是矣，而今不存。

胡應麟《少室山房筆叢》丁部《四部正譌中》：

《文子》九篇，元魏李暹注，稱老氏弟子姓辛，葵丘濮上人。自柳子厚以為駁書，而黃東發直以注者唐人徐靈府所撰。余以柳謂駁書是也。黃謂徐靈府撰，則失於深考。按：班史《藝文志》道家有《文子》九篇，注云：「老子弟子，與孔子同時，而稱周平王問，似依託者。」則漢世固以疑之。〔此注非劉向，則班固自注者。凡顏《注》自另有「師古曰」三字。〕及考梁目、《隋志》，皆有此書。〔梁十篇，隋十二篇，並見《隋書》中。〕則自漢歷隋至唐，固未嘗亡，而奚待於徐氏之偽？惟中有漢後字面，而篇數屢增，則或李暹輩潤益

以文子為文陽，亦未詳所本也。又《崇文總目》：「修靜，東晉道士。隱廬山。」據《辯正錄》及義楚《六帖》，知修靜宋人。《蓮社高賢傳》：「修靜，吳興人。少為道士，置館廬山。」蓋《崇文總目》所本。〔註 13〕

宋董南《切韻指掌圖序》云：「陸慈、李舟之《切韻》。」按：《倭名類聚抄》屢引陸詞《切韻》，陸詞蓋即陸慈。李舟《切韻》，《倭名類聚抄》亦頗引之。桂馥《札璞》六。云〔註 14〕：「《集韻》每引李舟《切韻》。案：徐鍇《說文韻譜》，徐鉉所加切音，即李舟《切韻》。舟，建中初為金部員外郎，嘗兩奉使宣諭劉文喜及梁崇義者也。」《舊唐書・經籍志》小學類：「陸慈《切韻》五卷。」

李仲約侍郎注《撼龍經》，不詳貪狼、巨門等星名所自，始每以為憾。近檢閱《大藏經》，唐大興善寺翻經院灌頂阿闍梨述《北斗七星護摩祕要儀軌》云：

於散亂之後與？〔周氏謂平王是楚平王。〕

按：文子，《漢書》不注姓名，而馬總《意林》有《范子計然》十三卷，云：「計然，姓辛，字文子。李暹所注。」蓋寔因之。然《意林》別出《文子》十二卷，其語政與今傳本同，則計然之書非此明甚，而暹輩直以名字偶合當之，故歷世承訛，至洪野處、宋景濂而後定。嘻！甚矣！第兩公言猶有未盡，余以不直文子非計然，即計然名文子，吾弗敢信也。《漢志》惟兵家有《范子》二篇，而農、雜、道家並亡稱計然者。今《意林》所錄，乃陰陽曆數之書，必魏晉處士因班傳依託為此。其姓名率烏有類，惡足據哉！

《四庫全書總目》卷一百四十六子部五十六道家類：

《文子》十二卷

案：《漢志》道家：《文子》九篇。注曰：「老子弟子，與孔子並時，而稱周平王問，似依託者也。」〔案：此班固之原注，《讀書志》以為顏師古注，誤也。〕《隋志》載《文子》十二篇，注曰：「老子弟子，《七略》有九篇，梁十卷亡。」二志所載，不過篇數有多寡耳，無異說也。因《史記・貨殖傳》有范蠡師計然語，又因裴駰《集解》有計然姓辛字文子，其先晉國公子語，北魏李暹作《文子注》，遂以計然、文子合為一人。文子乃有姓有名，謂之辛鈃〔案：暹注今已不傳，此據《讀書志》所引。〕案馬總《意林》列《文子》十二卷，注曰：「周平王時人，師老君。」又列《范子》十三卷，注曰：「並是陰陽曆數也。」又曰：「計然者，葵邱濮上人，姓辛名文子，其先晉國公子也。其書皆范蠡問而計然答，是截然兩人兩書，更無疑義。暹移甲為乙，謬之甚矣。」《柳宗元集》有《辨文子》一篇，稱其旨意皆本老子，然考其書，蓋駁書也。其渾而類者少，竊取他書以合之者多。凡孟子輩數家皆見剽竊，嶢然而出其類，其意緒文詞，又互相抵而不合。不知人之增益之歟，或者眾為聚斂以成其書歟？今刊去謬惡濫雜者，取其似是者，又頗為發其意，藏於家。是其書不出一手，唐人固已言之。然宗元所刊之本，高似孫《子略》已稱不可見，今所行者仍十二篇之本。別本或題曰《通玄真經》，蓋唐天寶中嘗加是號，事見《唐藝文志》云。

〔註 13〕眉批：「著述」、「目錄」。

〔註 14〕見《札樸》卷六《覽古・李舟〈切韻〉》。

「啟詞曰：至心奉啟北極七明娜羅貪狼、巨門、祿存、文曲、廉貞、武曲、破軍尊星。」其七星之名並與《撼龍》同，是楊筠松之所出。又金剛智譯《北斗七星念誦儀軌》亦云「佛告貪狼、破軍」等言。至《佛說北斗七星延命經》與梵天火羅九曜北斗之名並同，唯皆屬祿命家言，與楊氏用以相地者，其術稍異。宋張子微撰《玉髓經》云：「予不取九星以立名之舛，而取吉凶之義」，尤謬，蓋以貪、巨等名為不雅馴，而增輔、弼二星，與貪、巨、祿、文、廉、武、破而為九。又所謂華梵雜糅者也，然亦兼用五行。汪宗沂注《撼龍經》，以為當出《易斗圖》。按：蕭吉《五行大義》卷四引《黃帝斗圖》云：「一名貪狼，子生人所屬。二名巨門，丑亥生人所屬。三名祿存，寅戌生人所屬。四名文曲，卯酉生人所屬。五名廉貞，申辰生人所屬。六名武曲，已未生人所屬。七名破軍，午生人所屬。」《斗圖》雖見《隋志》，然依託黃帝，其名必本於釋家。惟《斗圖》以貪狼屬子，而《龍經》以貪狼屬木；《斗圖》以廉貞屬水，而《撼龍》以廉貞屬火；又其鉅異者也。《〈史記·天官書〉索隱》引馬融注《尚書》云：「北斗七星，各有所主。第一曰正日；第二曰主月法；第三曰命火，謂熒惑也；第四曰煞土，謂填星也；第五曰伐水，謂辰星也；第六曰危木，謂歲星也；第七曰剽金，謂太白也。」則七星與五星正相應。楊氏之九星與五星不甚相遠，蓋用《尚書》舊注之義。又陶弘〔註15〕景《周氏冥通記》云：「北斗有九星，今星七見，二隱。」是筠松言九星，本梁以前舊說。《漢書》：「《李尋奏記》曰：『輔湛沒。』」張晏曰：「北斗第四星旁一小星曰輔。」是輔星隱曜實漢人之說舊說。《素問》：「泰始天元冊文有九星之言。」王冰注云：「上古世質人湻，九星垂明。中古道德稍衰，標星藏曜而輔弼隱曜。」亦遠有所師承。子微以此譏之，亦適見其涉獵之未廣矣。《楚辭》注曰〔註16〕劉向《九歎》曰：「訊九魁與六神。」王逸《注》曰：「九魁，北斗九星也。」又在弘〔註17〕景之前。〔註18〕

《漢書·王吉傳》：「上宣帝疏，言得失，曰：『《春秋》所以大一統者，六合同風，九州共貫也。今俗吏所以牧民者，非有禮義科指，可世世通行者也，獨設刑法以守之。其欲治者，不知所繇，以意穿鑿，各取一切權譎自在，故一變之後，不可復修也。是以百里不同風，千里不同俗，戶異政，人殊服，詐偽

〔註15〕「弘」，底本作「宏」。

〔註16〕「注曰」，稿本無，疑衍。

〔註17〕「弘」，底本作「宏」。

〔註18〕眉批：「五行」、「術數」。

萌生，刑罰亡極，質樸日消，恩愛寖薄。』」余謂「百里不同風，千里不同俗」，則雖名為一統，實不啻分為萬國。「恩愛寖薄」，則其情不聯。「詐偽萌生」，則其氣不固。由漢以來，日甚一日。氐、羌、胡、羯遂得迭有中原，無他，不能同風共貫，階之厲也。故《春秋》大一統之義，即所以維中國也。〔註 19〕

唐釋宗密《金剛般若經疏論》云：「禮對曰唯，野對曰阿。」二語不知所出，當是《老子》「唯之與阿」之舊注也。〔註 20〕

東晉仕族，王、謝並稱。沿及梁、陳，猶相競爽。及覽《唐書》列傳，則王氏，太原、琅邪兩族尚有傳人，而諸謝風流，俄然已歇，《文苑》謝偃又非本姓。隆替之由，不可詳也。惟杼山皎然詩篇儁麗。釋贊寧《宋高僧傳》云〔註 21〕：「皎然，姓謝，名晝，康樂侯十世孫。好為五雜俎篇，用意奇險，實不忝江南謝之遠裔矣。」所箸《呶子》十卷，惜已不傳。又《唐金陵莊嚴寺慧涉傳》〔註 22〕云：「姓謝氏，會稽人，即東晉太傅安之後。」《秣陵記》曰：「南澗竭，謝氏滅」，見釋皎然《早春書懷》詩自注。〔註 23〕豈其驗歟？〔註 24〕

王貽上《隴蜀餘聞》云〔註 25〕：「門人陳戶部子文奕僖說所見數奇姓：算、真定人。香、山東人。炅。音桂。而最奇者，崇效寺碑陰列名有斬姓。」余按：炅模、香九齡，皆古之名人，惟算姓稀見耳。斬姓，桂未谷以為必出唐人改惡人姓名〔註 26〕，氏族不當有此。〔註 27〕

〔註 19〕眉批：「治略。」

〔註 20〕眉批：「佛經」、「考證」。

〔註 21〕見《宋高僧傳》卷二十九。

〔註 22〕見《宋高僧傳》卷二十九。

〔註 23〕見《全唐詩》卷八百十六，題為《早春書懷寄李少府仲宣》。

〔註 24〕眉批：「人物。」

〔註 25〕此語又見王士禎《居易錄》卷二十八。

〔註 26〕桂馥《札樸》卷五《覽古・賜惡姓》：

> 古銅印有斬俞之印。案：斬非本姓，蓋以罪賜惡姓也。隋楊玄感作亂，弟玄獎等皆梟磔，公卿請改姓為梟氏。宋竟陵王誕既誅，詔貶姓留氏。梁豫章王綜投魏，有司奏絕屬籍，令其子改姓悖氏。武陵王紀既死，上命絕屬籍，賜姓饕餮氏。北齊巴東王子響有罪，絕屬籍，易姓蛸氏。唐竇懷貞與太平公主謀逆，投水死，既戮其屍，改姓毒氏。又改新興王晉之姓曰厲。武后誅，武惟良等諷有司，改姓蝮氏。又有改名者。《左傳》：「楚滅若敖氏，克黃，自齊還，使復其所，改命曰生。」《通鑒》：「高句麗送宋晃於燕，燕王赦之，更名曰活。」又有改官者。元魏宦者苻承祖坐贓禁錮，改除悖義將軍，封佞濁子。江西有哀氏、衰氏，皆賜姓。今哀改為衷，衰猶未改信。案：永樂間有哀姓者，上憎其名，為改作衷。見《寄園寄所寄》。

〔註 27〕眉批：「氏族。」

《阿毘達磨大毘婆沙論第一》云:「譬如池中雖有種種嗢鉢羅等眾妙蓮華，若日月光不照觸者，則不開發，出種種香。要日月光之所照觸，乃得隨類開發出香。」是日光能益於草木，天竺已有此說。張壽浯《農學論》云:「樹木花草五穀欲其生長茂盛，必多藉太陽之光力。受太陽之光力若干，則必有若干之體質變化。故西國農家必以寒暑表考察地土所受之日力及其存熱之度云。」按：傅蘭雅《格致彙編》言電光亦能使植物增長，故知月照亦當有益。特譯書未備，中國農學家亦未能研究及此耳。〔註28〕

陸桴亭《思辨錄・天道類》云〔註29〕:「日為至陽之精，陽氣能生萬物，故日所至之處，萬物即隨之生。南至而為冬，北至而為夏，夏則物生，冬則物死。在中原皆然。惟嶺南四時皆熱，而草木亦多不死，近日故也。北方則多沙漠，不毛矣，遠日故也。」北涼曇無讖譯《佛所行贊》卷二云:「猶如初日光能感群乳牛，增出甜香乳。」日光能增牛乳，此當問之化學光學家矣。

唐釋義淨《南海寄歸內法傳》注云:「雞貴者，西方名高麗國為俱俱吒醫說羅。俱俱吒是雞，醫說羅是貴。西方傳云:彼國敬雞神而取尊，故戴翎羽而表飾矣。」又義淨《大唐西域求法高僧傳》云:「西方喚高麗為矩矩吒䭾說羅，梵語也。」俱俱、矩矩字異。〔註30〕

宋孟珙《蒙韃備錄》曰:「太師國王沒黑肋按:即木華黎。止有一子，名袍阿。美容儀，不肯剃婆焦，只裹巾帽，著窄服。」按:不剃婆焦，蓋不肯用綰髻之制。只裹巾帽，則慕華風也。元黃溍《拜住碑》:「高祖孛魯為木華黎之子」，豈即袍阿歟?〔註31〕

鄭所南《心史》卷下云:「韃主剃三搭辮，髮頂笠，穿靴。三搭者，環剃，去頂上一彎頭髮，留當前髮，翦短，散垂，卻析兩旁髮，垂綰兩髻，懸加左右肩衣襖上，曰不狼兒。言左右垂髻礙於回視，不能狼顧。或合辮為一，直拖垂衣背。」按:此可考元人剃髮之制。其合辮為一拖垂衣背者，則與滿洲制度相同。至不狼是蒙古語，所南就文生義，未得其實。不狼兒者即《淨髮須知》之鉢浪川也。〔註32〕

〔註28〕眉批:「農務」、「種植」。

〔註29〕見清・陸世儀《思辨錄輯要》卷二十四《天道類》。

〔註30〕眉批:「夷情」、「入卷四雞翎條」，即卷四「釋慧琳《大藏音義》卷八十云」一條。

〔註31〕眉批:「夷情」、「身體」、「連下頁」。

〔註32〕眉批:「又」，「此條之上加入十九冊十六頁《永樂大典》云之一條」，即卷二

元張德輝《塞北紀行》云：「大宴所部於帳前，自王以下皆衣純白裘。」與所南《心史》所記虜主衣裘之制亦合。

《留青日劄》云：「宋淯熙中，剃削童發，必留大錢許於頂左，右偏頂，或留之頂前，束以綵繒宛，若博焦之狀，曰鵓角。」〔註33〕

南昌彭光鼎《閒處光陰》云：「從前男子蓄髮，亦非生而蓄之。白傅詩云『膩鬌新胎髮』是也。」但不知惟鬌此一次，抑似今之女子，至數歲才全蓄。嗣讀宋王暐《道山清話》云：「垂簾時，一日早朝執政，因理會事，太皇太后命一黃門於內中取案上文字來，黃門倉卒取至，誤觸上，襆頭墜地，時上未著巾也，但見新鬌頭，撮數小角兒。」乃知竟如今女子之例也。《東觀漢記》：「馬援擊尋陽山賊，上書曰：『除其竹木，譬如嬰兒頭多蟣虱，鬌之蕩然，無所復附。』」然則鬌髮亦古有之事。法蘭西人《東遊隨筆》云：「華人四周之發剃去，類突厥回種。」余疑古時雖有剃髮事，而剃四周髮必始於元世。

宋僧文瑩《湘山野錄》卷下云：「真宗深念稼穡，聞占城稻耐旱，西天菉豆子多而粒大，各遣使以珍貨求其種。占城得種二十石，至今在處播之。西天中印土得菉豆種二石，不知今之菉豆是否。始植於後苑，秋成日，宣近臣嘗之，仍賜占稻及西天菉豆御詩。」〔註34〕

《藝文類聚》瓜果類引《廣志》，已有燉煌瓜，然則西瓜入中國，似不始於五代。楊用修云〔註35〕：「余嘗疑《本草》瓜類不載西瓜，後讀五代胡嶠《陷虜記》，見《五代史・四夷・附錄》。嶠於回紇得瓜種，結實大如斗，名曰西瓜。則西瓜由嶠入中國也。」此說殆未足據。〔註36〕

任昉《述異記》：「張騫苜蓿園，今在洛中。苜蓿本胡中菜也，張騫始於西戎得之。」〔註37〕

十「《永樂大典》卷一萬四千一百二十五剃字韻下」一條；「入《髮鬚知薙》條後，略加案語」。

另，此條下稿本有「《元敕修百丈清規》卷五云：『選日既定，隔宿剃頭，頂心留髮，云名曰周羅。梵語周羅，此云小結也』」一條，有刪除標識。此條已見卷二十「《永樂大典》卷一萬四千一百二十五剃字韻下」一條中。

〔註33〕按：此條重複，已見卷七。

〔註34〕眉批：「草木」、「農務」、「入占城稻一條、西域□□條內」。

〔註35〕見楊慎《丹鉛總錄》卷四《西瓜》。

〔註36〕眉批：「草木。」

〔註37〕眉批：「又。」

《隋志》地理類有《張騫出關記》一卷。〔註 38〕

英吉利人赫胥黎《天演論》云〔註 39〕:「由印度漸迤以西,希臘、猶太、意大利諸國,當周漢之際,迭為文明之邦。說者或謂彼都學術與亞南諸教判行,不相祖述,或謂西海所傳,盡屬東來舊法引緒分支。二者皆未考其實。平情而論,乃在二說之間蓋歐洲學術之興,亦如其民之種族,其始皆自伊蘭舊壤而來。源遠支交,新知踵出,理可思也。」余謂底摩革利都遊印度、巴西諸國,而後創萬物皆具同式原質微點之言;亞歷山特破巴比倫時,亞利斯多始受日食表於嘉臘;則希臘學術其藉資於他山之石者多矣,不相祖述之言,何其褊歟!〔註 40〕

《漢書・高帝紀》〔註 41〕:「五年詔:民以飢餓自賣為人奴婢者,皆免為庶人。」宋〔註 42〕葛洪《涉史隨筆》云〔註 43〕:「古稱良賤,皆有定品。良者即是良民,賤者率皆罪隸。今之所謂奴婢者,概本良家,既非氣類之本卑,又非刑辟之收坐,不幸迫於兵荒,陷身於此,非上之人有以蕩滌之,雖欲還齒平民,殆將百世而不可得。高帝之詔,真知君道矣。意者蕭何有以輔之歟?」按:氣類本卑,蓋若唐道州貢矮奴之類。然陽城論奏,已云但有矮民,無矮奴矣。白氏《諷諫・七德舞篇》自注云:「貞觀二年,大饑,有賣男女者,詔出內府金帛盡贖之,以還父母。」是唐太宗亦有此事,惜行之未廣耳。近者歐洲諸國,英吉利禁掠賣黑人為奴,俄羅斯主出帑偏贖奴婢數十萬,悉為平民,皆可謂仁政,有中國英主之風者也。〔註 44〕

陶宗儀《輟耕錄》卷十七云:「今蒙古、色目人之臧獲,男曰奴,女曰婢,總曰驅口。蓋國初平定諸國,日以俘到男女匹配為夫婦,而所生子女永為奴婢。刑律:私宰牛馬,杖一百;毆死驅口,比常人減死一等,杖一百七。所以視奴婢與馬牛無異。按《周禮》:『其奴,男子入於皁隸,女子入於舂槁。』《說文》:『奴婢皆古罪人。』夫今之奴婢,其父母初無罪惡,而世世不可逃,亦可痛已。」元人待民如此,宜其國祚之不長也。

〔註 38〕眉批:「著述」、「目錄」。
〔註 39〕(英)托馬斯・赫胥黎著,嚴復譯《天演論》論十一《學派》。(第 94 頁)
〔註 40〕眉批:「西學。」
〔註 41〕見《漢書》卷一下。
〔註 42〕按:「宋」當是「晉」之誤。
〔註 43〕見晉・葛洪《涉史隨筆・漢高帝詔免奴婢自賣者為庶人》。
〔註 44〕眉批:「刑法」、「治略」、「奴婢」,「此條接本冊四十六頁並接廿九冊卅二頁」。

德國李伯爾《行軍訓戒》云：「以人為奴，屬律例，不屬公法。羅馬律曰：以天理論之，世人本皆平等。是以奴僕逃入他國，歐洲國法恒以自主處之。若敵國所蓄奴僕，或被我兵拏獲，或自逃來歸，即作自主論，彼國或舊主皆不得藉端索還。」〔註45〕

《漢書・藝文志》：「《海中星占驗》十二卷」，又「《海中二十八宿國分》二十八卷」。王伯厚《考證》曰〔註46〕：「《〈後漢・天文志〉注》引《海中占》，《隋志》有《海中星占星圖》、《海中占》各一卷，即張衡所謂海人之占也。《唐・天文志》：『開元十二年，詔太史交州測景，以八月自海中南望老人星殊高，老人星下，眾星粲然，其明大者甚眾，圖所不載，莫辨其名。』」按：李淳風《乙巳占》錄古占書目，尚有《海中占》，《開元占經》亦引之，並無奇辭奧義。然觀星者必於海中乃見其全，且驗測海里得知遠近，西漢已有海占之術，則當時遠泛溟渤已有其人，且能仰測天文，要非淺識。蹤迹茫昧，文獻莫詳，徒令人發思古之幽情耳。〔註47〕

又按《史記・天官書》云：「甲乙四海之外，日月不占。」然則《漢志》所錄《海中星占》者，殆僅占四海之內，而非海人之占歟？《二十八宿國分》皆就中國言，即所謂不占四海之外也。書脫簡絕，姑設一通，以俟後人。〔註48〕

方以智《通雅》卷十一云：「《天官書》晉注：『甲乙主海外，以遠不關中夏事，故不占。』智按：《漢・藝文志》有《海中占》，豈漢時亦有言海外星者，中國置之甲乙科而不問邪？」〔註49〕

元微之《和樂天送客遊嶺南》詩自注云：「交、廣間，南極浸高，北極浸低，圓規度外，星辰至眾。大如五曜者數十，皆不在《星經》。」按：此即由交、廣渡海至南洋各島者所見也。以此占星，則《海中占》矣。〔註50〕

宋釋贊寧《高僧傳・譯經篇》論曰〔註51〕：「今立新意，成六例焉。謂譯字譯音為一例，胡語梵言為一例，重譯直譯為一例，麤言細語為一例，華言雅俗為一例，麤語密語為一例也。初則四句，一譯字不譯音，即陀羅尼是；二

〔註45〕眉批：「又。」
〔註46〕見宋・王應麟《漢藝文志考證》卷九。
〔註47〕眉批：「天文。」
〔註48〕眉批：「又。」
〔註49〕眉批：「又。」
〔註50〕眉批：「又。」
〔註51〕見《宋高僧傳》卷三《譯經篇第一之三》。

譯音不譯字，如佛胷前卍字是；三音字俱譯，即諸經律中純華言是；四音字俱不譯，如經題上ᔑ、～二字是。第二，胡語梵言者。一，在五天竺，純梵語。二，雪山之北是胡。山之南名婆羅門，國與胡絕，書語不同。從羯霜那國，字源本二十餘言，轉而相生；其流漫廣，其書豎讀，同震旦歟。至吐貨羅言音漸異，字本二十五言，其書橫讀。度葱嶺南迦畢試國，音字同吐貨羅。已上雜類為胡也。若印度言字，梵天所製，本四十七言，演而遂廣，號青藏焉。有十二章，教授童蒙，大成五明論，大抵與胡不同。五印度境，彌亙既遙，安無少異乎？又以此方始從東漢傳譯，至於隋朝，皆指西天以為胡國，且失梵天之苗裔，遂言胡地之經書。彥琮法師獨明斯致，唯徵造錄痛責。彌天謂釋道安。符佛地而合阿含，得之在我；用胡名而迷梵種，失則誅誰。唐有宣公，謂道宣律師。亦同鼓唱。自此若聞彈舌，或睹黑容，印定呼為梵僧，雷同認為梵語。琮師可謂忙於執斧捕前白露之蟬，瞢在回光照後黃衣之雀。既云西土有梵有胡，何不南北區分？是非料簡，致有三失：一、改胡為梵，不析胡開，胡還成梵，失也；二、不善胡梵二音，致令胡得為梵，失也；三、不知有重譯，失也。當初盡呼為胡，亦猶隋朝已來，總呼為梵，所謂過猶不及也。三，亦胡亦梵。如天竺經律，傳到龜茲，龜茲不解天竺語，呼天竺為印特伽國者，因而譯之；若易解者，猶存竺語。如此胡梵俱有者是。四，二非句，純華言是也。第三，重譯直譯者。一、直譯。如五印夾牒直來東夏譯者是。二、重譯。如經傳嶺北樓蘭焉耆，不解天竺言，且譯為胡語。如梵云鄔波陀耶，疏勒云鶻社，于闐云和尚；又天王梵云拘均羅，胡云毗沙門是。三、亦直亦重。如三藏直齎夾牒而來，路由胡國，或帶胡言，如覺明口誦曇無德律中有和尚等字者是。四、二非句。即齎經三藏，雖兼胡語，到此不翻譯者是。第四，麤言細語者。聲明中一蘇漫多，謂汎爾平語言辭也；二彥底多，謂典正言辭也。佛說法多依蘇漫多，意住於義，不依於文，又被一切故，若彥底多，非諸類所能解故，亦名全聲者，則言音分明典正，此細語也。半聲者，則言音不分明而訛僻，此麤語也。一、是麤非細。如五印度時俗之言是。二、唯細非麤。如法護寶雲奘師義淨，洞解聲明音律，用中天細語典言而譯者是。三、亦麤亦細。如梵本中語涉麤細者是。或注云此音訛僻，即麤言也。四、二非句。闕。第五，華言雅俗者。亦云音有楚夏同也。且此方言語，雅即經籍之文，俗乃街巷之說，略同西域，細即典正，麤即訛僻也。一、是雅非俗。如經中用書籍言是。二、是俗非雅。如經中乞頭博頰等語是。三、亦雅亦俗。非學士潤文，信僧執筆，渾金璞玉，交雜相投者是。四、二非句，闕，第六、直語密語者。二種作句，涉俗為直，涉真為密，如婆留師是。一、是直非密。謂婆留師翻為惡口性〔註 52〕，以惡口人人不親近故。二、是密非直。婆留師翻為菩薩所知彼岸也，既通達三無性理，亦不為眾生所親近故。三、兩亦句。即同善惡真俗，皆不可親近故。四、二非句。謂除前相故。又阿毗持阿婁、目數數得定。鬱婆提、目生起拔提棄背。婆羅，目真實離散亂。此諸名在經論中例顯直密語義也。」邇來廣譯西書，藉開學術，譯人淺陋，多所牴牾。宜明條例，庶宏考鏡。唐釋彥琮《辯正論》云：「要識梵言，乃閒正譯，不昧彼學。薄閱蒼雅，麤諳篆隸，不昧此文。」見釋道宣《續高僧傳》卷二。斯誠足以垂翻譯之式矣。《湘山野錄》云〔註 53〕：「太宗欲知古高僧事，贊寧撰《高僧事略》十卷進呈，今不傳。」宋葉少蘊《避暑錄話》卷下。云：「釋氏論佛菩薩號，皆以南謨冠之，自不能言其義。夷狄謂拜為膜，音謨。《穆天子傳》：『膜拜而受。』蓋三代已有此稱，若云居南方而拜。爾〔註 54〕既訛為謨，又因之為南無、南摩按：南無，譯言敬禮也。南字亦有音無義。此說附會，非是。《後漢・楚王英傳》：『伊蒲塞之饌。』伊蒲塞即梵語優婆塞，時佛語猶未至中國，蓋西域之譯云。然如身毒與天竺，其國名尚訛，何況語乎？」余按：優與伊一聲之轉。天竺、身毒音近，非訛。少蘊蓋知胡梵之殊要，足助贊寧張目也。〔註 55〕

又按史游《急就篇》：「竺諫朝。」唐顏籀注云：「竺氏本天竺國人也，來歸於漢，而稱竺氏。天竺即身毒，亦謂之捐毒。漢有竺次者，即其人焉。」是漢時天竺人來中國，且入籍受氏矣。葉石林以為「佛語未至中國」，或未必然。〔註 56〕

《大唐西域記》云：「狼揭羅國西北至波剌斯國。」注云：「舊曰波斯略也。」按：唐人譯西域國名，大抵從略。如石國、曹國、康國之類，皆以一字為稱，蓋取便文字，兼易記憶，且略其半音，適合中國聲理，未可以後人之詳議當時之簡也。洪遵《泉志》卷十二云：「按《西域記》，波利斯國舊曰波斯，

〔註 52〕「性」，《宋高僧傳》作「住」。

〔註 53〕見釋文瑩《湘山野錄》卷下。

〔註 54〕「爾」，《避暑錄話》作「膜」。

〔註 55〕眉批：「繙譯。」

〔註 56〕此條下稿本有「《癸辛雜識・後集》云：『譯者之稱見《禮記》。今北方謂之通事，南蕃舶謂之唐帕，西方蠻徭謂之蒲義〔去聲〕。皆譯之名也』」一條，有刪除標識。按：此則見於卷二十五「《癸辛雜識・後集》云」一條，不及其詳。

貨用大銀錢，戶課賦稅，人四銀錢。」然則波斯、波刺斯一也。《唐史》云波斯居達遏水，又於他國旁出云波刺斯治蘇刺薩倘那城，賦稅口出四銀錢。二書所載口稅同，而史氏不於波斯國表見，豈誤以為二國耶？

《大清一統志》卷四百二十四云：「婆羅又名文萊，東洋盡處，西洋所自起也。」按：文萊為巫來由對音字。唐釋義淨《南海寄歸內法傳》云：「南海諸洲有十餘國，從西數之，有婆魯洲、末羅遊洲，即今尸利佛逝國。」是婆魯即婆羅，末羅遊即巫來由之對音。蓋本二洲地，特最相近，同為巫來由之種人耳。〔註 57〕

《一統志》又云〔註 58〕：「南渤利在西南海中，自古不通中國。相傳自蘇門答刺而西順風三日夜，可到其國境。西北有山甚高峻，曰帽山。山西大海，即西洋也，番名那沒黎洋。往來洋船，俱望此山為準。」按《島夷志略》云：「地當喃𩃇哩之要衝，大波如山，動盪日月。望洋之際，疑若無地。民居環山。」喃𩃇哩即那沒黎之對音。民所環之山，即帽山矣。王圻《續文獻通考》有帽山，即此地。《明史》稱其風俗樸實，《島夷志略》則謂其俗尚刦掠，蓋貢使之言，但述其美矣。

又〔註 59〕：「麻葉甕，一名麻葉凍。」按：《島夷志略》作麻逸。王圻《續獻通考》述其風俗，即本汪大淵書。

祝允明《野記》有西瀾，即今所謂錫蘭，古師子國也。

杜樊川《懷鍾陵舊遊》詩云〔註 60〕：「連巴控越知何事，珠翠沈檀處處堆。」王介甫《送程公闢知洪洲》詩亦云〔註 61〕：「沈檀珠犀集萬商，輸瀉交廣流荊揚。」是江西於唐、宋時為商賈彙集之所。《沈下賢集》卷四《郭常傳》云：「郭常，饒人，業醫。居饒中江，其南導自閩，頗通外夷、波斯、安息之貨。國人有轉估於饒者，病亟請常。常診曰：『病可去也。』估曰：『誠能生我，我酬錢五十萬。』」是當時海舶之人且徧達內地矣。自明時嚴海禁，此等風氣後來殆未有知之者。〔註 62〕

〔註 57〕眉批：「又」、「夷情」。
〔註 58〕見《嘉慶大清一統志》卷五百五十九《南渤利》。
〔註 59〕見《嘉慶大清一統志》卷五百六十《麻葉甕》。
〔註 60〕《懷鍾陵舊遊四首》之二，見《全唐詩》卷五百二十三。
〔註 61〕見《臨川先生文集》卷六。
〔註 62〕眉批：「掌故」、「詩題俟檢，恐記憶不確」。

宋徐度《郤埽篇》卷下云：「國朝財賦之入，兩稅之外多矣。因事所增，條目甚繁。當官者既不能悉其詳，吏因得肆為奸利，民用重困。仁宗朝或請凡財賦窠名宜隨類併合，使當官者易於審察，可以絕吏姦，論者皆以為然。時程文簡公琳為三司使，獨以為不可，曰：『今隨類併合，誠為簡便。然既沒其窠名，莫可稽考。他日有興利之臣，必復增之，則病民益甚矣。』於是眾莫能奪。」明黃宗羲《明夷待訪錄》云〔註 63〕：「唐初立租庸調之法，有田則有租，有戶則有調，有身則有庸。租出谷，庸出絹，調出繒纊布麻。楊炎變為兩稅，人無丁中，以貧富為差。雖租庸調之名渾然不見，實並庸調而入於租也。至宋未，減庸調於租內，而復斂丁身錢米，後世安之，謂兩稅，租也；丁身，庸調也。豈知其為重出之賦乎？使庸調之名不去，何至是耶？有明兩稅丁口而外，有力差，有銀差，蓋十年而一值。嘉靖末行一條鞭法，通府州縣十歲中夏稅、秋糧、存留、起運之額，均徭、里甲、土貢、顧募、加銀之例，一條總徵之，使一年而出者分為十年，及至所值之年，一如餘年，是銀力二差又併入於兩稅也。未幾而里甲之值年者，雜役仍復紛然。其後又安之，謂條鞭兩稅也。雜役，值年之差也，豈知其為重出之差乎？使銀差力差之名不去，何至是耶？」此可以見理財之道，宜知沿革。程琳之論確不可移。本朝嘉慶間，陋規之議有鑑於此，故能反汗，民受其賜多矣。夫財賦紛繁，責之胥吏，歲計之表不彰於朝野，國計之大不任乎士夫。漢、晉以來，失之久矣。即有條其綱目者，亦不過彼善於此耳，安得明於三代之制者與之，舉天下之財，濟天下之用哉！〔註 64〕

元王冕元章曰〔註 65〕：「子房志在報韓，孔明志在興漢，志雖正而心則狹。志於生民者，其唯伊周乎？」唐柳子厚曰〔註 66〕：「伊尹之大，莫大於五就桀。」二說皆不刊之論。〔註 67〕

越南自乾隆間改封安南國，或不知所始。按：周益公《玉堂雜記》云〔註 68〕：「淯熙丙申八月乙未，都堂召議賜交趾來年曆日詔書。予謂李天祐去冬已薨，龍翰未經封拜，欲作安南國王嗣子龍翰，執政然之。故事：其王初立，即封交趾郡王，久之進南平王，死則贈侍中、南越王。天祚自紹興丁巳嗣

〔註 63〕見黃宗羲《明夷待訪錄．田制三》。
〔註 64〕眉批：「財賦。」
〔註 65〕見清．焦袁熹《此木軒雜著》卷八《王元章》。
〔註 66〕見《河東先生集》卷十九《伊尹五就桀贊》。
〔註 67〕眉批：「論史。」
〔註 68〕見宋．周必大《玉堂雜記》卷中。

位，今四十年，湻熙元年自南平王特封安南國王。安南為國，蓋曾丞相之失，聞奏章行移，舊止稱安南道，加封之後，浸自尊大，文書稱國，不復可改。丁酉三月，制授龍翰安南國王，不封郡王。交州在唐為安南都護府。」按《五代會要》：卷二十四〔註69〕。「梁乾化元年十二月，以大理卿王膳為安南送旌節官告使。」則越南但稱安南亦已久矣，特未以為國耳。〔註70〕

南宋重《說文》之學者，朱子而後，當以魏了翁為最。《鶴山題跋》卷四《跋徐明叔篆赤壁賦》云：「才知之士滿天下，而書學不得其傳。許叔重稽諸通人，作《說文解字》，猶未能無闕誤。李少溫中興篆籀，而所刊定尚多臆說。信書學之難能也。徐鼎臣、楚金兄弟最有能稱，一時如鄭仲賢、郭恕先皆號善書，皆自許氏。非謂許氏果能盡字書之蘊，蓋捨此則放而無據耳。舊聞徐明叔善篆，今觀其遺墨，則《說文解字》之外自為一家。雖其名『競』字見於印文者，亦與篆法不同。」此條以捨《說文》作篆為放而無據，可謂深通小學。此張有、吾邱衍之書所為作也。

韓昌黎言：「凡為文辭，須略識字。」〔註71〕邵博《聞見後錄》卷二十七〔註72〕記李公叔云：「東坡每出，必取聲韻音訓文字復置行篋。」據此，如文章家不可不通小學。

歐陽永叔《跋郭忠恕小字說文字源》云：「五代干戈之際，學校廢。君子道消之時，猶有如忠恕者。國家為國百年，天下無事，儒學盛矣。獨於字書忽廢，幾於中絕。故余每與君謨歎息於此。」《六一題跋》卷十。是文忠亦甚重小學也。〔註73〕

《容齋四筆》卷十二云〔註74〕：「唐制：國子監置書學博士，立《說文》、石經、《字林》之學。大曆十年，司業張參纂成《五經文字》，以類相從。開成中，翰林待詔唐玄度又加九經字樣。晉開運末，祭酒田敏合二者為一編，並以考正俗體訛謬。今之世，不復詳考。雖士大夫作字，亦不能悉如古法矣。」〔註75〕

〔註69〕「卷二十四」，稿本在「告使」之後。
〔註70〕眉批：「掌故。」
〔註71〕見《詳注昌黎先生文集》卷十三《科斗書後記》。
〔註72〕「卷二十七」，稿本為小字注文。
〔註73〕眉批：「又。」
〔註74〕見《容齋四筆》卷十二《小學不講》。
〔註75〕眉批：「又。」

侍讀、侍講，職在說經，以動人主。故近時請復日講之奏，時時有之。格而不行，大臣之過也。然余觀宋陳善《捫虱新話》卷六〔註76〕云：「有楊安國者為侍講，講《論語》，至『一簞食，一瓢飲』，乃操俚語曰：『官家，顏回甚窮，但有一籮粟米飯，一葫蘆漿水。』又講『自行束脩以上，吾未嘗無誨焉』，遽啟曰：『官家，孔子教書也，須要錢。』上大哂之。」如此之類，匹諸僧道爭論，倡優諧謔，將何以異！程伊川任崇政殿說書，請復坐講，誠大儒之卓識，且以救當時之弊習也。〔註77〕《湘山野錄》〔註78〕中云：「皇祐中，楊待制安國邇英閣講《周易》，至《節》卦，有『慎言語，節飲食』句。楊以語樸，仁宗反問賈魏公，魏公曰：『在王者言之，命令為言語，燕樂為飲食。君天下者，當慎命令，節燕樂。』上大喜。後講《論語》，當經者乃東北一明經臣，講至『自行束脩以上』之文，忽進數談，殆近乎攫，按：當是「優」字之訛。曰：『至於聖師誨人，尚得少物，況餘人乎？』侍筵群公驚愧汗浹。」據此，則安國但嫌語樸，其講「孔子教書也要錢」者，乃別一明經也，與《捫虱新話》所聞略異。

宋張端義《貴耳集》卷上云：「章聖講《周禮》，至『典瑞有琀玉』，問何義。講官答曰：『人臣卒，給之琀玉，欲使骨不朽耳。』章聖曰：『人臣但要名不朽，何用骨為？』」此又不仁之言，錄之可為後世人君之戒。〔註79〕

邵廷采《思復堂集·倪文正公元璐傳》云：「故事：講義撰自講官，取裁內閣。公初直講，用催科賦額箴切時政，溫體仁謂語意峭急，發改，公不可。時上意向公。一日，講《說命》『惟暨乃僚，罔不同心』，體仁在側，公語直，侵政府，上怫然，以手抵書盡幾端，印首上視。公徐申正義，音吐弘亮，卒霽容受焉。」案：取裁內閣，制法未善，文正則能舉其職者也。〔註80〕

唐貞觀間敕撰群經《正義》，其時鄭、虞二氏《易》，韓《詩》，馬、鄭《尚書》，服氏《左傳》猶存，而用《偽孔書傳》、王輔嗣《易注》，後儒所不概於心者也。然觀魏文貞《群書治要》，其書成於《正義》之前，而所錄經注，各家悉同沖遠，知一時所尚如此，非出太宗獨斷也。余閱張懷瓘《書斷》云：

〔註76〕「卷六」，稿本為小字注文。

〔註77〕眉批：「掌故。」

〔註78〕按：此下文字原在下一條「宋張端義《貴耳集》卷上云」之下，眉批：「此條坿注前一條後。」

〔註79〕眉批：「又。」

〔註80〕眉批：「又。」

「夫人才智有所偏，工取其長，而捨其短。」諺曰：「韓詩鄭易掛著壁。」易壁，韻語，猶有漢晉遺風。是韓《詩》、鄭《易》當時悉不通行，而撰定諸儒方以為用長棄短矣。〔註 81〕

瞿鏞《藏書目錄》卷三：〔註 82〕。「元劉貞仁《類編歷舉三場文選詩義》八卷。案：皇慶詔《書》、《詩》以朱氏為主，《尚書》以蔡氏為主，《易》以程、朱為主，已上三經兼用古注疏。此載湖廣鄉試考官彭縣丞士奇批聶炳文云：『習詩書者之於朱《傳》、蔡《傳》，宜必在所熟講。然求其合者甚少。此卷雖不盡合，蓋鐵中之錚錚者。』其去取如此，宜古注疏之遂廢矣。」余案：元、明經學尤遜於宋，此亦得失之關鍵也。〔註 83〕

文信公上宋理宗書云〔註 84〕：「古者，天子之於大臣，或賜坐，或賜食，或奏事至日昃，或論至夜分。凡皆以通上下之情為國家至計也。賜茶之典，五代時猶有之。惟國初范質、王溥頗存形迹，此事遂廢。陛下莫如稍復古初，脫去邊幅，於禁中擇一去處，去處猶言他所。聚兩府大臣，日與議軍國大事。陛下賜之款密，親是非可否於其間。」按：此信公欲復坐論之禮也。〔註 85〕

呂成公《麗澤講義》曰〔註 86〕：「君臣之間，君當求臣，臣不可先求君。」

宋邵博《聞見後錄》卷一曰：「自唐以來，大臣見君，則列坐殿上，然後議所進呈事，蓋坐而論道之義。藝祖即位之一日，宰執范質等猶坐。藝祖曰：『吾目昏，可自持文書來看。』質等起進呈，罷，欲復位，已密令中使去其坐矣，遂為故事。」案：君使臣以禮，不坐則不得為臣。大臣既卑，則君亦不足以為君。藝祖此舉，乃朱溫之所不為。其後不嗣，宜矣。葉石林《避暑錄話》謂〔註 87〕「范魯公質謙慎隱晦。只如群臣除議一事，自唐以來，皆宰相自除而進書旨，常朝進見，非軍國大事不議。至魯公始正之，皆請面受旨而後行，至今以為故事」。是失宰相之職者，自范質始，然豈非窺藝祖之意旨而為之者耶？〔註 88〕

〔註 81〕眉批：「經義。經。」

〔註 82〕「卷三」，稿本為小字注文。

〔註 83〕眉批：「又。」

〔註 84〕見宋・文天祥《文山先生全集》卷三，題為《己未上皇帝書》。

〔註 85〕眉批：「掌故」、「另一頁抄」。

〔註 86〕見宋・呂祖謙《麗澤論說集錄》卷二《門人集錄易說下》。

〔註 87〕見《避暑錄話》卷上。

〔註 88〕眉批：「又。」

沈存中《夢溪筆談》卷二十五曰：「陳文忠為樞密，一日，忽有中人傳召入禁中。已有數人先至，立廷中，繼至者凡七人，記文忠、丁謂、杜鎬三人而已。良久，乘輿自宮中出，宴具甚盛，捲簾令不拜，升殿就坐，御座設於席東，設文忠之座於席西，如常人賓主之禮。堯叟等皆惶恐，不敢就位。上宣諭不已，堯叟懇陳自古未有君臣齊列者，至於再三，上作色曰：『本為天下太平，朝廷無事，思與卿等共樂之。若如此，何如就外朝開宴？』堯叟等皆趨下稱謝，上急止之曰：『此等禮數且皆置之。』」是宋時君臣尚有曲宴敘坐之事，非直奴僕視之也。至蔡京所記太清樓特燕，見《揮麈餘話》卷一。〔註 89〕雖亦賜坐，然君臣之間凶德參會，又不足紀矣。〔註 90〕

沈存中《夢溪筆談》卷一曰：「中國衣冠，自北齊以來，乃全用胡服，窄袖緋綠短衣，長靿靴，有鞢𩋾帶，皆胡服也。窄袖利於馳射，短衣長靿皆便於涉草。胡人樂茂草，常寢處其間，予使北時皆見之。帶衣所垂蹀躞，蓋欲佩帶弓劍、帉帨、算囊、刀礪之類。後雖去蹀躞，而猶存其環，環所以銜蹀躞，如馬之鞦根，即今之帶銙也。天子必以三環為節，唐武德、正觀時猶爾。開元之後，雖仍舊俗，而稍褒博矣，然帶鉤尚穿帶本為孔。本朝加順折，

〔註 89〕宋・王明清《揮麈錄》揮麈後錄餘話卷一：

祐陵癸巳歲，蔡元長自錢唐趣召再相，詔特錫燕於太清樓，極承平一時之盛。元長作記以進，云：「政和二年三月，皇帝制詔，臣京宥過告愆，復官就第。命四方館使榮州防禦使臣童師敏齎詔召赴闕，臣京頓首辭。繼被御箚手詔，責以大義，惶怖上道。於是飲至於郊，曲燕於垂拱殿，祓禊於西池，寵大恩隆，念無以稱。上曰：『朕考周宣王之詩：吉甫燕喜，既多受祉。來歸自鎬，我行永久。飲御諸友，炰鱉膾鯉。其可不如古者？』詔以是月八日開後苑太清樓，命內客省使保大軍節度觀察留後帶御器械臣譚積、同知入內內侍省事臣楊戩、內客省使保康軍節度觀察留後帶御器械臣賈祥、引進使晉州管內觀察使勾當內東門司臣梁師成等伍人，總領其事。西上閤門使忠州刺史尚藥局典御臣鄧忠仁等一十三人，掌典內謁者職。有司請辦具上，帝弗用。前三日，幸太清，相視其所，曰『於此設次』、『於此陳器皿』、『於此置尊罍』、『於此膳羞』、『於此樂舞』。出內府酒尊、寶器、琉璃、馬瑙、水精、玻璃、翡翠、玉，曰：『以此加爵，致四方美味。』螺蛤蝦鱖白，南海瓊枝，東陵玉蘂，與海物惟錯，曰：『以此加籩。』頒御府寶帶，宰相、親王以玉，執政以通犀，余花犀，曰：『以此實篚。』教坊請具樂奏，上弗用，曰：『後庭女樂，肇自先帝。隸業大臣未之享。』其陳於庭，上曰：『不可以燕樂廢政。』是日，視事垂拱殿。退，召臣何執中、臣蔡京、臣鄭紳、臣吳居厚、臣劉正夫、臣侯蒙、臣鄧洵仁、臣鄭居中、臣鄧洵武、臣高俅、臣童貫、崇政殿閱弓馬所子弟武伎，引強如格，各命以官。遂賜坐，命宮人擊鞠。臣何執中等辭，請立侍，上曰：『坐。』乃坐。」（下略）

〔註 90〕眉批：「又。」

茂人文也。襆頭一謂之四腳，乃四帶也。二帶繫腦後垂之，折帶反繫頸上，令曲折附頂，故亦謂之『折上巾』。唐制：唯人主得用硬腳，晚唐方鎮擅命，始僭用硬腳。本朝襆頭有直腳、局腳、交腳、朝天、順風，凡五等。惟直腳貴賤通服之。又庶人所戴頭巾，唐人亦謂之『四腳』，蓋兩腳繫腦後，兩腳繫頷下，取其服勞不脫也，無事則反繫於頂上。今人不復繫頷下，兩帶遂為虛設。」《朱子語類》九十一〔註 91〕云：「革帶今有胯子，古人卻是環子釘於革帶，其勢垂下如今人釘鉸串子樣鐫燧之類，結放上面。今之胯子，便是倣他形象。」〔註 92〕

郭若虛《圖畫見聞志·論衣冠異制》云〔註 93〕：「漢、魏已前，始戴幅巾。晉、宋之世，方用羃羅。後周以三尺皁絹向後襆髮，名折上巾，通謂之襆頭。武帝時，裁成四腳。隋朝惟貴臣服黃綾紋袍、烏紗帽、九珠帶、六合靴，原注云：「起於後魏。」次用桐木黑漆為巾子，裹於襆頭之內，前繫二腳，後垂二腳，貴賤服之，而烏帽漸廢。唐太宗嘗服翼善冠，貴臣服進德冠。至則天朝以絲葛為襆頭巾子，以賜百官。開元間始易以羅，又別賜供奉官及內臣圜頭宮樣巾子。至唐末方用漆紗裹之，乃今襆頭也。三代皆衣襴衫，秦始皇時以紫緋綠袍為三等品服，此條俟考。庶人以白。《國語》曰：『袍者，朝服也，古公卿上服也。』至周武帝時，按：沈存中以為多沿於北齊，此書言沿於後周。下加襴。《隋志》云：「保定四年，百官始執笏，宇文護始命袍加下襴。」〔註 94〕唐高宗朝，給五品以上隨身魚。又敕品官紫服、金玉帶。深淺緋服竝金帶，深淺綠服竝銀帶，深淺青服竝鍮石帶，庶人服黃銅鐵帶。一品以下文官帶手巾、算袋、刀子、礪石，武官亦聽。睿宗朝制，武官五品已上帶七事䪜韘。原注：「佩刀、刀子、磨石、契苾真、噦厥、針筒、火石袋也。」按：䪜韘即《筆談》之韘韄。開元初復罷之。晉處士馮翼，衣布大袖，周緣以皁，下加襴，前繫二長帶。隋、唐朝野服之，謂之馮翼之衣，今呼為直裰。原注：「《禮記·儒行篇》。逢掖與馮翼音相近。」又《梁志》有『袴褶以從戎事』。三代以前，人皆跣足。三代已後，始服木屐。按：此未必然。伊尹以草為之，名曰履。秦世參用絲革。靴本胡服，趙靈王好之，制有司衣袍者宜穿皁靴。唐代宗朝，令宮人侍左右者穿紅錦鞦靴。」

〔註 91〕「九十一」，稿本為小字注文。

〔註 92〕眉批：「冠服。」

〔註 93〕見宋·郭若虛《圖畫見聞志》卷一。

〔註 94〕按：此注文，刻本作正文。檢稿本，此語乃天頭補入之文字。核《圖畫見聞志》，實非其文，故知為注文。

邵伯溫《聞見錄》卷十七記熙寧初洛陽老人黨翁事云：「戴卷腳樸頭，衣黃衫，繫革帶，猶唐裝也。」

陶宗儀《巾幘考》見《輟耕錄》三十。云：「古者冠制皆硬殼，自額上至於頂，如今禮冠者。然後世乃作小冠，廑以束髮，冠下施幘，冠幘之上又總施巾，皆效漢元帝所服之制也。」元帝額有壯髮，不欲人見，加巾幘以包之。見蔡邕《獨斷》。

周公謹《癸辛雜識》別集上云：「茶褐黑綠諸品間色，本皆胡服。自開燕山，始有至東都者。」原注：《攻媿夫人行狀》。

鄭樵《通志・器服略》云〔註 95〕：「按：《玄中記》：『旬始作帽。』《晉志》云：『帽名猶冠也。古者冠無幘，冠下有纚，以繒為之。後世施幘於冠，因或裁纚為帽。自乘輿宴居，下至庶人無爵者皆得服之。又按：後漢郭林宗行遇雨，霑巾，角折。後周武帝建德中，因制折上巾。」裁幅巾為四腳。又云：「用全幅帛而向後樸髮，謂之頭巾，俗人謂之樸頭。」

《隋志》〔註 96〕：「自晉左遷，中原禮儀多缺。後魏天興六年，詔有司始制冠冕，然未得舊制。太和中方考故實，正定前謬，更造衣冠。至熙平二年，定五時朝服，準漢故事。五郊衣幘，各如方色。後齊因之。河清中改易舊物，著令定制。後周設司服之官，掌皇帝十二服。」焦廷琥《冕服考》卷四〔註 97〕云：「本《周禮》，設司服之官，而有山冕、方冕、火冕之名，則非古六冕制也。《遼史》云：『終遼之世，郊丘不建大裘冕服。』《金史》云：『皇帝服通天〔註 98〕、絳紗、袞冕、偪舄。』即前代之遺制。按：前代謂北宋。《元史・禮樂志》：『憲宗二年三月，命東平萬戶嚴忠濟立局，製冠冕。』《祭祀志》：『憲宗即位之二年八月，始以冕服拜天於日月山。』『按《元太常集禮》，元時天子冕服，悉與金同。至元十二年，博士擬袞冕制，用白珠九旒，紅絲組為纓，青纊充耳，犀簪導。青衣、朱裳，九章。五章在衣，山、龍、華蟲、火、宗彝；四章在裳，藻、粉米、黼、黻。白紗中單，青褾襈裾。革帶，塗金銀鉤鰈。蔽膝，隨裳色，為火、山二章。瑜玉雙佩，四采織成大綬，間施玉環三。白襪朱舃，舃加金塗銀釦。大德十一年九月，照擬前代制度。已擬其制，未果造。』〔註 99〕」

〔註 95〕見《通志》卷四十七《器服略第一》。
〔註 96〕見《隋書》卷十一《禮儀志六》。
〔註 97〕「卷四」，稿本為小字注文。
〔註 98〕眉批：「『天』字下應有『冠』字，應考。」
〔註 99〕見《元史》卷七十八《輿服志一》，惟「元太常集禮」無「元」字。

隋文帝將改後周制度，太常少卿裴正奏曰：「後魏以來，法度咸闕。天興草創，多參胡制。周氏因襲，不可以訓。今採東齊之法」〔註100〕云云。然則宇文氏雖名用《周禮》，實多沿襲後魏耳。《朱子語類》九十一〔註101〕：「今上領衫與靴皆胡服。本朝因唐，唐因隋，隋因周，周因元魏。隋煬帝有遊幸，遂令臣下服戎服，三品以上服紫，五品以上服緋，六品以下服綠，皆戎服也。」

俞理初《癸巳存稿》卷十〔註102〕云〔註103〕：「俞玉吾《席上腐談》云：『樸頭以幅巾裹首，字音伏，與襆被之襆同。今譌音為僕。』是宋時多有誤音。《說文》云：『樸，帊也。』《集韻》逢玉切，云：『帕也。』樸頭即帕首，即今包頭。」郝蘭皋《證俗文》云〔註104〕：「《朱子語類》：『唐人樸頭，初止以紗為之，後以紗軟砍木，作一山子在前襯起。』案：今朝鮮人紗帽狀類此。」〔註105〕

宋人朝衣，內有襯衣，無制度，與今日同。釋惠洪《冷齋夜話》卷七〔註106〕云：「哲宗問右璫陳衍：『蘇軾襯朝章者何衣？』衍對曰：『是道衣。』哲宗笑之。」邵伯溫《聞見前錄》卷十〔註107〕云：「文潞公至北京，李稷謁見，坐客次久之，公著道服出。」是宋人閒居可著道服。又卷十八〔註108〕云：「司馬溫公一日著深衣，自崇德寺書局散步洛水堤上。」又卷十九〔註109〕云：「溫公依《禮記》作深衣、冠簪、幅巾、搢帶，入獨樂園則衣之。常謂康節曰：『先生可衣此乎？』康節曰：『某為今人，當服今時之衣。』溫公歎其言合理。」〔註110〕

俞蔭甫《茶香室四鈔》二十四〔註111〕云〔註112〕：「宋程大昌《演繁露》云〔註113〕：『《張良傳》：老父衣褐。師古曰：褐若裘，今道士所服是也。《太

〔註100〕見《通志》卷四十七《器服略第一》。
〔註101〕「九十一」，稿本為小字注文。
〔註102〕「卷十」，稿本為小字注文。
〔註103〕見《癸巳存稿》卷十《樸》。
〔註104〕見《證俗文》卷二《樸》。
〔註105〕眉批：「又。」
〔註106〕「卷七」，稿本為小字注文。
〔註107〕「卷十」，稿本為小字注文。
〔註108〕「卷十八」，稿本為小字注文。
〔註109〕「卷十九」，稿本為小字注文。
〔註110〕眉批：「又。」
〔註111〕「二十四」，稿本為小字注文。
〔註112〕見《茶香室四鈔》卷二十四《褐即直掇》。
〔註113〕見宋·程大昌《演繁露》卷八《褐裘背子道服襦裙》。

平御覽》：有仙公請問經，太極真人曰：學道當潔淨衣服，備巾褐制度，名曰道之法服。巾者，冠中之巾也。褐者，長裾通冒其外衣也。今世衣直裰為道服者，必本諸此。又《傳授經》曰：老子去周，左慈在魏，並葛巾單裾不著褐。則是直著短衫而以裘束其上，不用道家法服也。古人不徒衣袴必以裘襲之，正上衣下裳之制。』鄭《箋》以褐為毛布，孟子、許子衣褐，即毛布也。《張良傳》『老父衣褐』，疑亦謂此。《史記》無注，師古注《漢書》，乃有此解。是褐有二說矣。至上衣下裳，古之定制。婦人連衣裳不異色，見《〈周禮・內司服〉注》。今則男女之衣，適與古反。觀晉時羊欣白練裘，則晉時猶上衣而下裳。疑後來崇尚老莊，故多著道袍，至今循之，士大夫皆衣褐矣。」

邵博《聞見後錄》卷五曰：「程伊川說黃裳元后，婦居尊位，女媧氏、武氏是也。非常之變，不可言也，故有『黃裳元吉』之戒。如武氏之變，固也。女媧不見於書，果有煉石補天之事，亦非變也。不言漢呂氏，獨非變耶？蘇仲虎則曰：『伊川在元祐時以罷逐，故為此說，以詆垂簾之政。予不敢以為然。』」余按：伊川此傳乃非常之大義，必非有恩怨於其間，亦不容以章句測也。范蔚宗《後漢書・皇后紀》論曰：「貪孩童以久其政，抑明賢以專其威，任重道悠，利深禍速。」夫東都馬、鄧，世所稱賢，而范之所論，不為軒輊，良史垂戒，又得以為恩怨乎！〔註 114〕

范文正《乞章獻太后還政疏》云：「握乾綱而歸坤紐，非黃裳之吉象。」立說在伊川之前。〔註 115〕

《湘山野錄》卷上云：「譯經鴻臚少卿、光梵大師惟淨，江南李王從謙子〔註 116〕也。通敏有先識，解五竺國梵語。慶曆中，朝廷百度減省，惟淨知言者必廢經譯，不若預奏乞罷之：『臣聞在國之初，大建譯園，逐年聖節，西域進經，合今新舊，何啻萬軸，盈函溢屋，佛語多矣。又況鴻臚之設，虛費祿廩，恩錫用給，卒養尸素。欲乞罷廢。』仁宗曰：『三聖崇奉，朕烏敢罷。且又琛貢所籍名件，皆異域文字，非鴻臚安辨？』因不允。未幾，孔中丞道輔果乞廢罷，上因出淨疏示之方已。」按：惟淨有《景祐天竺字源》，或不知其事，故摘錄之，且知宋時鴻臚譯官頗藉資僧眾也。〔註 117〕

〔註 114〕按：此條稿本在下條「范文正」之下。眉批：「又。」

〔註 115〕眉批：「論史」、「治略」，「入黃裳條後（開林按：下有四字，漫漶不清）」，即卷八「《易・坤》六五『黃裳元吉』」一條。

〔註 116〕眉批：「『字』字版片模餬，俟檢其本。」

〔註 117〕眉批：「繙譯。」

余據《貞元釋教錄》定景教為摩西教，已明白矣。近閱明天啟間李我存《景教碑書後》，云：「法浴之水，十字之持，七時禮讚，七日一薦，悉與利氏西來傳述規矩吻合。而今云『陡斯』，碑云『阿羅訶』；今云『大傲魔鬼』，碑云『娑殫』。則皆如德亞國古經語。不曰『如德亞』而曰『大秦』，考《唐書》拂菻國一名大秦，西去中國四萬里；又考《西洋圖志》如德亞畿東一道，其名曰秦；道里約略相同。阿羅本輩殆從此邦來，故以大秦稱云。」余謂不曰「陡斯」而曰「阿羅訶」，不曰「大傲魔鬼」而曰「娑殫」，適足為是摩西教非天主教之堅證。今猶太教猶稱天帝為阿羅訶，基督教則稱天主為罷德勒矣。又明西洋人陽瑪諾《景教碑頌正詮》云：「彌施訶，吾主聖號也。」按：彌施訶即摩西之異譯。考之西籍，耶蘇曷嘗有此號乎？其詮「經留二十七部」云：「二十有七，乃聖史四、路加聖史一、葆錄聖徒十四、聖各伯宗徒一、伯鐸羅宗徒二、若望宗徒四、達陡宗徒一是也。」亦牽合言之，未足為據。近譯古史即《舊約》云：「梅瑟按：即摩西之異譯。集款建堂，男獻黃金白鏻，女獻釵鐶珠寶，其備祭器純金櫃，蓋上有純金所鑄克魯賓天神像兩，對峙兩頭，雙翼高舉」，此殆碑所云「鈿飾純精」者歟？其亞郎取女子所施簪鐲諸金以鑄金牛，蓋即娑殫施妄之謂。〔註 118〕

又案艾彌略《彌撒祭義》云：「奉祭天地真主之大禮，西音曰彌撒，譯其意義，乃獻之謂也。」余謂彌撒音與梅瑟似近，而別有意義，不得因此附會。又云：「蓋撒責耳鐸德品級之稱。主祭，則今日天主教中有司鐸，名目乃用鐸德之義。」或欲以《論語》「木鐸」說之，誤甚。

明西洋人龐迪我《七克》卷五〔註 119〕曰：「輪迴之說，昔戹勒祭亞國亞德納城有彼達臥辣氏者，始造為之。」艾儒略《論學記》亦謂釋氏拾其唾餘。近譯赫胥黎《天演論》云〔註 120〕：「輪迴之說，固亦本之可見之人事、物理以為推，即求之日用常行之間，亦實有其相似。」譯人嚴復云：「三世因果之說起於印度，而希臘論性諸家惟柏拉圖與之最似。希、印兩土相似，柏氏當有沿襲而來。顧歐洲學者輒謂柏氏所言獨標已見，與竺乾諸教絕不相謀。」柏拉圖蓋即彼達辣度，今日論性諸家已不復盡詆之為夢語也。亞德納城，近譯多作雅典城。

〔註 118〕眉批：「宗教」、「此條應入十七冊四十二頁」、「□卷十七景教條」。

〔註 119〕「卷五」，稿本為小字注文。

〔註 120〕見《天演論》論六《佛釋》。（第 79 頁）

艾儒略《性學觕述》卷七〔註121〕云：「或問：『腦有四穴，明列總知，受相分別。涉記之名，西土聖賢必有所憑。近按吾身，實亦可會，但心為靈君，萬念皆生於此，從來諸子百家未有言腦為涉記者。即今所云記心法，記心法，本書所論。不云記腦，明所記為心。且一像也，而以為心記，又以為腦記，無乃政出多門乎？』答曰：『心為靈君，固也。第所謂心有血肉之心，有知覺之心。血肉居中，知覺徧體。中央方寸，特其位耳。其徧於百體者，猶大君之無不管攝也。大抵有形之物，非有形之具，不足以覺之。如目為視具，耳為聽具，鼻為嗅具，口為嘗具，身為觸具，豈記存獨無具耶？若以為心即其具，不但心失其尊，而貯萬象於無有。器具之具，將何所受納耶？』」據此，則基督初入中國時，特以腦為記物之官，而以心為無形之知覺，與釋典色聲香味觸法之外別有意識者略相似也。

釋氏諸家如安世高、支謙等，皆以國為姓。余已得其說矣〔註122〕。偶閱唐崔致遠《康藏和尚之別傳》云：「師俗姓康氏，本康居國人。亦如法護，月支人，支氏；吉藏，安息人，安氏。所謂因生以賜姓是也」，尤可依據。疑鳩摩羅什之姓溼，作姓漚者誤，或亦曾居迦溼彌羅。不然，則與塞種之塞為同音異譯也。〔註123〕

《周官・士師》，鄭《注》引《軍禮》曰：「無干車，無自後射。」又《夏官大司馬》，鄭《注》：「誓曰：無干車，無自後射。」賈《疏》曰：「此據漢田律而言。」是漢制恒依古禮。《疏》又謂「『無自後射』，象戰陳不逐奔走。」余謂此可見王者節制之師，仁及敵人。然後知「不重傷，不擒二毛」實軍禮宜然。宋二王之後，故襄公不欲行霸術也。丁晏《佚禮扶微》卷一云：「《周禮》大宗伯之職，以軍禮同邦國。有大師、大均、大田、大役、大封之禮。《漢・藝文志》禮家有《軍禮》、《司馬法》百五十五篇，今《司馬法》已不能盡得，更何論周之《軍禮》乎？」《玉海》卷三十九引《三禮義宗》云〔註124〕：『儀禮、吉禮、三凶禮、四賓禮、三嘉禮、七軍禮，亡失。』慨自戰國之世，縱橫捭闔，權詐百出，而古之軍禮遂廢。《記》曰〔註125〕：『以之軍旅有禮，故武功成也。』若無禮，軍旅武功失其制。軍禮之亡，豈細故哉？《孔叢子》有

〔註121〕「卷七」，稿本為小字注文。
〔註122〕眉批：「前卷」，即卷十四「晉釋道安定沙門以釋命氏」一條。
〔註123〕眉批：「氏族」、「宗教」。
〔註124〕見王應麟《困學紀聞》卷五《儀禮》。《玉海》未見此語。
〔註125〕見《禮記・仲尼燕居第二十八》。

《問軍禮》一篇，攷禮家多取之，以其書偽，託擯不錄，僅載詞組，志慎也。」丁氏之言如此。余欲採三傳及經典中所記軍事仁義之屬，編為《三古戰例》，以補軍禮之闕，用王政者或有取焉。〔註 126〕

王伯厚《漢制攷》卷二云：「《周禮．司服》：『韋弁服。』《注》：『韋弁，以靺韋為弁。又以為衣裳。今時伍伯緹衣，古兵服之遺色。』《疏》：『鄭〔註 127〕：靺為赤色，韋猶以為疑，故舉漢事為況。言伍伯者，伍行也；伯，長也。謂宿衛者之行長見服纁赤之衣。是古兵服赤色，遺象至漢時，是其兵服赤之驗也。』」

《癸辛雜識．後集》云〔註 128〕：「近客章服有花紗綾絹或素紗者，或譏笑之。余嘗見《演繁露》載樂〔註 129〕《聞白行簡服緋》詩云『綵動綾袍為趁行』之句，注云：『緋多以雁行瑞紗為之。』則知唐章服以綾織花。又《舊聞證誤》云：『今宗室外戚之新貴者，或賜花羅公服。宣和間，又有紗公服。』然則此亦不足異也。」〔註 130〕

郝蘭皋《曬書堂筆錄》卷四〔註 131〕云：「帽上垂紅纓為飾，不知起於何時。讀《晉書．載記六》云：『石季龍子義陽公鑒鎮關中，役煩賦重，其友李松勸鑒：文武有長髮者拔為冠纓，餘以給宮人。季龍大怒，徵鑒還鄴。』案：石氏羯也，其冠纓之制雖未能詳，然大略當與今之帽纓相類。但以用發為疑，蓋石勒自以水德繼晉金，行取其色黑故與？」余按：今之帽纓以絲為之者，長不及尺。士大夫衣行裝，夏日則用羽，纓以駝毛、馬鬉為之。然至長者，亦不過一尺有奇。若用人髮之長者為纓，則必至四五尺，今所未見。知羯胡之制，非今日所沿也。

〔註 126〕眉批：「學。」上疑缺「經」字。

〔註 127〕《周禮注疏》卷二十一，「鄭」下有「取」字。

〔註 128〕見周密《癸辛雜識》後集《紫紗公服》。

〔註 129〕程大昌《演繁露》卷十五《唐緋章服以花綾為之》：

白樂天聞白行簡服緋，有詩云：「榮傳錦帳花聯萼，綵動綾袍鴈趁行。」注云：「緋多以鴈銜瑞莎為之。」則知唐章服以綾，且用織花者，與今制不同。

宋．李心傳《舊聞證誤》卷四：

白樂天《聞白行簡服緋》詩有「綵動綾袍為趂行」之句，注云：「緋多以鴈銜瑞莎為之。」則知唐草服以綾，且用織花者，與今制不同。今宗室外戚之親貴者，或賜花羅公服，亦此意也。宣政間，又有紗公服，今廢。

據此，則「樂」下似脫「天」字。

〔註 130〕眉批：「冠服」、「接前冠服條」。

〔註 131〕「卷四」，稿本為小字注文。

《〈魏志・太祖紀〉注》:「漢末公卿多委王服,以幅巾為雅。是以袁紹之徒,雖為將帥,皆著縑巾。魏太祖擬古皮弁,裁縑帛以為帢,以色別其貴賤,可謂軍容,非國容也。」《潛確類書》引《傅子》,文與此同。余謂衣冠之制,能知國容軍容之別,則思過半矣。凡事取捷給者,皆軍類也。

王儉髻名解散,時人皆慕之。見陸魯望《和襲美酒病》詩自注〔註 132〕。是六朝男子髻樣亦各不同。

《通志・都邑略・序》云〔註 133〕:「唐之末年,博士朱樸獻遷都之議,曰:『古之帝王不常厥居,皆觀天地興衰,隨時制事。關中周、隋所都,我實因之,凡三百歲。文物資貨,奢侈僭偽皆極焉。廣明巨盜陷覆京闕,高祖、太宗之制蕩然矣。夫襄、鄧之西,夷漫數百里,其東則漢輿、鳳林為之闕,南則菊潭環屈而流屬於漢,西有上洛重山之險,北有白崖聯絡,誠形勝之地,沃衍之墟。若廣濬河渠,漕挽天下,可使大集。自古中興之君,去已衰之衰,就未王而王。今南陽,光武雖起而未王也。臣視山河壯麗處多,故都已盛而衰,難可興已;江南土薄水淺,人心囂浮輕巧,不可以都;河北固水深土厚,而人心彊愎狼戾,未即可服。襄、鄧既為內地,人心質良,去秦咫尺,而有上洛為侵軼之限,此建都之極選也。』疏奏在廷,無有是其說者。然其論『去已衰之衰,就未王之王』,則前此或未之及矣。臣竊觀太祖開基,大臣無周公入洛之謀,小臣無婁敬入關之請,因循前人,不易其故。靖康之難,地勢然爾。六飛南巡,駐蹕吳越。朝曰行闕,陵曰攢寢。豈絕念於卜宅哉?咸陽郟鄏,我陵我阿,湯湯秦淮,一葦可至。嗚呼!江沱不足宴安也。毋已,則採唐人之議,取南陽為中原新宅,且以繫人望云。」余謂太原高踞而肩背單寒,江左雄深而門庭宣露,若擬論都之賦,則朱、鄭所議實為異代之奉春〔註 134〕也

〔註 132〕見《全唐詩》卷六百二十九,題為《和襲美酒病偶作次韻》。

〔註 133〕見《通志》卷四十一《都邑略第一》。

〔註 134〕《史記》卷九十九《劉敬傳》:

已而問婁敬,婁敬說曰:「陛下都洛陽,豈欲與周室比隆哉?」上曰:「然。」婁敬曰:「陛下取天下與周室異。周之先自后稷,堯封之邰,積德累善十有餘世。公劉避桀居豳。太王以狄伐故,去豳,杖馬箠居岐,國人爭隨之。及文王為西伯,斷虞芮之訟,始受命,呂望、伯夷自海濱來歸之。武王伐紂,不期而會孟津之上八百諸侯,皆曰紂可伐矣,遂滅殷。成王即位,周公之屬傅相焉,迺營成周洛邑,以此為天下之中也,諸侯四方納貢職,道里均矣,有德則易以王,無德則易以亡。凡居此者,欲令周務以德致人,不欲依阻險,令後世驕奢以虐民也。及周之盛時,天下和洽,四夷鄉風,慕義懷德,附離而並事天子,不屯一卒,不戰一士,八夷大國之民莫不賓服,效其貢職。及

已。〔註 135〕

《李梁谿集·議巡幸第一劄子》云〔註 136〕:「為今之計，縱未能行上策以趨關中，莫若取次策以適襄、鄧。襄陽近為李孝忠所據，恐或殘毀，惟鄧可以備車駕之時巡。夫鄧者，古之南陽，光武之所興也。西鄰關陝，可以召兵；北近京畿，可以遣援；南通巴蜀，可以取貨財；東達江淮，可以運穀粟。有高山峻嶺，可以控扼；有廣土寬城，可以屯重兵。民風號為淳古，盜賊未嘗侵犯。此誠天設以待陛下之臨幸。事之機會，不可失也。」宋高氣餒，不信其謀，而臨安一都，遂視中原為異域矣。

唐蘇鶚《演義》云〔註 137〕:「俗呼奴為邦，今人奴拜多不全其禮。邦字從半拜，因以此呼之。」焦里堂《易餘籥錄》云〔註 138〕:「半拜即今之半跽，俗謂之打千。」余謂今時外官屬吏見長官多用半拜，士大夫猶有以為賤者，蓋唐人之舊習也。〔註 139〕

宋孟元老《東京夢華錄》卷六云〔註 140〕:「正旦大朝會，大遼大使頂金冠，後簷光長如大蓮葉，服紫窄袍，金蹀躞，副使展裹金帶，如漢服。大使拜則立左足，跪右足，以兩手著右肩為一拜。副使拜如漢儀。夏國使副皆金冠短小樣制，服緋窄袍，金蹀躞。弔敦弔敦未知何物，俟攷。背叉手展拜。高麗與南番交州使人並如漢儀。回紇皆長髯高鼻，以疋帛纏頭，散披其服。于闐皆小金花氈笠，金絲戰袍束帶，並妻男同來，乘駱駝氈兜銅鐸入貢。三佛齊皆

周之衰也，分而為兩，天下莫朝，周不能制也。非其德薄也，而形勢弱也。今陛下起豐沛，收卒三千人，以之徑往而卷蜀漢，定三秦，與項羽戰滎陽，爭成皋之口，大戰七十，小戰四十，使天下之民肝腦塗地，父子暴骨中野，不可勝數，哭泣之聲未絕，傷痍者未起，而欲比隆於成康之時，臣竊以為不侔也。且夫秦地被山帶河，四塞以為固，卒然有急，百萬之眾可具也。因秦之故，資甚美膏腴之地，此所謂天府者也。陛下入關而都之，山東雖亂，秦之故地可全而有也。夫與人鬥，不搤其亢，拊其背，未能全其勝也。今陛下入關而都，案秦之故地，此亦搤天下之亢而拊其背也。」高帝問群臣，群臣皆山東人，爭言周王數百年，秦二世即亡，不如都周。上疑未能決。及留侯明言入關便，即日車駕西都關中。於是上曰:「本言都秦地者婁敬，『婁』者乃『劉』也。」賜姓劉氏，拜為郎中，號為奉春君。

〔註 135〕眉批:「治略」、「史事」。

〔註 136〕見宋·李綱《梁溪集》卷六十三《議巡幸第一劄子》。

〔註 137〕見唐·蘇鶚《蘇氏演義》卷上。

〔註 138〕見《易餘籥錄》卷十八。

〔註 139〕眉批:「掌故」、「禮儀」、「連下頁」。

〔註 140〕見宋·孟元老《東京夢華錄》卷六《元旦朝會》。

瘦脊纒頭，緋衣上織成佛面。又有南蠻五姓番皆椎髻烏氈，並如僧人禮拜。入見旋賜漢裝錦襖之類。」按：此可攷見遼、夏服飾。其大使不用漢儀，存其國俗，最合通禮。立左足，跪右足，則今日滿洲打跧之俗，亦沿於遼人。以兩手著右肩，則今無行之者。于闐國使妻男同來，不知其妻亦與朝會否也。

《周禮．春官．太祝》辨九撵，七曰奇拜。杜子春云：「奇讀為奇耦之奇，謂先屈一膝，今雅拜是也。」友人陳慶笙引此與《樂記》「武拜〔註141〕致右憲左」為打跧之始。余謂《周官》「奇拜」自當從鄭大夫之說。奇拜，謂一拜也。黃元同《禮說略》云：「經有明言一拜者，《士相見禮》、《聘禮》及《雜記》諸篇是也。或祇言拜不言再者，皆一拜也。」又云：「《賈子．容經篇》：『跪以微磬之容，揄右而下，進左而起，手有抑揚，各尊其紀。』此即今之小跪。杜所謂雅拜是也。《後漢書》云：『高句驪國跪拜曳一腳』，是則雅拜者，夷禮也。《通典》卷一百九十二〔註142〕：『于闐國其人恭敬，相見則跪。其跪一膝至地』，是與高麗略同。」余案：王文考《魯靈光殿賦》云：「胡人遙集於上，楹儷雅跽而相對。」雅跽蓋即曳一腳之謂。鳩摩羅什譯《大莊嚴論經》卷八云：「優波離胡跽合掌，右膝著地」，亦即其事。李崇賢云「儷、雅而相對，言敬恭也」，似誤。〔註143〕

《容齋三筆》卷三〔註144〕云〔註145〕：「元魏破江陵，盡以所俘士民為奴，無問貴賤。蓋北方夷俗皆然也。自靖康之後，陷於金虜者，帝子王孫、宦門仕族之家，盡沒為奴婢，使供作務。每人一月支稗子五斗，令自舂為米，得一斗八升，用為餱糧。歲支麻五把，令緝為裘。此外更無一錢一帛之入。男子不能緝者，則終歲裸體，虜或哀之，則使執爨，雖時負火得暖氣，然纔出外取柴，歸再坐火邊，皮肉即脫落，不日輒死。惟喜有手藝，如醫人、繡工之類。」金人之苛待士民如此。然國亡而為人奴，固不能自主也。宋王溥《五代會要》卷二十五云〔註146〕：「周顯德五年七月，新定刑統，如有將良口於番界貨賣者，居停主人明知賣與番界不告官者，亦請處死。」能君天下者，豈有聽其民人為外國鬻賣凌虐之者哉？元徐大焯《燼餘錄》記宋亡後，元人編二十家為甲，

〔註141〕「拜」，《樂記》作「坐」。
〔註142〕「卷一百九十二」，稿本為小字注文。
〔註143〕眉批：「禮儀。」
〔註144〕「卷三」，稿本為小字注文。
〔註145〕見洪邁《容齋三筆》卷三《北狄俘虜之苦》。
〔註146〕見宋．王溥《五代會要》卷二十五《奴婢》。

以北人即蒙古人。為甲主，衣服飲食惟所欲，童男童女惟所命，自盡者不知凡幾。是國亡而殘黎之苦有過於奴僕者。禮親王昭蓮《嘯亭雜錄》卷二〔註147〕云：「國初時俘掠遼瀋之民，悉為奴隸，文皇帝憫之，拔其少壯者為兵，設左右兩翼，命佟駙馬養性、馬都統光遠統之。」太宗之仁邁金、元矣。〔註148〕

韓昌黎，文士耳，於天德、王道大本原處，往往失之。其《元和聖德詩》云〔註149〕：「婦女纍纍，啼哭拜叩。來獻闕下，以告廟社。周示城市，咸使觀覩。解脫攣索，夾以砧斧。婉婉弱子，赤立傴僂。牽頭曳足，先斷腰膂。」噫！酷刑虐政，下及婦稚，乃津津道之，以為聖德耶？蘇子由以為「李斯頌秦所不忍言」〔註150〕，而張南軒猶曲為之說，謂「欲使藩鎮聞之，畏罪懼禍」。〔註151〕夫藩鎮之禍與唐相弊矣，豈退之極寫慘毒之刑所能懾乎？〔註152〕

〔註147〕「卷二」，稿本為小字注文。

〔註148〕眉批：「奴婢」、「前奴婢條」

〔註149〕見《東雅堂昌黎集注》卷一。

〔註150〕宋·蘇轍《欒城集》欒城第三集卷八《詩病五事》之三（第1554頁）：
詩人詠歌文武征伐之事，其於克密曰「無矢我陵，我陵我阿。無飲我泉，我泉我池」；其於克崇曰「崇墉言言，臨衝閑閑。執訊連連，攸馘安安。是馘是禡，是致是附，四方以無侮」；其於克商曰「維師尚父，時惟鷹揚。諒彼武王，肆伐大商，會朝清明」。其形容征伐之盛極於此矣。韓退之作《元和聖德詩》言劉闢之死曰：「宛宛弱子，赤立傴僂。牽頭曳足，光斷腰膂。次及其徒，體骸撐拄。末乃敢闢，駭汗如雨。揮刀紛紜，爭切膾脯。」此李斯頌秦所不忍言，而退之自謂無愧於雅頌，何其陋也！

〔註151〕明·胡廣《性理大全書》卷五十六《學十四》：
或誦退之《聖德頌》，至「婉婉弱子，赤立傴僂。牽頭曳足，先斷腰膂」處。梁世榮舉子由之說曰：「此李斯誦秦所不忍言，而退之自謂無媿於風雅，何其陋也！此說如何？」南軒張氏曰：「退之筆力高，得斬截處即斬截，他豈不知此？所以為此言者，必有說。蓋欲使藩鎮聞之，畏罪懼禍，不敢叛耳。今人讀之至此，猶且寒心，況當時藩鎮乎？此正是合於風雅處。只如《墻有茨》、《桑中》諸詩。或以為不必載，而龜山乃曰：『此衛為夷狄所滅之由。』退之之言亦此意也。退之之意過於子由遠矣，大抵前輩不可輕議。」

〔註152〕眉批：「□略」、「□罰」，上兩字殘。
按：清·趙翼《甌北詩話》卷三《韓昌黎詩》（《趙翼全集》第五冊第26頁）：
《元和聖德詩》敘劉闢被擒，舉家就戮，情景最慘，曰：「解脫攣索，夾以砧斧。婉婉弱子，赤立傴僂。牽頭曳足，先斷腰膂。次及其徒，體骸撐拄。末乃取闢，駭汗如寫。揮刀紛紜，爭刌膾脯。」蘇轍謂其「少醞藉，殊失雅頌之體」。張栻則謂「正欲使各藩鎮聞之畏懼，不敢為逆」。二說皆非也。才人難得此等題以發抒筆力，既已遇之，肯不盡力摹寫，以暢其才思耶？此詩正為此數語而作也。
林紓《春覺齋論文·流別論》之三（第52頁）：

《韓昌黎集》卷四十《應所在典貼良人男女等狀》云:「右準律,不許典貼良人男女作奴婢驅使。臣往任袁州刺史日,檢責州界內,得七百三十一人,並是良人男女。準律計傭折直,一時放免。原其本末,或因水旱不熟,或因公私債負,遂相典貼,漸以成風。名目雖殊,奴婢不別,鞭笞役使,至死乃休。既乖律文,實虧政理。袁州至小,尚有七百餘人,天下諸州,其數固當不少。今因大慶,伏乞令有司重舉舊章,一皆放免。仍勒長吏嚴加檢責」云云。此則唐律之善,而昌黎能奉行之,且由袁州一處而推及天下,請悉放免,真儒者之宏識也。〔註 153〕

宋時袁州人著述:

歐陽士秀《律通》兩卷。宜春人。凡二十篇。　倪燦《宋史藝文志補》。〔註 154〕

《文選》劉公幹《贈五官中郎將》詩:「常恐遊岱宗,不復見故人。」李《注》引《援神契》曰:「太山,天帝孫也,主召人魂。」按:此泰山治鬼之說之所本。〔註 155〕

陳真諦譯《訶毘曇論第二》云:「是月初八日、十四及十五。」〔註 156〕

《唐荊州玉泉寺恒景傳》:「釋恒景,姓文氏,當陽人也。貞元二十二

韓昌黎之《元和聖德詩》,厥體如頌,其曰「取之江中,枷腹械手。婦女累累,啼哭拜叩。求獻闕下,以告廟社。周示城市,咸使觀睹。解脫攣索,夾以砧斧。婉婉弱子,赤立傴僂。牽頭曳足,先斷腰膂。」讀之令人毛戴。子由以為「李斯頌秦所不忍言,而退之自謂『無愧於風雅』,何其陋也」。南軒曰:「蓋欲使藩鎮聞之,畏罪懼禍不敢叛。」愚誦南軒之言,不期失笑。魏博傳五世,至田弘正入朝,十年復亂,更四姓,傳十世,有州七。成德更二姓,傳五世,至王承元入朝。明年王庭湊反,傳六世,有州四。盧龍更三姓,傳五世,至劉總入朝,六月朱克融反,傳十二世,有州九。淄青傳五世而滅,有州十二。滄景傳三世,至程權入朝,十六年而李全略有之,至其子同捷而滅。宣武傳四世而滅,有州四。彰義傳三世而滅,有州三。澤潞傳三世而滅,有州五。叛逆至於數世,而魏博最久,此豈畏罪懼禍?鄙意終以昌黎之言為失體。蓋昌黎蘊忠憤之氣,心怒賊臣,目睹俘囚伏辜,振筆直書,不期傷雅,非復有意為之。但觀《琴操》之溫醇,即知昌黎非徒能為此者也。

〔註 153〕眉批:「□(開林按:殘,當是奴字)婢」、「入奴婢條」、「此條與本冊十五頁相接」。

〔註 154〕按:此條刻本無,據稿本補。
眉批:「此條宜入前　卷」,不言何卷。

〔註 155〕眉批:「怪異。」

〔註 156〕按:此條刻本無,據稿本補。
眉批:「曆學」、「入初一條」。

年敕度，聽習三藏，一聞能誦，如說而行。初就文綱律師業毗尼，後入覆舟山玉泉寺，從智者禪師習止觀門。於寺之南十里，別立精舍，號龍興是也。」又云：「景撰《順了義論》二卷、《攝正法論》七卷、《佛性論》二卷。」〔註 157〕

《中華古今注》云：「始皇元年，詔宮人及近侍宮人皆服衫，子亦曰半衣。蓋取便於侍奉。」俞蔭甫云〔註 158〕：「此乃婦人衣裳不連之始。」〔註 159〕

《法書要錄·右軍書記》云〔註 160〕：「『知足下以界內有此事，便欲去縣，豈有此理？』」俗語「豈有此理」四字出此。〔註 161〕

《唐京師西照寺圓明傳》：「德宗建中元年五月，僉定四分律疏草畢。六月望，敕依國子監大曆新定字樣抄寫進本。至十二月十二日，送祠部進新僉定疏十卷。」《宋高僧傳》第十五。是唐時進書有一定字樣也。〔註 162〕

《唐·藝文志》有由吾公裕《葬經》一卷。〔註 163〕

《補遼金元三史藝文志》有陳櫟《希姓略》一卷。〔註 164〕

〔註 157〕眉批：「入文氏世錄附錄。」

〔註 158〕見《茶香室四鈔》卷二十四《裭即直掇》。

〔註 159〕眉批：「冠服」、「入婦人衣衫條」。

〔註 160〕見唐·張彥遠《法書要錄》卷十。

〔註 161〕眉批：「考證。」

按：「《補遼金元三史藝文志》」一條，稿本在此下。下又有「張懷瓘《書斷》下：『康昕字君明，外國人，官至臨沂令。』是當時外人入官有仕路也」一條，稿本有刪除標識，見於卷二十六「《通志·氏族略二》」一條中，所言不盡同，似不當刪。

〔註 162〕眉批：「考證。」

〔註 163〕眉批：「考證」、「著述」、「入由吾一條」。

〔註 164〕眉批：「氏族。」